Zu diesem Buch

«Erasmus hätte heute die Torheit und Bosheit der Welt so laut beklagt wie damals, oder noch lauter. Erasmus kannte die Unzulänglichkeit alles Irdischen und die Unvollkommenheit jedes Menschen. Er war bereit, beides hinzunehmen, innerhalb der vom Schöpfer selbst gezogenen Grenzen. Er weigerte sich jedoch, Welt und Menschen unvollkommener hinzunehmen, als sie sein könnten und sein sollten. Die Verpflichtung zum Besseren hat er mit einer Entschiedenheit aufgestellt, welche kein späteres Zeitalter überbieten konnte.»
                                                    Johan Huizinga

Johan Huizinga, geboren am 7. Dezember 1872 in Groningen, lehrte als Professor für Geschichte in seiner Geburtsstadt und in Leiden. Der Nachfahre des Erasmus von Rotterdam war vor allem einer der bedeutendsten Kulturphilosophen seiner Zeit. Zu seinen Hauptwerken zählen außer der vorliegenden Erasmus-Biographie das kulturhistorische Standardwerk «Herbst des Mittelalters» sowie «Homo ludens», ein Buch über das spielerische Element in der Kultur (erschienen in der Reihe «rowohlts enzyklopädie»: re Nr. 435). Johan Huizinga starb am 1. Februar 1945 in De Steeg (Niederlande).

Johan Huizinga

Erasmus

Eine Biographie

Mit einem Nachwort von
Heinz Holezcek und aktualisierter
Bibliographie

Rowohlt

Deutsche Übersetzung von Werner Kaegi

Umschlaggestaltung Wolfgang Kenkel (Bildnis Erasmus von Rotterdam
von Albrecht Dürer nach einem Kupferstich von 1526 /
Archiv für Kunst und Geschichte, Berlin)

31.–38. Tausend September 1993

Neuausgabe
Veröffentlicht im Rowohlt Taschenbuch Verlag GmbH,
Reinbek bei Hamburg, Oktober 1958
Copyright © 1958, 1962, 1993 by Rowohlt Taschenbuch Verlag GmbH,
Reinbek bei Hamburg
Diese Ausgabe folgt der in der Reihe «rowohlts deutsche enzyklopädie»
1958 erschienenen Ausgabe «Europäischer Humanismus: Erasmus»
mit freundlicher Genehmigung des Benno Schwabe & Co Verlag, Basel
Satz aus der Palatino (Linotronic 500)
Gesamtherstellung Clausen & Bosse, Leck
Printed in Germany
1490-ISBN 3 499 13181 1

1. Kindheit und Jugend

Die Niederlande im fünfzehnten Jahrhundert
Die burgundische Herrschaft

Holland bildete in der Mitte des fünfzehnten Jahrhunderts erst seit zwanzig Jahren einen Teil jenes Gebietes, das die Herzoge von Burgund unter ihrer Herrschaft zu vereinigen gewußt hatten, jener Länderverbindung, deren Bevölkerung zur Hälfte französisch war, wie in Burgund, im Artois und Hennegau, in Namur, zur Hälfte aber niederländisch, wie in Flandern, Brabant, Seeland und Holland[1]. Schon lange vor der burgundischen Zeit hatten sich Holland und Seeland viel mehr als die östlicheren Teile Nord-Niederlands nach dem Süden und dem Westen gerichtet. Sie wurden am frühesten in den Kreis der burgundischen Politik hineingezogen. Sobald die Herzoge in Holland und Seeland Meister waren, warfen sie ihren Blick von da nach dem Osten und dem Norden: In das Bistum Utrecht hatte Philipp der Gute bereits seinen Bastard David eingesetzt. Die Eroberung von Friesland, ein Erbstück aus der Politik des Bayerisch-Hennegauischen Hauses, schien nur eine Frage der Zeit und Gelegenheit. Das Herzogtum Geldern bewahrte seine Selbständigkeit unangetastet, weil es mehr als die andern nordniederländischen Landschaften noch mit den benachbarten deutschen Territorien und dadurch mit dem Kaiserreich selbst in Verbindung stand.

---

[1] Unter ‹Niederlande› versteht man in dieser Zeit noch das gesamte Gebiet des heutigen Holland und Belgien, während ‹Holland› noch ausschließlich die Grafschaft Holland bezeichnet (die heutigen Provinzen Nord- und Süd-Holland), das heißt die Küstenlandschaft, welche die Rhein- und Maasmündungen umfaßt.

Nord-Niederland – ein Außengebiet

Die nördlichen Niederlande (die zusammenfassende Bezeichnung ‹Niederlande› beginnt in dieser Zeit in Gebrauch zu kommen) trugen fast in jeder Hinsicht den Charakter eines Außengebietes. Hier lebte die Macht der deutschen Kaiser seit einigen Jahrhunderten nur noch in der Vorstellung. An dem aufkommenden Gefühl einer nationalen deutschen Einheit nahmen Holland und Seeland kaum noch irgendwie teil. Schon zu lange hatten sie sich in politischen Dingen nach der französischen Seite gerichtet. Seit 1299 hatte in Holland eine französisch sprechende Dynastie regiert. Denn auch das Bayerische Haus, das in der Mitte des vierzehnten Jahrhunderts auf das Hennegauische gefolgt war, hatte keineswegs einen erneuten Anschluß von Holland und Seeland an das Reich zustande gebracht; sondern im Gegenteil: angezogen von Paris und alsbald umschlungen von den ausgreifenden Armen Burgunds, mit dem es sich durch eine doppelte Heirat verband, hat sich dieses Geschlecht selbst in kurzer Zeit französisiert. Außengebiet waren diese Landschaften auch in kirchlichen Dingen. Spät für das Christentum gewonnen, waren sie unter einem einzigen Bischof, dem von Utrecht, vereinigt geblieben. Die Maschen der kirchlichen Organisation waren hier weiter als anderswo. Eine Hochschule gab es nicht. Paris blieb für die Nord-Niederländer das Zentrum der Lehre und der Wissenschaft, auch nachdem die bewußte Politik der burgundischen Herzoge 1425 die Universität Löwen gestiftet hatte. Von den reichen flandrischen und brabantischen Städten aus gesehen, die jetzt das Herz der burgundischen Macht darstellten, waren Holland und Seeland ein armseliges Ländchen von Schiffern und Bauern. Die ritterlichen Sitten, denen die Herzoge von Burgund einen neuen Glanz zu verleihen suchten, fanden unter dem holländischen Adel wenig Verehrer. Die höfische Literatur, in der Flandern und Brabant eifrig dem französischen Vorbild nachgestrebt hatten, ist durch die Holländer nicht nennenswert bereichert worden. Was hier in Holland im Aufsteigen war, das blühte im Verborgenen und war nicht geeignet, die Augen der Christenheit auf dieses Land zu lenken. Die Lebendigkeit von Schiffahrt und Handel, meist Durchfuhrhandel, war es, die Holland stark machte, so daß es bereits der deutschen Hanse an die Krone zu greifen begann. Durch seinen Handel kam es in dauernde Berührung mit Frankreich und Spanien, mit England, Schottland, Skandinavien, Norddeutschland und der Rheingegend von Köln an aufwärts. Die Heringsfischerei, ein niedriges Gewerbe, aber eine Quelle großer Wohlfahrt, und eine aufkommende Industrie in Weberei, Brauerei und Schiffsbau waren über eine Anzahl kleiner Städte verbreitet.

Keine von diesen Städten in Holland und Seeland, auch nicht Dordrecht, nicht Leiden, Haarlem, Middelburg, Amsterdam, konnte sich auch nur entfernt messen mit Gent, Brügge, Lille, Antwerpen oder Brüssel. Die Städte in Holland und Seeland waren noch zu klein und das Land zu abgelegen, um ein Zentrum für Kunst und Wissenschaft hervorzubringen. Wer sich hier auszeichnete, der wurde unwiderstehlich nach den großen Brennpunkten weltlicher und kirchlicher Kultur gezogen. Klaus Sluter aus Haarlem arbeitete erst in Brüssel, später in Burgund im Dienst der Herzoge und hinterließ in seinem Geburtsland nichts von seiner Kunst. Dirk Bouts, ebenfalls aus Haarlem, siedelte nach Löwen über, wo seine besten Werke erhalten sind; was von ihm in seinem Geburtsland blieb, ist zugrunde gegangen. Aus jenen wenig bekannten Versuchen, welche den Namen Haarlems in die Geschichte der Erfindung der Buchdruckerkunst gebracht haben, darf man nicht schließen, daß Haarlem eine besondere Bedeutung als Buchmarkt gehabt hätte.

Die ‹devotio moderna›

Seit dem letzten Viertel des vierzehnten Jahrhunderts hatte eine geistige Bewegung, die in den Ysselstädten entstanden war, den gemeinsamen Volkscharakter der nördlichen Gebiete zum ersten Male deutlicher geoffenbart. Es war eine Bewegung zur Vertiefung und Verinnerlichung des religiösen Lebens. Das Streben Geert Grootes hatte sich in zwei eng verwandten Formen verkörpert: den Bruderhäusern, wo die Brüder des Gemeinsamen Lebens zusammenwohnten, ohne ganz von der Welt zu scheiden, und in der Kongregation des Klosters Windesheim, das den regulierten Kanonikern des Augustinerordens zugehörte. Von der Ysselgegend aus hatte sich die Bewegung schnell verbreitet, ostwärts nach Westfalen, nordwärts nach Groningen und in die friesischen Landschaften, westwärts nach Holland. Überall wurden Bruderhäuser eingerichtet und Klöster der Windesheimer Kongregation gestiftet oder angeschlossen. Man sprach von der Bewegung als von der ‹neuen Frömmigkeit›, von der *devotio moderna*. Es war eine neue Stimmung und eine neue Praxis, durchaus nicht eine neue Lehre. Der getreu katholische Charakter der Bewegung wurde nach einigem Zweifel bald von der kirchlichen Autorität erkannt. Ernst und Zurückhaltung, Einfalt und Arbeitsamkeit und vor allem eine dauernde Innigkeit des religiösen Fühlens und Denkens waren das Ziel. Ihre Tätigkeit fanden die Brüder und Schwestern neben Krankenpflege und Liebestätigkeit vor allem im Unterricht und in der Schreibkunst. Durch ihre pädagogischen Bestrebungen unterscheidet sich die *devotio moderna* besonders von jenem fast gleichzeitigen Aufleben in den Franziskaner- und Dominikaner-Orden, die sich mehr dem Predigen zuwandten. Die Windesheimer und die Hieronymianer (ein anderer Name für die Brüder des Gemeinsamen Lebens) fanden ihre höchste Aufgabe in der Abgeschlossenheit ihrer Schulstube und in der Stille ihrer Schreibzelle. Die Schulen der Brüder zogen alsbald die Schüler aus den umliegenden Gegenden an. Hier in Nord-Niederland und in Nord-Deutschland wurde auf diese Weise früher als anderswo die Grundlage geschaffen für eine gewisse allgemein verbreitete Bildung in den Kreisen des wohlhabenden Bürgertums: eine Bildung von sehr enger, streng schulmäßiger und kirchlicher Art, die aber gerade dadurch geeignet war, das Volk in breiten Schichten zu durchdringen. Was die Windesheimer an frommer Literatur selbst hervorbrachten, beschränkt sich in der Hauptsache auf Erbauungsbücher und Lebensbeschreibungen aus ihrem eigenen Kreis. Ihr Werk charakterisiert sich mehr durch den tiefernsten Ton als durch Kühnheit oder Neuheit der Gedanken.

Die Bewohner dieser Gegenden galten als grob und bäurisch, unmäßig in Speis und Trank. Doch mancher Fremde, der hier verweilte, erstaunte über die aufrechte Frömmigkeit des Volkes. Diese Leute waren bereits, was sie immer geblieben sind, ein wenig in sich selbst gekehrt und einspännig, eher geeignet, die

Welt zu betrachten und zu ermahnen, als sie durch Glanz des Geistes in Erstaunen zu setzen.

Geburt und Herkunft des Erasmus

Rotterdam und Gouda waren unter den Städten der Grafschaft Holland nicht die ersten. Beides waren Landstädtchen von geringerer Bedeutung als Dordrecht, Haarlem, Leiden und das schnell aufblühende Amsterdam. Mittelpunkte der Bildung waren sie nie. Zu Rotterdam wurde Erasmus in der Nacht vom 27. auf den 28. Oktober des Jahres 1469 geboren[1]. Die Ungesetzlichkeit der Geburt hat über seine Abstammung und Verwandtschaft einen Schleier gebreitet. Vielleicht hat Erasmus selbst erst in späteren Jahren die Umstände seiner Geburt allmählich kennengelernt. Äußerst empfindlich für den Makel, der auf ihr lag, hat er mehr getan, sie geheimnisvoll zu verdunkeln, als sie klarzustellen. Das Bild, das er sich im reiferen Alter von diesen Vorgängen gemacht hat, war romantisch und rührend[2]. Er sah seinen Vater als einen jungen Mann, der unter der Hoffnung auf Heirat mit der Tochter eines Arztes Umgang gehabt hat. Entrüstet suchen Eltern und Brüder den jungen Mann zu bewegen, in den geistlichen Stand zu treten. Doch er entzieht sich ihrer Zumutung, indem er das Land verläßt, noch bevor das Kind geboren ist. Er geht nach Rom und verdient dort seinen Unterhalt durch Abschreibearbeit. Die Familie schickt ihm die falsche Nachricht, seine Geliebte sei gestorben. Im Schmerz darüber wird er Priester und wendet sich ganz dem geistlichen Leben zu. In sein Vaterland zurückgekehrt, erfährt er den Betrug. Er ver-

---

1 Die Unsicherheit, ob 1466 oder 1469 als Geburtsjahr anzunehmen sei, ist nun wohl endgültig zugunsten des Jahres 1469 entschieden durch den Nachweis von Dr. R. R. Post, daß die Stelle, welche die Hauptstütze für die Annahme von 1466 bildete: ‹olim quum admodum puer agerem Daventriae, audiebam...; erat autem iubilaeum›, *Exomologesis, LB. V. 153 F*, sich nicht auf 1475 bezieht, sondern auf 1478, weil erst im letztgenannten Jahr das Jubiläum in Deventer gefeiert worden ist. Vgl. R. R. Post, *Erasmus en het laat-middeleeuwsche onderwijs, Voordrachten, gehouden ter herdenking van den sterfdag van Erasmus, te Rotterdam*. Haag, Nijhoff, 1936, S. 173.

2 *Compendium vitae*, A. no. II, t. I. p. 47.

meidet von da an jede Berührung mit ihr, die er jetzt nicht mehr heiraten kann, aber gibt sich alle Mühe, seinen Sohn eine gute Erziehung genießen zu lassen. Die Mutter bleibt beim Kind, um es zu pflegen, bis ein früher Tod sie ihm raubt. Der Vater folgt ihr bald ins Grab. Nach der Erinnerung des Erasmus soll er erst zwölf oder dreizehn Jahre alt gewesen sein, als seine Mutter starb, was mit der Annahme von 1469 als Geburtsjahr stimmt, weil die Mutter kaum vor 1483 gestorben sein kann. Sein chronologischer Sinn ist aber jederzeit auffallend schwach gewesen.

Es steht leider fest, daß Erasmus selbst wohl wußte, daß nicht alle Einzelheiten an dieser Geschichte richtig waren. Aller Wahrscheinlichkeit nach war sein Vater zur Zeit des Umganges, dem Erasmus sein Leben verdankte, bereits Priester. Jedenfalls war es nicht die Ungeduld Verlobter, sondern eine unregelmäßige Verbindung von langer Dauer, aus der bereits drei Jahre vorher ein Kind geboren worden war. Zusammen mit diesem älteren Bruder namens Peter wurde Erasmus erzogen.

Aus den spärlichen Angaben über die Verwandten des Erasmus erkennt man mit Mühe die unklaren Umrisse eines zahlreichen bürgerlichen Geschlechts. Der Vater hatte neun Brüder, die alle verheiratet waren; die Großeltern väterlicherseits und die Oheime von Mutterseite erreichten ein hohes Alter. Es ist merkwürdig, daß nicht eine zahlreiche Nachkommenschaft von Vettern sich mit der Verwandtschaft des großen Erasmus gebrüstet hat. Muß man annehmen, daß die ganze Familie bereits in der nächstfolgenden Generation ausgestorben ist? Der Umstand, daß die Familiennamen in Bürgerkreisen noch alles andere als fest waren, erschwert die Forschung nach der Verwandtschaft des Erasmus. Gewöhnlich nannte man sich mit seinem eigenen und dem Namen des Vaters; doch es kam auch vor, daß ein solcher Vatername fest wurde und an der folgenden Generation haftenblieb. Erasmus nennt seinen Vater Gerard, seinen Bruder Peter Gerard, während ein päpstliches Schreiben ihn selbst als Erasmus Rogerii bezeichnet. Möglicherweise hieß der Vater Rotger Gerard oder Gerards. Obschon Erasmus und sein Bruder in Rotterdam geboren wurden, weist manches darauf hin, daß die Familie seines Vaters nicht dort, sondern in Gouda zu Hause war. Jedenfalls hatte sie starke Beziehungen zu Gouda, was bald noch deutlicher werden wird.

Der Name

Erasmus war sein Taufname[1]. Es ist nichts Auffallendes an dieser Wahl, wenn sie auch etwas ungewohnt war. Der *heilige Erasmus* war einer der vierzehn Nothelfer, deren Verehrung gerade im fünfzehnten Jahrhundert die Gemüter so stark beschäftigte. Vielleicht war bei dieser Namengebung der Volksglaube mit im Spiel, daß die Fürbitte des *heiligen Erasmus* Reichtum bringe. Bis zur Zeit, da Erasmus mit dem Griechischen vertrauter wurde, gebrauchte er die Form ‹Herasmus›. Später verdroß es ihn, daß er von der Zeit an, da er das H wegließ, nicht gleichzeitig die richtigere und weichere Form Erasmius angenommen hatte[2]. Er nannte sich ein paarmal so im Scherz[3], und sein Patenkind, der Sohn Johann Frobens, wurde wenn auch Johannes Erasmus getauft, doch stets Erasmius genannt. Aus derartigen ästhetischen Erwägungen wird er das barbarische Rotterdammensis bald in Rotterdamus, später in Roterodamus geändert haben, und er betonte es vielleicht auf der drittletzen Silbe[4]. Desiderius war eine selbstgewählte Zutat, die er 1496 zum ersten Male gebrauchte. Es ist denkbar, daß die Lektüre seines geliebten Hieronymus, unter dessen Korrespondenten ein Desiderius vorkommt, ihm den Namen eingab. Wie nun zum ersten Male die volle Form Desiderius Erasmus Roterodamus erscheint, in der zweiten Ausgabe der *Adagia* bei Jost Badius in Paris Anno 1506, da ist es gleichsam ein Sinnbild dafür, daß der bald vierzigjährige Erasmus sich selbst gefunden hat.

Schuljahre

Die Umstände hatten es ihm nicht leicht gemacht, seinen Weg zu finden. In seiner frühesten Jugend – kaum vier Jahre alt, so meint er selbst – hatte er mit seinem Bruder die Schule zu Gouda

---

1 Die Überlieferung, daß sein eigentlicher Name *Geert Geertsz* gewesen sein soll, stützt sich auf keine guten Gründe.
2 A. no. IV, t. I. p. 70.
3 A. 539. II. 463. 70.
4 A. 298 intr. p. I. ὁ ῥοδερόδαμος.

besucht. Darauf schickte man ihn auf die Domschule in Utrecht, wo er Chorknabe gewesen sein soll. Neun Jahre alt war er, als ihn sein Vater nach Deventer schickte, damit er auf der berühmten Schule des Kapitels von Sankt Lebuinus weiterlerne. Seine Mutter begleitete ihn dorthin. Sein Aufenthalt in Deventer muß von 1478 bis 1485 gedauert haben. Erinnerungen an diese Deventer-Zeit trifft man in den Schriften des Erasmus wiederholt an. Das Andenken des genossenen Unterrichts stimmte ihn wenig dankbar: die Schule war damals noch barbarisch, sagt er[1]. Man benützte noch die mittelalterlichen Lehrbücher, von deren sinnloser Umständlichkeit wir uns kaum eine Vorstellung machen. Einige unter den Lehrern gehörten zur Brüderschaft des Gemeinsamen Lebens. Einer von ihnen, Johannes Synthen, brachte einigen Sinn für das klassische Altertum in seiner reineren Form auf. Gegen das Ende des Aufenthalts von Erasmus kam Alexander Hegius an die Spitze der Schule, ein Freund Rudolf Agricolas, der bei seiner Rückkehr aus Italien von seinen Landsleuten als ein Wunder der Gelehrsamkeit angestaunt wurde. An Festtagen, wenn der Rektor vor der ganzen Schule eine Rede hielt, hörte Erasmus Hegius; einmal sah und hörte er den berühmten Agricola selbst, was einen tiefen Eindruck bei ihm hinterließ.

Bei einer Pestepidemie, die die Stadt heimsuchte, starb seine Mutter. Ihr Tod machte der Schulzeit des Erasmus in Deventer ein plötzliches Ende. Der Vater ließ ihn und seinen Bruder nach Gouda zurückkommen, starb aber bald darauf selbst. Er muß ein gebildeter Mann gewesen sein. Nach der Aussage des Erasmus hat er Griechisch gekonnt, in Italien Humanisten von Ruf gehört und alle klassischen Autoren abgeschrieben. Er hinterließ eine Bibliothek von einigem Wert. Erasmus und sein Bruder blieben nun unter der Obhut von drei Vormündern zurück, deren Bemühungen und Absichten er später in ein wenig günstiges Licht gestellt hat. Inwiefern er dabei übertrieb, ist sehr schwer auszumachen. Es ist nicht zu bezweifeln, daß die Vormünder, unter denen ein gewisser Peter Winckel, Schulmeister in Gouda, am meisten hervortritt, für den neuen Klassizismus wenig übrig hatten, nach dem ihr Mündel bereits brannte.

1 A. no. II. 34, t. I. p. 48.

‹Wenn du wieder so elegant schreiben willst, so füge dann einen Kommentar bei›, antwortete der Schulmeister knurrig auf eine Epistel, auf die der vierzehnjährige Erasmus seine besondere Mühe verwendet hatte[1]. Zweifellos hielten es die Vormünder in aller Ehrlichkeit für ein gottgefälliges Werk, die jungen Leute zum Eintritt in ein Kloster zu bewegen; aber es ist auch klar, daß dies für sie der bequemste Weg war, ihre Aufgabe loszuwerden. Erasmus hat später alles, was von seiten der Vormünder geschah, als einen rohen und gewinnsüchtigen Versuch erklärt, ihre eigene unehrliche Verwaltung zu verdecken, und er hat all dies nur als verwerflichen Mißbrauch von Macht und Autorität angesehen. Doch noch mehr: diese Dinge haben ihm in späteren Jahren das Bild des eigenen Bruders verdüstert, mit dem er doch damals in einem herzlichen Verhältnis gelebt hat.

Winckel nun sandte die beiden Jünglinge, die jetzt neunzehn und sechzehn Jahre alt waren, aufs neue zur Schule, diesmal nach Herzogenbusch. Sie wohnten im Bruderhause selbst, mit dem die Schule verbunden war. Hier war nichts von dem Glanz, der die Schule von Deventer umstrahlt hatte. Die Brüder kannten hier kein anderes Ziel, sagt Erasmus, als durch Schläge, durch Tadel und Strenge die Natur zu brechen, um das Gemüt für das Kloster brauchbar zu machen. Gerade darum, meint er, war es den Vormündern zu tun. Obschon ihre Mündel für die Universität reif waren, sollten sie von ihr ferngehalten werden. Mehr als zwei ganze Jahre habe er hier verloren. Einer der beiden Lehrer, die er hier fand, ein gewisser Rombout, war dem jungen Erasmus sehr zugetan und suchte ihn zu überreden, sich der Brüderschaft des Gemeinsamen Lebens anzuschließen. Hätte ich es doch getan, seufzte Erasmus später. Denn die Brüder taten kein unwiderrufliches Gelübde wie jenes, das ihm nun bevorstand.

[1] A. 447. 87.

Eintritt ins Kloster

Eine Pestepidemie gab den Anlaß, daß die beiden Brüder Herzogenbusch verließen und nach Gouda zurückkehrten. Erasmus litt an Fiebern, die seine Widerstandskraft schwächten, deren er jetzt so sehr bedurfte. Denn die Vormünder (einer von den dreien war inzwischen gestorben) setzten nun alle Mittel ins Werk, um die beiden jungen Männer zum Eintritt ins Kloster zu bewegen. Sie hatten ihre Gründe, behauptet Erasmus später, denn sie hatten das dürftige Vermögen der Mündel schlecht verwaltet und wünschten nicht, darüber Rechenschaft abzulegen. Alles, was mit dieser dunklen Periode seines Lebens zusammenhängt, sah er später in der schwärzesten Farbe, außer sich selbst. Sich selbst sieht er als einen Knaben von noch nicht sechzehn Jahren (er muß jedenfalls achtzehn gewesen sein), von Fiebern geschwächt, aber nichtsdestoweniger in ruhiger Besinnung fest entschlossen und ablehnend. Er hat seinem Bruder zugeredet, gemeinsam zu fliehen und sich auf eine Universität zu begeben. Der eine Vormund ist ein beschränkter Tyrann, der andere (Winckels Bruder, ein Kaufmann) ein leichtfertiger Schmeichler. Peter, der ältere der Jünglinge, erliegt zuerst und begibt sich in das Kloster Sion bei Delft (vom Orden der regulierten Kanoniker des Heiligen Augustin), wo der Vormund einen Platz für ihn gefunden hatte. Erasmus widersteht länger. Erst nach einem Besuch im Kloster Steyn oder Emmaus bei Gouda (desselben Ordens), wo er einen Schulkameraden von Deventer wiederfand, der ihm die guten Seiten des Klosterlebens vormalte, gab auch Erasmus nach und nahm seinen Eintritt ins Kloster Steyn, wo er bald darnach, wahrscheinlich 1488, die Gelübde ablegte.

2. Klosterjahre

Als Augustiner-Kanoniker im Kloster Steyn

Erst viel später, unter dem Einfluß des quälenden Ärgers, den ihm der Mönchsstand und all die Mühe, die es kostete, ihm zu entrinnen, verursachten, hat sich das Bild von alldem in seinem Geiste verschoben. Bruder Peter, an den er noch aus Steyn in herzlichem Tone schrieb, ist ein Nichtswürdiger geworden, immer sein böser Geist, ein *Judas*. Auch jener Schulkamerad muß nun ein Verräter gewesen sein, der nur aus Eigennutz handelte und selbst lediglich aus Faulheit und Liebe zu seinem Bauch das Kloster gewählt hatte[1].

Die Freunde

Die Briefe, die Erasmus aus Steyn geschrieben hatte, verraten durchaus nicht jenen tiefen Widerwillen gegen das Klosterleben, von dem er uns später glauben lassen will, er habe ihn von Anfang an empfunden. Man kann natürlich annehmen, daß ihn die Aufsicht seiner Oberen hinderte, alles zu schreiben, was er auf dem Herzen hatte, und daß im Tiefsten seiner Seele andauernd die Sehnsucht nach Freiheit und nach einem gebildeteren Umgang, als ihn Steyn ihm bieten konnte, gelebt hat; aber etwas

---

1 Neben dem *Compendium vitae* A. no. II, t. I. p. 47 und dem Brief an einen apostolischen Sekretär von 1516, A. 447, hat man jetzt für diese Dinge auch den von Frau Allen in Basel entdeckten Brief von 1524, wahrscheinlich an Geldenhauser, A. 1436, der die früher bestrittene Echtheit des *Compendium vitae* in hohem Maße sichert.

von den guten Dingen, die sein Kamerad ihm vorgespiegelt hatte, muß er wohl doch im Kloster gefunden haben. Daß er in dieser Zeit ein Lob des Mönchslebens[1] geschrieben haben soll, einzig um einem Freund zu Willen zu sein, der seinen Vetter ins Netz locken wollte[2], ist eine von jenen naiven nachträglichen Erklärungen, deren Unwahrscheinlichkeit Erasmus selbst nie eingesehen hat. In Steyn fand er eine nicht geringe Freiheit des Lebens, wohl einige Nahrung für seinen nach der Antike hungernden Geist und Freundschaft mit Gleichgesinnten. Den Schulkameraden, der ihn zum Eintritt ins Kloster bewogen hatte, erwähnt er weiter nicht mehr. Seine Freunde in Steyn waren seine Klosterbrüder Servatius Rotger aus Rotterdem und Willem Hermans aus Gouda. Der dritte Freund, Cornelis Gerard von Gouda, gewöhnlich Aurelius genannt (eine Quasi-Latinisierung von Goudanus), war älter als Erasmus und verweilte meistens im Kloster Lopsen bei Leiden. Der Briefwechsel mit diesen Freunden macht den Eindruck eines geselligen Verkehrs, dem es an aufgewecktem Scherz nicht gebrach.

Briefe an Servatius

Aus einer Gruppe dieser Briefe, aus denen an Servatius[3], ersteht das Bild eines Erasmus, den wir später nie wieder finden werden: ein junger Mann von mehr als weiblicher Empfindsamkeit, von einem schmachtenden Bedürfnis nach sentimentaler Freundschaft. Er schlägt gegen Servatius alle Akkorde eines glühenden Liebhabers an. Sooft das Bild des Freundes vor seinem Geist erscheint, brechen ihm die Tränen aus. Zu jeder Tagesstunde liest er den süßen Brief seines Freundes von neuem. Aber er ist tödlich niedergeschlagen und unruhig. Denn der Freund zeigt sich der überschwenglichen Anhänglichkeit abgeneigt; was willst du denn von mir? fragt er – was hast du denn? antwortet der andere. Erasmus kann es nicht ertragen, daß er

---

1 Unter dem Titel *De contemptu mundi epistola* 1521 erschienen, LB. V. 1239, siehe A. 1194 intr.
2 A. no. I., t. I. p. 18
3 A. 4–9, 13, 15.

nicht eine volle Erwiderung seiner Zuneigung sieht. ‹Sei doch nicht so verschlossen, sag mir doch, was du hast!› ‹Auf dich allein habe ich meine Hoffnung gesetzt, so ganz bin ich der Deine geworden, daß du von mir selbst mir nichts mehr gelassen hast. Du kennst doch meine Verzagtheit *(pusillanimitatem)*; wenn sie nicht jemanden hat, an den sie sich lehnen und bei dem sie ausruhen kann, dann macht sie mich so hoffnungslos, daß das Leben mir eine Last wird.[1]›

Diese leidenschaftliche Hingabe wird man bei Erasmus nicht wieder finden. Er mußte sie gründlich verlernen. Für das Verständnis seines Charakters, wie er später erscheint, ist es nicht ohne Bedeutung, daß man sich erinnert: Erasmus ist einmal sentimental gewesen.

Man hat oft diese Briefe für bloße Stilübungen gehalten; dieser Ton einer schmachtenden Weichheit und das vollkommene Fehlen jeder Reserve scheinen zu schlecht zu der sorgfältigen Umschleierung seines Innern zu passen, auf die Erasmus später nie ganz verzichtet hat. P. S. Allen läßt die Frage offen[2], doch er neigt dazu, die Briefe als echt gemeinte Herzensergüsse zu betrachten. Und warum sollen sie das nicht sein? Eine solche überschwengliche Freundschaft scheint sehr wohl zur Natur des Erasmus zu stimmen und paßt überdies in die Zeit. Sentimentale Freundschaften gehörten in den weltlichen Kreisen des fünfzehnten Jahrhunderts ebensosehr zum guten Ton wie am Ende des achtzehnten. Freundespaare, die sich gleich kleideten, Kammer, Bett und Herz teilten, fand man an jedem Hof. Züchtung und Pflege inniger Freundschaft beschränkte sich nicht auf die Aristokratie. Sie gehörte schon im zwölften Jahrhundert zum Ton der klösterlichen Korrespondenz und ebenfalls zu den spezifischen Besonderheiten der *devotio moderna*. Übrigens: ist das nicht ein Zug, der dem Pietismus beinah von Natur eigen ist? Einander mit inniger Teilnahme zu beobachten, die gegenseitigen Gemütsbewegungen zu belauschen und aufzuzeichnen, war bei den Brüdern des Gemeinsamen Lebens und bei den Windesheimer Klosterleuten eine gewohnte und geschätzte Beschäftigung. Und wenn auch Steyn und Sion nicht zu der

1 A. 8. 64.
2 A. I. p. 584.

Windesheimer Kongregation gehörten, der Geist der *devotio moderna* herrschte hier trotzdem. Erasmus hat vielleicht selten den Grund seines Charakters feiner angedeutet, als wenn er Servatius erklärt: ‹Ich bin solchen Geistes, daß ich in diesem Leben nichts über Freundschaft stellen, nichts ungestümer begehren mag und nichts eifriger bewahren will.› Noch einmal findet man ihn später einer solchen schwärmerischen Neigung unterworfen, doch er äußert sich darüber nicht so treffend wie gegen Servatius. ‹Die Jugend›, bezeugt Erasmus selbst später, ‹pflegt brennende *(fervidos)* Neigungen für gewisse Kameraden zu fassen.›[1] Das Vorbild antiker Freundespaare wie *Orest* und *Pylades, Damon* und *Phintias, Theseus* und *Pirithous*, auch *David* und *Jonathan*, war vielleicht mit von einigem Einfluß[2].

Ein junger Mann von zartem Gemüt und stark weiblicher Anlage, voll von Gefühlen und Vorstellungen der klassischen Literatur, für den die Liebe verschlossen war, und der sich gegen seinen Willen in eine grobe und kalte Umgebung gestellt sah, wurde leicht etwas übertrieben in seinen Zuneigungen.

Er mußte sie mäßigen. Servatius war mit einer so eifersüchtigen und viel verlangenden Freundschaft nicht gedient. Wahrscheinlich kostete es den jungen Erasmus mehr Erniedrigung und Scham, als aus den Briefen zu sehen ist, bis er sich dareingefunden hatte, von nun an seine Gefühle mehr zu bewachen. Nun macht der sentimentale Erasmus Platz für eine ganz andere Figur: für den geistvollen Latinisten, der seinen älteren Freunden überlegen ist, mit ihnen plaudert über Dichtkunst und Literatur, zu ihrem lateinischen Stil seinen Rat gibt und sie, wenn nötig, schulmeistert[3].

Der Humanismus in den Klöstern

Die Gelegenheit, sich den neuen Geschmack für das klassische Altertum zu eigen zu machen, muß denn doch in Deventer und im Kloster selbst nicht so gering gewesen sein, wie uns Erasmus später glauben machen will. Die Zahl der lateinischen

---

1 A. 447. 320.
2 A. 17. 41, 83, 126.
3 A. 12. 15.

Autoren, die er in diesen Jahren kannte, ist durchaus nicht gering. Als seine poetischen Vorbilder nennt er in einem Brief an Cornelius Aurelius[1] folgende Schriftsteller: Virgil, Horaz, Ovid, Juvenal, Statius, Martial, Claudian, Persius, Lukan, Tibull, Properz. Für die Prosa waren es: Cicero, Quintilian und Terenz, dessen Versmaß damals noch nicht wiedererkannt war. Von den italienischen Humanisten kannte er vor allem Lorenzo Valla[2], dessen *Elegantiae* für ihn das bahnbrechende Werk der *bonae literae* waren; aber auch Filelfo[3], Aeneas Sylvius[4], Guarino[5], Poggio[6] und andere waren ihm nicht unbekannt[7]. Unter der altchristlichen Literatur war er vor allem vertraut mit Hieronymus.

Es bleibt bemerkenswert, daß eine Erziehung, wie sie Erasmus in den Schulen der *devotio moderna* genossen hat, mit ihrer ultrapuritanischen Absicht, ihrer strengen, auf die Brechung der Persönlichkeit gerichteten Zucht, einen Geist liefern konnte, wie er ihn in seiner Klosterzeit beweist: den Geist des vollendeten Humanisten. All sein Interesse gilt dem lateinischen Dichten und der Reinheit seines lateinischen Stils. Nach Äuße-

---

[1] A. 20, 97.

[2] 1406–1457, Professor für Rhetorik in Pavia, später Sekretär im päpstlichen Hof. Weist die ‹Konstantinische Schenkung› als Fälschung nach und tritt hervor als Erneuerer des klassischen Lateins. (Anm. d. Red.)

[3] Francesco Filelfo (1398–1481), Gräzist und Dichter, hervorgetreten auch als Übersetzer griechischer Schriftsteller ins Lateinische, nach Handschriften, die er sich während eines mehrjährigen Studiums in Konstantinopel beschaffte. (Anm. d. Red.)

[4] Eigentlich Enea Silvio de' Piccolomini (1405–1464), später Papst Pius II., hochgebildeter, einflußreicher Verfasser bedeutender geschichtlicher, geographischer und ethnographischer Werke. (Anm. d. Red.)

[5] Guarino von Verona (1374–1460), einer der bedeutendsten Pädagogen der Renaissance, übersetzte griechische Schriftsteller (Plutarch, Strabo) ins Lateinische und edierte Plautus, Livius Plinius d. Ä., Catull. (Anm. d. Red.)

[6] Poggio di Guccio Bracciolini (1380–1459), Sekretär Papst Bonifaz IX., später Kanzler der Stadt Florenz, über die er eine Bruchstück gebliebene Geschichte in acht Büchern über die Zeit von 1352–1455 schrieb. Entdeckte auf seinen Reisen in deutschen, französischen und schweizerischen Klosterbibliotheken viele bisher unbekannte Werke römischer Klassiker. Berühmt durch seinen guten lateinischen Stil. (Anm. d. Red.)

[7] A. 23. 73.

rungen von Frömmigkeit sucht man in den Briefwechseln mit Cornelis von Gouda und Wilhelm Hermans beinah umsonst. Mit eleganter Leichtigkeit handhaben sie die mühsamsten lateinischen Versmaße und die gesuchtesten Ausdrücke der Mythologie. Ihr Stoff ist bukolisch oder amatorisch; ist er heilig, so benimmt ihm doch der Klassizismus den Akzent der Frömmigkeit. Der Prior des Nachbarklosters Hem, auf dessen Ersuchen hin Erasmus den *Erzengel Michael* besungen hat, wagte es nicht, seine sapphische Ode aufzuhängen: sie sei zu ‹poetisch›, meinte er, und sehe fast wie griechisch aus[1]. Poetisch bedeutete in jener Zeit klassizistisch. Erasmus selbst fand, daß er sie zu einfach gemacht habe, sie sehe fast aus wie Prosa. ‹So unfruchtbar waren damals die Zeiten›, seufzte er später.

Diese jungen Dichter fühlten sich als Hüter eines neuen Lichtes mitten in der Dummheit und Barbarei, die sie bedrückte. Sie hielten gegenseitig ihre Produkte, wie jeder junge Dichterbund es tut, schlechthin für unsterblich und träumten für Steyn eine Zukunft des Dichterruhms, mit dem es Mantua werde an die Krone greifen können[2]. Ihre Umgebung von bäurischen und beschränkten Klostergeistlichen (so erschienen sie ihnen) gab ihnen weder Anerkennung noch Ermunterung. Die starke Neigung des Erasmus, sich verfolgt und schlecht behandelt zu fühlen, gab dieser Lage das Ansehen einer Märtyrerschaft des unterdrückten Talents. Er klagt seinem Cornelius in schönem horazischem Metrum seine Not über die Verachtung der Dichtkunst[3]. Ein Ordensbruder befehle ihm, die an das Schreiben von Versen gewöhnte Feder ruhenzulassen. Verzehrender Neid wolle ihn zwingen, alles Dichten fahrenzulassen. Eine scheußliche Barbarei herrsche, das Land lache über die lorbeerbringende Kunst des hochthronenden *Apollo*. Der rohe Bauer bestelle beim gelehrten Dichter seine Verse. ‹Doch hätte ich so viele Münder, wie in stillen Nächten Sterne flimmern am schweigenden Firmament, oder so viele, als der laue Frühlingswind Rosen auf den Boden streut, ich würde nicht alle Übel klagen können, unter denen in dieser Zeit die heilige Dichtkunst bedrückt liegt.

[1] A. no. I, t. I. p. 3: LB. V. 1321.
[2] A. 49. 106.
[3] LB. VIII. 567.

Ich bin des Dichtens müde.› Cornelius setzte den Erguß des Erasmus in Dialogform um, worüber dieser wieder äußerst erfreut war.

Lateinische Poesie

Doch mögen in dieser Kunst neun Zehntel rhetorische Fiktion und eifrige Nachahmung sein, man darf darum die Begeisterung, die die jungen Dichter beseelte, nicht geringschätzen. Welche Erhebung es bewirkte, wenn man das Latein aus den absurdesten Lehrbüchern nach der unmöglichsten Methode gelernt hatte, und wenn man es nun nichtsdestoweniger in seiner Reinheit entdeckte, um es handhaben zu können in dem verführenden Rhythmus eines kunstreichen Versbaus, in der herrlichen Exaktheit seiner Struktur und in der Heiligkeit seines Klanges, davon wollen wir, deren Gefühl für den Zauber des Lateins doch größtenteils erstorben ist, nicht gering denken.

> *Nec si quot placidis ignea noctibus*
> *Scintillant tacito sydera culmine,*
> *Nec si quot tepidum flante Favonio*
> *Ver suffundit humo rosas,*
>   *Tot sint ora mihi...*

War es sonderbar, daß sich als Dichter fühlte, wer das schreiben konnte? Oder wer mit seinem Freund in einem Wechselgesang von fünfzig Distichen den Lenz zu besingen wußte[1]? Schülerarbeit, wenn man will, eine fleißige Stilübung, mehr nicht. Doch sie ist voll von einer Frische und Kraft, als sprieße sie gleichsam aus dem Boden der lateinischen Sprache selbst.

Aus diesen Stimmungen ist das erste umfangreichere Werk geboren, das Erasmus in Angriff nehmen, dessen Handschrift er dann verlieren sollte, um viele Jahre später nur einen Teil davon wieder zu bekommen und publizieren zu können: die *Antibarbari*, die nach Allen[2] schon in Steyn begonnen sind.

---

[1] LB. VIII. 565.
[2] A. 30, 16 Anm.

Freilich spiegelt die Form, in der schließlich das erste Buch der *Antibarbari* erschien, eine etwas spätere Phase aus dem Leben des Erasmus; sie stammt aus der Zeit nach seinem Weggang aus dem Kloster. Auch der behagliche Ton einer geistreichen Verteidigung der profanen Literatur ist nicht mehr der des Dichters von Steyn. Aber das Ideal eines freien und edlen Lebens in freundschaftlichem Verkehr und ungestörtem Studium der Alten war ihm in den Mauern des Klosters bereits aufgegangen.

Abneigung gegen das Klosterleben und Abschied

Im Lauf der Jahre begannen ihn jene Mauern wahrscheinlich immer mehr zu bedrücken. Weder der gelehrte und poetische Briefwechsel noch die Malerei, mit der er sich zusammen mit einem gewissen Sasboud abgab[1], konnten ihm den Druck des Klosterlebens und einer kleingeistigen, unfreundlichen Umgebung versüßen. Aus der späteren Periode seiner Klosterzeit sind nach Allens sorgfältig erwogener Datierung überhaupt keine Briefe erhalten. Hatte er aus Unlust den Briefverkehr eingestellt? Hatten ihn seine Oberen ihm verboten? Oder ist es nur der Zufall, der uns im Dunkeln läßt? Wir wissen nichts über die Umstände und die Gemütsverfassung, in der Erasmus am 25. April 1492 durch die Hand des Bischofs von Utrecht, Davids von Burgund, die Priesterweihe empfing.

Vielleicht stand das Ereignis bereits in Zusammenhang mit seinem Wunsch, das Kloster zu verlassen. Er selbst hat später bezeugt, er habe nur selten die Messe gelesen. Die Gelegenheit, Steyn zu verlassen, fand Erasmus im Angebot eines Sekretärspostens beim Bischof von Cambrai, Heinrich von Bergen. Er hatte dieses Anerbieten seinem Ruf als Latinist und Literat zu danken, denn als Erasmus in diesen Dienst trat, geschah es im Hinblick auf eine Reise nach Rom, wo der Bischof den Kardi-

---

1 A.I. 16. 12, vgl. IV, p. XX, und siehe LB. IV. 756, wo er, indem er die Jahre seiner Jugend überschaut, auch erwähnt: *Pingere dum meditor tenueis sine corpore formas.*

nalshut zu erlangen hoffte. Die Bewilligung des Bischofs von Utrecht war erreicht und außerdem die des Priors und des Ordensgenerals. Von einem Abschied für immer war natürlich nicht die Rede; Erasmus trug als Diener des Bischofs weiter das Kleid seines Ordens. Im tiefsten Geheimnis hatte er seinen Weggang vorbereitet. Es liegt etwas Rührendes in jenem Bildchen, in dem wir seinen Freund und Dichtergenossen Willem Hermans eben auffangen können: er wartet außerhalb Goudas vergeblich, um den Freund noch kurz zu sehen, als dieser auf seinem Weg nach dem Süden die Stadt noch einmal passieren sollte[1]. Die beiden hatten, wie es scheint, davon gesprochen, gemeinsam Steyn zu verlassen, und Erasmus hatte ihm von seiner Aussicht nichts angedeutet. Willem mußte sich mit der Bildung trösten, die in Steyn zu bekommen war.

Als Sekretär des Bischofs von Cambrai

Erasmus, der nun schon weit in den Zwanzigern war, denn das Jahr seines Weggangs aus dem Kloster ist aller Wahrscheinlichkeit nach 1493 gewesen, betrat jetzt den Weg einer in dieser Zeit gewohnten und sehr gesuchten Karriere: die des Intellektuellen im Schatten der Großen. Sein Patron gehörte einem der zahlreichen südniederländischen Adelsgeschlechter an, die im Dienste Burgunds emporgekommen und den Interessen dieses Hauses treu ergeben waren. Die Glimes waren Herren von Bergen op Zoom, das, zwischen dem Schelde- und Maasdelta gelegen, eines der Verbindungsglieder zwischen den nördlichen und südlichen Niederlanden bildete. Heinrich, der Bischof von Cambrai, war eben zum Kanzler des Ordens vom Goldenen Vlies ernannt worden; er bekleidete also die angesehenste geistliche Würde an dem Hof, der, obwohl nun in Wirklichkeit habsburgisch, weiter der burgundische genannt wurde. Der Dienst bei einer so wichtigen Persönlichkeit verhieß Ehre und Vorteil, fast unbegrenzt. Mancher hätte es dabei um den Preis von etwas Geduld, von einiger Erniedrigung und einer gewissen Beweglichkeit der Grundsätze selbst bis zum Bischof gebracht. Aber

---

1 A. 33. 10.

Erasmus ist nie der Mann gewesen, aus der Gelegenheit Vorteil zu ziehen.

Er hatte Besseres erwartet von seinem Leben beim Bischof. Nun mußte er die vielfachen Wechsel des Aufenthalts mitmachen, von einem Ort zum andern: Bergen, Brüssel, Mecheln. Seine Beschäftigungen nahmen ihn stark in Anspruch; welcher Art sie waren, entgeht uns. Die Reise nach Rom, der Gipfel der Wünsche für jeden Geistlichen oder Gelehrten, kam nicht zustande. Der Bischof war nach herzlicher Anteilnahme während der ersten Monate nun weniger entgegenkommend, als er erwartet hatte. Und so sehen wir Erasmus bald aufs neue in einer alles andere als heiteren Stimmung. ‹Das härteste Los› nennt er sein Dasein[1]. Es nehme ihm alle frühere Lebendigkeit des Geistes, so klagt er. Gelegenheit zum Studium habe er keine. Nun beneidet er den Freund Willem darum, daß er zu Steyn in der kleinen Zelle hübsche Verse machen könne, begünstigt durch ‹glückliche Sterne›. Für ihn, Erasmus, schicke sich nichts als Weinen und Seufzen; das habe ihm den Geist schon so stumpf und das Gemüt so welk gemacht, daß ihn nichts von den alten Studien mehr freue[2].

Es ist rhetorische Übertreibung dabei, und wir werden sein Heimweh nach dem Kloster nicht zu ernst nehmen dürfen; aber es ist doch wohl deutlich, daß eine ziemlich tiefe Depression seiner Herr geworden ist. Wahrscheinlich hat die Berührung mit dem Leben der Politik und Ambition Erasmus aus seiner Fassung gebracht. Er ist nie dafür geschaffen gewesen. Die harte Wirklichkeit erschreckte und betrübte ihn. Gezwungen, sich mit ihr zu beschäftigen, sah er rings um sich nichts als Bitterkeit und Verwirrung. ‹Wo ist Fröhlichkeit oder Ruhe?... Wohin ich die Augen wende, sehe ich nur Unglück und Härte. Und in einem solchen Gedränge und Getöse um mich her willst du, daß ich Ruhe finde für das Werk der Musen!›

Wirkliche Ruhe sollte Erasmus sein Leben lang nicht finden. All sein Lesen, all sein Schreiben tat er hastig, *tumultuarie*, wie er es wiederholt nennt. Aber er muß es zugleich getan haben mit einer Hingabe sondergleichen und mit einem unbegreiflichen

1 A. 39. 138.
2 A. 39. 138.

Aufnahmevermögen. Während seines Aufenthaltes beim Bischof besuchte er das Kloster Groenendael bei Brüssel, wo vormals Ruusbroec[1] geschrieben hatte. Von Ruusbroec hörte Erasmus dort wohl nichts, und sicher hätte er an den Schriften des großen Mystikers wenig Vergnügen gefunden. Aber er fand in der Bibliothek die Werke Augustins, und die verschlang er. Die Mönche von Groenendael erstaunten über seinen Eifer: sogar in sein Schlafgemach nahm er die Bände mit[2].

Die ‹Antibarbari› und Jacobus Battus

Auch zum Schreiben hat er in dieser Periode die Zeit noch gefunden. In Halsteren bei Bergen op Zoom, wo der Bischof ein Landhaus besaß, hat er die zu Steyn begonnenen *Antibarbari*[3] in die Form eines Dialogs umgearbeitet. Es ist, als suche er für die Unrast seines Lebens Trost und Entschädigung in einer Atmosphäre idyllischer Ruhe und gebildeter Unterhaltung. Er versetzt uns in jene Szene, die für ihn immer (er wird sie auch später wiederholt verwenden) das Ideal der Lebensfreude blieb: ein Garten oder Gartenhaus außerhalb der Stadt, wo in der Lust eines schönen Tages eine kleine Anzahl Freunde zusammenkommen, um bei einem einfachen Mahl oder unter ruhigem Lustwandeln in platonischer Heiterkeit von den Dingen des Geistes zu sprechen. Die Personen, die er auf die Szene bringt, sind seine besten Freunde und er selbst. Da ist der kostbare und treue Freund, den er in Bergen kennengelernt hatte, Jakob Batt, Schulmeister und später Sekretär der Stadt, und sein alter Freund aus Steyn, Willem Hermans, für dessen literarische Zukunft er auch weiter etwas sorgte. Unerwartet aus Holland gekommen, trifft Willem die andern, zu denen sich noch der Bür-

---

1 Johannes van Ruusbroec (1293–1381), flämischer Mystiker, zuletzt Prior des Augustiner-Chorherren-Stiftes Groenendael. Meister der Mittelniederländischen Prosa, geistesverwandt mit Meister Ekkehart. Seine einflußreichen Werke wurden ins Lateinische und später in alle Kultursprachen übersetzt. (Anm. d. Red.)
2 A. t. I., p. 590.
3 LB. X. 1691.

germeister von Bergen und der Stadtarzt gesellen. In leicht scherzendem, gelassenem Ton entspinnt sich das Gespräch über die Schätzung der Dichtkunst und der Literatur, der lateinischen, wohl zu verstehen. Sie widerstreiten wahrer Frömmigkeit nicht, wie barbarischer Unverstand glauben machen wolle. Eine Schar von Zeugen ist zur Hand, um es zu beweisen; unter ihnen vor allem Augustin, von dessen frischer Lektüre man hier Spuren findet, und Hieronymus, der Erasmus schon länger bekannt und seinem Geist letzten Endes verwandter war. Feierlich wird auf altrömische Weise den Feinden der klassischen Bildung Krieg angesagt. ‹O ihr Goten, mit welchem Recht okkupiert ihr nicht nur die lateinischen Provinzen (das sind die freien Künste), sondern die Hauptstadt, das ist die Latinität selbst?›

Batt war es, der, als die Aussichten beim Bischof von Cambrai auf eine Enttäuschung hinausliefen, für Erasmus einen Ausweg finden half. Er selbst hatte in Paris studiert, und dorthin hoffte nun auch Erasmus sich begeben zu können, da ihm Rom nun entging. Die Zustimmung des Bischofs mit der Zusage eines Stipendiums wurde erreicht, und Erasmus zog nach der berühmtesten aller Universitäten, nach Paris, wahrscheinlich im Spätsommer 1495. Batts Bemühungen hatten ihm das Glück verschafft.

3. Erasmus und die Universität Paris

Philosophische und theologische Schulen und Traditionen

Die Universität von Paris[1] war mehr als sonst irgendein Ort in der Christenheit der Schauplatz, wo die Meinungen aufeinanderstießen und die Parteien sich stritten. Das Universitätsleben des Mittelalters war im allgemeinen höchst unruhig und bewegt. Die Formen des wissenschaftlichen Verkehrs selbst brachten schon ein Element von Hader und Aufregung mit sich: man lebte in einer beinahe ununterbrochenen Reihe von Disputationen, ständig gab es Wahlen, und die Studenten hielten sich an keine Ordnung. Zu diesen allgemeinen Sitten kamen noch alte und neue Zwiste von allerlei Orden, Schulen und Gruppen. Die verschiedenen Collèges stritten untereinander. Die Weltgeistlichen waren uneins mit den Regulierten. Die Thomisten und Scotisten, zusammen die Alten genannt, bekämpften in Paris seit einem halben Jahrhundert die Terministen oder Modernen; das waren die Nachfolger von Ockham[2] und Buridan[3], der scholastischen Philosophen des vierzehnten Jahrhunderts. 1482 war zwischen diesen beiden Gruppen eine Art von Friede zu-

---

1 Siehe A. Renaudet, *Préréforme et Humanisme à Paris, 1494–1514*.
2 Wilhelm von Ockham (etwa 1285–1349), englischer Scholastiker, Begründer des Nominalismus, wurde wegen seines unnachgiebigen Kampfes für eine strikte Trennung von Kirche und Staat von der Kurie der Irrlehre angeklagt und flüchtete zu Ludwig von Bayern, an dessen Hof in München er starb. (Anm. d. Red.)
3 Johannes Buridan (etwa 1300–1358), scholastischer Philosoph, Haupt der Pariser Nominalisten. Setzte sich sehr eingehend mit dem Problem der Willensfreiheit auseinander. (Anm. d. Red.)

stande gekommen. Beide Schulen lagen übrigens in ihren letzten Zügen. Sie waren festgefahren in unfruchtbaren technischen Disputen, in einer Sucht des Systematisierens und Einteilens, in einer Methode der Ausdrücke und Worte, die für Wissenschaft und Philosophie keine Früchte mehr brachten. Die theologischen Collèges der Dominikaner und Franziskaner in Paris waren im Verfall; der theologische Unterricht wurde in dem säkularen Collège von Navarra und dem der Sorbonne gegeben, aber nach der alten Methode.

Der allgemeine Traditionalismus hatte es nicht gehindert, daß seit dem letzten Viertel des fünfzehnten Jahrhunderts auch in Paris der Humanismus Fortschritte gemacht hatte. Das elegante Latein und der Geschmack für die klassische Dichtung hatten auch hier ihre feurigen Verfechter ebenso wie der wiedererweckte Platonismus, der in Italien aufgekommen war. Die Pariser Humanisten waren zum Teil Italiener, wie Girolamo Balbi und Fausto Andrelini; aber als ihr Haupt galt damals ein Franzose, Robert Gaguin, General des Ordens der Mathuriner oder Trinitarier, Diplomat, französischer Dichter und Humanist. Neben dem neuen Platonismus drang, ebenfalls aus Italien, eine genauere Kenntnis des Aristoteles ein. Kurz vor der Ankunft des Erasmus war Jacques Lefèvre d'Etaples aus Italien zurückgekommen, wo er die Platoniker wie Marsilio Ficino und Pico della Mirandola und den Wiederhersteller des Aristoteles, Ermolao Barbaro, besucht hatte.

Das Collège Montaigu

War auch die theoretische Theologie und Philosophie in Paris im allgemeinen konservativ, so fehlte doch so wenig wie anderswo das Streben nach Reformen. Man hatte hier das Ansehen des großen Kanzlers der Universität, Jean Gerson, um 1400, noch nicht vergessen. Doch dieser Sinn für Reformen bedeutete nicht im geringsten eine Neigung, von der Kirchenlehre abzuweichen; er galt in erster Linie der Wiederherstellung und Reinigung der Klosterorden und danach der Ausrottung von Mißbräuchen im allgemeinen, die die Kirche an sich selbst erkannte und beklagte. Die Idee einer Reformierung des geistlichen Lebens wurde seit kurzem in Paris verstärkt durch das Eindringen der niederländischen Bewegung der *devotio moderna*. Der bedeutendste ihrer Förderer war Jan Standonck aus Mecheln, erzogen bei den Brüdern des Gemeinsamen Lebens in Gouda und durchdrungen von ihrem Geist in seiner allerstrengsten Form. Seine Askese war leidenschaftlicher, als es der wohl strenge, aber doch gemäßigte Geist der Windesheimer forderte. Weit außerhalb der kirchlichen Kreise war er sprichwörtlich für seine Enthaltsamkeit; Fleischessen hatte er sich für immer versagt[1]. Als Provisor des Collège Montaigu hatte er dort die strengste Regel eingeführt und handhabte sie mit Züchtigungen für die geringste Nachlässigkeit. Mit dem Collège hatte er ein Haus für arme Scholaren verbunden, wo diese in einer halb klösterlichen Gemeinschaft lebten.

An diesen Mann hatte der Bischof von Cambrai Erasmus empfohlen. Obwohl er nicht in die Gemeinschaft der armen Studenten trat (er war schon beinah dreißig Jahre alt), lernte Erasmus doch all die Entbehrungen des Systems kennen. Sie haben ihm die erste Zeit in Paris vergällt und in seiner Seele für immer einen tiefen Widerwillen gegen Enthaltungen und Rigorismus zurückgelassen. War er dazu nach Paris gekommen, um dort die trüben und niederdrückenden Einflüsse seiner Jugend in verschärfter Form aufs neue zu erleben?

Das Ziel, mit dem Erasmus nach Paris ging, war in erster Linie die Erwerbung des Doktorgrades der Theologie. Dies konnte für ihn nicht allzu schwierig sein. Als Regulierter war er von den vorausgehenden Studien in der Fakultät der *Artes* befreit. Seine früheren Studien und seine erstaunliche Intelligenz und Arbeitskraft erlaubten ihm, sich in kurzer Zeit für die erforderlichen Examina und Disputationen vorzubereiten. Doch er hat dieses nächste Ziel in Paris nicht erreicht. Sein Aufenthalt, der mit Unterbrechungen zuerst bis 1499 dauerte und später noch einmal wiederaufgenommen wurde, war für ihn eine Zeit der Beschwerden und Ärgernisse, des Ringens um ein Auskommen, mit all den erniedrigenden Mitteln, die damals nicht zu vermeiden waren – auch des beginnenden Erfolgs, aber ohne daß er ihm rechte Befriedigung gab.

---

1 Jean Molinet, *Faictz et dictz. f. 62.*

Die erste Ursache seiner Mißerfolge war eine physische: er konnte das harte Leben im Collège Montaigu durchaus nicht ertragen. Die verdorbenen Eier und die verpesteten Schlafräume hat er sein Leben lang nicht vergessen. Davon, meinte er, habe er sich den Anfang seines späteren Körperleidens zugezogen. In den *Colloquia* hat er voll Abscheu Standoncks Systems der Enthaltung, Entbehrung und Kasteiung gedacht. Sein Aufenthalt dort hat übrigens nicht länger gedauert als bis zum Frühjahr 1496.

Abneigung gegen die Scholastik

Inzwischen hatte er sich an seine theologischen Studien gemacht. Er hörte Vorlesungen über die Bibel und über das Buch der Sentenzen, das immer noch meist gebrauchte mittelalterliche Handbuch der Theologie. Er selbst durfte im Collège einige Vorlesungen über die Heilige Schrift halten. Einige Predigten zu Ehren der Heiligen hielt er wahrscheinlich in der benachbarten Abtei der heiligen Genoveva. Aber sein Herz war fern von alldem. Die Spitzfindigkeiten der abgelebten Scholastik konnten ihm nicht behagen. Hier setzte sich in seinem Geist, der, so weit er auch war, doch stets unbillig über das urteilte, wofür er keinen Raum hatte, jener Widerwille gegen die ganze Scholastik fest, die er in einer Gesamtverurteilung verwarf. ‹Diese Studien können jemand eingebildet und streitsüchtig machen, aber weise? Sie erschöpfen den Geist durch eine gewisse nüchterne und schale Subtilität, ohne ihn irgendwie zu befruchten oder zu beleben. Sie verunstalten die Theologie, die durch die Beredsamkeit der Alten bereichert und geschmückt worden war, durch ihr Gestammel und durch die Flecken ihres unsauberen Stils. Sie wollen alle Knoten lösen und verwickeln doch alles von neuem.[1]› ‹Scotist› wurde für Erasmus das bequeme Schimpfwort für jeden Scholastiker, ja für alles, was überlebt und veraltet war. Er würde lieber den ganzen Scotus verlorengehen sehen als die Bücher von Cicero oder Plutarch. Durch diese, fühlt er, sei er besser geworden, während er von der Lektüre der Schola-

1 A. 408. 22.

stiker aufstehe, kalt gestimmt gegen die wahre Tugend, aber gereizt zum Streitgespräch [1].

Sicher wäre es für Erasmus mühselig gewesen, im dürren Traditionalismus, der an der Pariser Universität herrschte, zur Blüte der scholastischen Philosophie und Theologie zurückzufinden. Von den Disputationen, die er in der Sorbonne hörte, brachte er nichts anderes mit nach Hause als Spottlust gegen die Doktoren der Theologie oder, wie er sie stets ironisch mit ihrem Ehrentitel nennt, die *Magistri nostri*. Gähnend saß er zwischen ‹diesen heiligen Scotisten› mit ihrer gerunzelten Stirn, ihren starrenden Augen und ihren bekümmerten Mienen, und nach Hause gekommen, schreibt er eine unehrerbietige Phantasie an seinen jungen Freund Thomas Grey [2]. Er erzählt ihm, wie er mit den Theologen der Sorbonne den Schlaf des Epimenides schlafe. Epimenides erwachte nach seinen 47 Jahren, aber die meisten unserer heutigen Theologen werden nie erwachen. – Was mag Epimenides wohl geträumt haben? Was anderes als die Spitzfindigkeiten der Scotisten: ihre *quidditates, formalitates* und den Rest! – Epimenides selbst ist im Scotus wiedergeboren, oder lieber, Epimenides war ein Prototyp des Scotus. Auch er schrieb ja theologische Bücher und legte darin syllogistische Knoten, die er selbst nie soll haben entwirren können. Die Sorbonne bewahrt die Haut des Epimenides, beschrieben mit rätselhaften Lettern, als ein Orakel, das man erst beschauen darf, nachdem man fünfzehn Jahre lang den Titel *Magister noster* getragen hat.

Wir sind hier nicht weit von den *Sorbonistres* und den *barbouillamenta Scoti* von Rabelais. ‹Man behauptet›, so beschließt Erasmus den Ausbruch seiner Laune, ‹daß niemand die Mysterien dieser Wissenschaft begreifen könne, der nur irgendeinen Verkehr mit den Musen oder Grazien gehabt habe. Alles, was du dir von *bonae literae* erworben hast, mußt du erst verlernen; wenn du aus den Quellen des Helikon getrunken hast, mußt du wieder ausspeien. Ich tue all mein Bestes, nichts lateinisch, nichts Anmutiges oder Geistreiches zu sagen; und ich mache schon Fortschritte, daß sie, man darf es hoffen, einst den Erasmus anerkennen werden.›

---

[1] *Convivium religiosum*, Coll. LB. I. 682 B.
[2] A. 64.

Nicht allein die Trockenheit der Methode und die Unfruchtbarkeit des Systems schreckten Erasmus ab. Es waren auch die Eigenschaften seines eigenen Geistes, der bei all seiner Weite und Schärfe nicht geneigt war, tief in philosophische und systematische Spekulationen einzudringen. Denn nicht nur die Scholastik stieß ihn ab, auch der junge Platonismus und der verjüngte Aristotelismus, den Lefèvre d'Etaples lehrte, haben ihn nicht angezogen. Er blieb vorläufig ein ästhetisch gerichteter Humanist mit einem Hintergrund biblischer und moralischer Gesinnung, die vor allem auf der Lektüre seines geliebten Hieronymus beruhte. Noch lange Zeit betrachtete sich Erasmus und bezeichnete er sich als Dichter und ‹Orator›, wir würden für dies letztere sagen: Literat.

Beziehungen zu den Humanisten: Robert Gaguin

Sogleich bei seiner ersten Ankunft in Paris muß er mit dem Hauptquartier des literarischen Humanismus Fühlung gesucht haben. Der unbekannte holländische Mönch führte sich selbst durch einen langen (nicht erhaltenen) Brief voll Lobeserhebungen, begleitet von einem sehr gekünstelten Gedicht, beim General nicht nur des Trinitarierordens, sondern zugleich des Pariser Humanismus, bei Robert Gaguin, ein. Der große Mann antwortete sehr wohlwollend. ‹Nach deiner lyrischen Probe schließe ich, daß du ein gebildeter Mann seiest; meine Freundschaft steht dir offen, aber treibe es nicht zu bunt mit deinem Lob, das gleicht der Schmeichelei.› Kaum war die Korrespondenz recht begonnen, als Erasmus eine wertvolle Gelegenheit fand, dem Meister einen Dienst zu erweisen und zugleich sich im Schatten seines Namens beim lesenden Publikum bekannt zu machen. Der Vorfall ist auch deshalb von Interesse, weil er uns Gelegenheit gibt, zum ersten Male die Verbindung zu bemerken, die stets zwischen der literarischen und gelehrten Karriere des Erasmus und den technischen Bedingungen, die die junge Buchdruckerkunst mit sich brachte, bestehen sollte. Gaguin, der überall zu Hause war, hatte eben ein lateinisches Handbuch für französische Geschichte *De origine et gestis Fran-*

corum compendium beim Drucker. Es war der erste Versuch humanistischer Historiographie in Frankreich. Der Drucker war am 20. September 1495 mit der Arbeit fertig, aber von den 136 Blättern waren noch zwei ungefüllt. Das ging nicht an nach den Begriffen dieser Zeit. Gaguin war krank und konnte nicht helfen. Durch weiten Satz bekam man Folio 135 voll mit einem Gedicht Gaguins, mit der Schlußformel und mit zwei Lobgedichten von Faustus Andrelinus und einem andern Humanisten. Doch der Stoff reichte immer noch nicht aus, und nun sprang für Folio 136 Erasmus in die Lücke und lieferte einen langen Anpreisungsbrief, der den überzähligen Raum ganz füllte[1]. So wurden sein Name und sein Stil mit einem Male bekannt bei dem sehr weiten Publikum, das sich für Gaguins Geschichtswerk interessierte. So erwarb er sich zugleich einen neuen Anspruch auf den Schutz Gaguins, dem die höchst eigenen Qualitäten der Diktion des Erasmus offenbar nicht entgangen waren. Daß von seinem Geschichtswerk einmal am meisten deshalb gesprochen werden sollte, weil es Erasmus als Sprungbrett gedient hatte, wird Gaguin wohl nicht gedacht haben. Wenn nun auch Erasmus somit im Gefolge Gaguins seinen Eintritt in die Welt der Pariser Humanisten genommen hatte, der Weg zu dem Ruhm, der seit kurzem über die Druckerpresse führte, war damit noch nicht geebnet. Er ersuchte Gaguin um ein Urteil über die *Antibarbari*. Dieser lobte sie, doch ohne daß dabei von einer Herausgabe die Rede war. Einzig ein Bändchen lateinischer Gedichte von Erasmus kam 1496 in Paris heraus, Hector Boys, einem Schotten gewidmet, den er in Montaigu kennengelernt hatte[2]. Die bedeutenderen Schriften aber, an denen er in seiner Pariser Zeit arbeitete, sind alle erst viel später im Druck erschienen.

Der Verkehr mit Männern wie Robert Gaguin und Faustus Andrelinus mochte ehrenvoll sein, unmittelbaren Vorteil brachte er nicht. Die Unterstützung des Bischofs von Cambrai war spärlicher, als er wünschte. Im Frühjahr 1496 wurde er

---

1 A. 43, p. 145, wo die Einzelheiten des Vorfalls mit besonderem Scharfsinn auseinandergesetzt und die Konsequenzen für die Chronologie des Aufenthalts des Erasmus in Paris gezogen werden.
2 A. 47.

krank und zog von Paris weg, erst zu seinem Beschützer, dem Bischof, der ihn in Bergen freundlich empfing und bei dem er wieder zu Kräften kam, dann nach Holland zu seinen Freunden. Um dort zu bleiben, sagt er. Doch die Freunde spornten ihn an, nach Paris zurückzukehren, was er im Herbst 1496 tat. Er brachte Verse mit von Willem Hermans und einen Brief von ihm an Gaguin. Für die Gedichte wurde ein Drucker gefunden, und auch mit Faustus Andrelinus brachte Erasmus seinen Freund und Dichtergenossen in Berührung. Er war also nicht allein auf seine eigene literarische Karriere bedacht.

Existenzsorgen

Die Stellung dessen, der in dieser Zeit von intellektueller Arbeit leben wollte, war nicht von ferne eine bequeme und auch nicht immer eine würdige. Er mußte entweder von kirchlichen Pfründen oder von angesehenen Beschützern leben, am liebsten von beiden. Doch eine solche Pfründe war nicht so leicht zu bekommen, und auf die Beschützer war kein Verlaß, sie ließen oft im Stich. Die Verleger bezahlten nur an berühmte Schriftsteller Honorar von einiger Bedeutung. Meistens bekam der Autor eine Anzahl Exemplare und mehr nicht. Sein Vorteil steckte in der Möglichkeit, das Werk einem vornehmen Herrn zu widmen, der ihm ein gnädiges Geschenk dafür verehren konnte. Es gab Schriftsteller, die eine Praxis daraus machten, dasselbe Werk wiederholt verschiedenen Personen zu widmen. Erasmus hat sich gegen diesen Verdacht später ausdrücklich verteidigt und genau aufgezeichnet, wie viele von denen, die er mit einer Widmung geehrt hatte, nichts oder sehr wenig gaben[1]. Wer in der Lage des Erasmus war, für den kam also alles darauf an, einen Mäzen zu gewinnen. Mäzen war beinahe gleichbedeutend mit Brotherr. Unter dem Adagium *Ne bos quidem pereat* hat Erasmus eine Beschreibung gegeben, wie man sich auf schickliche Art einen Mäzen verschaffe[2]. Wenn uns darum sein Benehmen in diesen Jahren mehr als einmal von

1 A. no. I, t. I. p. 5.
2 *Ad.* 3401, LB. II c. 1051.

unwürdiger Streberei beherrscht scheint, so dürfen wir es nicht mit dem Maßstab unseres Anstandes messen. Es waren seine schwachen Jahre.

Erste Entwürfe

Nach Paris zurückgekehrt, zog er nicht wieder ins Collège Montaigu ein. Durch Stunden an junge Leute von Vermögen suchte er sich seinen Lebensunterhalt zu verdienen. Zwei Kaufmannssöhne aus Lübeck waren seine Schüler: Christian und Heinrich Northoff, die bei einem gewissen Augustin Vincent wohnten. Er verfaßte hübsche Briefe für sie: geistreich, flüssig, ein wenig gekünstelt[1]. Zugleich unterrichtete er zwei junge Engländer: Thomas Grey und Robert Fisher, und er faßte für Grey eine so schwärmerische Zuneigung, daß es ihm Ungelegenheiten mit dessen Erzieher, einem Schotten, eintrug. Erasmus hat sich über den plumpen Argwohn dieses Mannes über die Maßen geärgert[2]. Paris verfehlte nicht, seinen verfeinernden Einfluß auf ihn auszuüben. Sein Briefstil wird preziös, absichtlich sprühend; er affektiert Geringschätzung für die bäurischen Produkte seiner Jugend in Holland. Doch inzwischen wachsen bereits unter seiner unermüdlichen Feder, anfänglich nur zum Nutzen einzelner (sie bleiben noch ungedruckt), die Werke, von denen später sein Einfluß über die gesamte gebildete Welt ausgehen sollte. Für die Northoffs wurde das Handbüchlein gebildeter Unterhaltung (lateinisch, wohl zu verstehen) verfaßt: *Familiarium Colloquiorum Formulae*, der Kern der weltberühmten *Colloquia*[3]. Für Robert Fisher entstand der erste Entwurf des *De conscribendis epistolis*[4], einer großen lateinischen Abhandlung über die Kunst des Briefschreibens, wahrscheinlich auch die Paraphrase zu Vallas *Elegantiae*, einem Traktat über reines Latein, der für Erasmus in seiner Jugend das Feuerzeichen der Bildung gewesen war. Die kurze Abhandlung *De copia verborum ac rerum*

1 A. 61.
2 A. 58 ss.
3 A. t. I. p. 304.
4 A. 71.

war ebenfalls ein solches Hilfsmittel für Anfänger, um sich durch eine Auswahl der Worte und durch Überfluß von Wendungen zu unterstützen; auch dies war der Keim eines größeren Werkes. *De ratione studii*, eine Anleitung zur Einrichtung des Studiums, lag in derselben Richtung[1].

Battus und die Frau von Veere

Es war eine ungewisse und unruhige Existenz. Der Bischof gab nur geringe Unterstützung. Erasmus fühlte sich nicht gesund und ständig gedrückt[2]. Pläne, nach Italien zu gehen, schwebten ihm vor, aber große Möglichkeiten, sie auszuführen, sah er nicht. Im Sommer 1498 machte er von neuem eine Reise nach Holland und zum Bischof. In Holland waren seine Freunde mit seinen Studien wenig zufrieden. Man fürchtete, er mache in Paris Schulden; es wurde ungünstig über ihn gesprochen[3]. Den Bischof traf er in der Geschäftigkeit einer bevorstehenden Abreise nach England in diplomatischer Sendung, gereizt und voller Vorwürfe. Es wurde immer deutlicher, daß er sich nach einem andern Beschützer werde umsehen müssen. Vielleicht könnte die Frau von Veere es werden, Anna van Borselen, in deren Dienst jetzt sein treuer und hilfsbereiter Freund Battus als Erzieher ihres Sohnes stand, auf dem Schloß Tournehem, zwischen Calais und Saint Omer.

Nach Paris zurückgekehrt, nahm Erasmus sein voriges Leben wieder auf, aber es war ihm eine verhaßte Sklaverei[4]. Battus hatte für ihn eine Einladung nach Tournehem, doch er konnte seine Angelegenheiten in Paris noch nicht im Stich lassen. Gegenwärtig hatte er dort den jungen Lord Mountjoy, William Blount, als Schüler. Das bedeutete zwei Eisen im Feuer. Battus wird aufgefordert, das Terrain für ihn bei Anna von Veere vorzubereiten. Willem Hermans wird angespannt, Mountjoy Briefe zu schreiben, in denen er dessen Liebe zu den Studien preisen

---

1 A. 23. 106. 260 intr., 66 intr.
2 A. 74, 75.
3 81. 8, 83.
4 A. 80. 9.

muß. ‹Du mußt erzählen, wieviel Genuß die Studien bieten; du mußt mich loben; dich selbst mußt du wohlwollend anbieten. Glaube mir, Willem, auch deinem Namen wird es zugute kommen. Er steht bei seinen Landsleuten in höchstem Ansehen; du wirst an ihm jemand haben, der deine Schriften in England verbreitet. Wieder und wieder bitte ich dich: wenn du mich lieb hast, laß dir das zu Herzen gehen.[1]›

Mit Lord Mountjoy nach England

Anfang 1499 fand der versprochene Besuch auf dem Schloß Tournehem statt; darauf folgte eine neue Reise nach Holland. Anna von Veere galt nun fortan als seine Beschützerin. In Holland besuchte er seinen Freund Willem Hermans und erzählte ihm, daß er nach Ostern nach Bologna abzureisen gedenke. Es war eine unruhige Reise; er hatte Eile, wieder in Paris zu sein, um keine Chance zu verpassen, die ihm die Geneigtheit Mountjoys bieten konnte. Er arbeitete stark an den verschiedenen Schriften, die er unter der Feder hatte[2], so stark, als es seine Gesundheit nach der beschwerlichen Reise im Winter ihm erlaubte. Er war eifrig besorgt, das Reisegeld für die jetzt auf den August verschobene Italien-Fahrt zusammenzubringen. Doch Battus konnte offenbar nicht so viel für ihn erreichen, wie er gehofft hatte, und etwa im Mai ließ Erasmus den italienischen Plan plötzlich fahren und reiste mit Lord Mountjoy auf dessen Einladung hin nach England ab.

1 A. 81. 42–55.
2 A. 95. 22.

4. Erster Aufenthalt in England

Der erste Aufenthalt in England, der vom Vorsommer 1499 bis Anfang 1500 dauerte, ist für Erasmus eine Periode der Verwandlung geworden. Er kam hin als gelehrter Dichter, als Schützling eines großen Herrn, im Begriff, in nähere Berührung zu kommen mit der großen Welt, die literarische Verdienste zu würdigen und zu belohnen wisse. Er ging weg mit dem innigen Bedürfnis, fortan seine Gaben, soweit es die Umstände zulassen würden, ernsthafteren Dingen zu weihen. Die Ursache dieser Wandlung war, daß er in England zwei neue Freunde fand, die sich als Persönlichkeiten weit über diejenigen erhoben, die bis jetzt seinen Lebensweg gekreuzt hatten: John Colet und Thomas More.

Während der ganzen Zeit dieses englischen Aufenthaltes ist Erasmus für seine Begriffe in *high spirits*. Anfänglich spricht noch allein der Weltmann aus ihm, der verfeinerte Literator, der seinen Geist leuchten lassen muß. Das aristokratische Leben, von dem er beim Bischof von Cambrai und bei der Frau von Veere zu Tournehem offenbar noch wenig gesehen hatte, gefiel ihm, wie es scheint, recht wohl. ‹Wir sind hier in England› – schreibt er in leichtem Ton an Faustus Andrelinus – ‹wohl auch etwas vorangekommen. Der Erasmus, den du kennst, ist schon beinah ein guter Jäger, kein allzu übler Reiter, ein nicht unerfahrener Höfling. Er grüßt bedeutend höflicher, er lächelt freundlicher. Wenn du verständig bist, kommst du auch hierher geflogen.› Und er neckt den leichtfertigen Dichter mit der Erzählung von artigen Mädchen und von der löblichen Sitte, die er in England angetroffen habe, alle Höflichkeiten mit Küssen zu begleiten[1].

Sogar die Bekanntschaft mit dem königlichen Blut wurde

---

1 A. 103, vgl. *Chr. matrim. inst.* LB. V. 678 und *Cent nouvelles nouvelles* 2. 63 ‹*un baiser, dont les dames et demoiselles du dit pays d'Angleterre sont assés libérales de l'accorder*›.

Erasmus zuteil. Von Mountjoys Landgut zu Greenwich aus nahm ihn More auf einen Spaziergang mit nach Eltham, dem Palais, wo die jungen Prinzen erzogen wurden. Hier sah er mitten unter der ganzen Hofhaltung den jungen Heinrich, der Heinrich VIII. werden sollte, einen Knaben von neun Jahren, mit zwei Schwesterchen und einem Prinzchen, das noch auf dem Arm getragen wurde. Erasmus war verlegen, daß er nichts anzubieten habe, und nach Hause gekommen, machte er nicht ohne Anstrengung, denn er hatte in der letzten Zeit nicht mehr gedichtet, ein Lobgedicht auf England, das er mit einer hübschen Widmung dem Prinzen verehrte [1].

Oxford und John Colet

Im Oktober befand sich Erasmus in Oxford, wo es ihm anfänglich nicht recht behagte [2], wohin ihm aber Mountjoy folgen sollte. Er war John Colet empfohlen, der freundlich erklärte, keine Empfehlung mehr nötig zu haben; er kenne Erasmus bereits aus seinem Brief an Gaguin in dessen Geschichtswerk und habe eine hohe Meinung von seiner Gelehrsamkeit [3]. Es folgte nun während des übrigen Aufenthaltes des Erasmus in Oxford ein lebhafter Verkehr, mündlich und in Briefen, der für den vielseitigen Geist des Erasmus in höchstem Maße bestimmend wurde.

John Colet, der beinahe gleichaltrig war mit Erasmus, hatte früher als dieser und unter geringeren Hindernissen seinen geistigen Weg gefunden. Er stammte von wohlhabenden Eltern (sein Vater war ein Londoner Beamter, zweimal Lordmayor) und hatte in Ruhe seinen Studien in Frankreich und Italien obliegen können. Ohne durch einen so glänzenden Geist, wie ihn Erasmus besaß, zu Abstechern auf das Feld der Literatur verlockt zu werden, hatte er von Anfang an sein Interesse auf die Theologie gerichtet. Er kannte Platon und Plotin (nicht in ihrer

---

1 A. 104, 113. 148, ‹e somno decenni› ist eine Übertreibung, vgl. no. I, t. I. p. 6: das Gedicht LB. X. 1859.
2 A. 105. 4.
3 A. 106. 5.

griechischen Gestalt), war sehr bewandert in den älteren Kirchenvätern, auch gehörig zu Hause in der Scholastik, um nicht zu sprechen von seiner Kenntnis der Mathematik, des Rechtes, der Geschichte und der englischen Dichter. Er hatte sich 1496 in Oxford niedergelassen. Ohne irgendeinen theologischen Grad zu besitzen, erklärte er hier die Briefe des Paulus. Obschon er wegen seiner Unkenntnis des Griechischen sich nur mit der Vulgata beschäftigen konnte, suchte er doch zum ursprünglichen Sinn des Bibelwortes durchzudringen und verwarf die späteren Kommentatoren.

Colet war eine tiefernste Natur, welche in ständigem Streit gegen die Neigungen ihres starken Temperaments Hochmut und Genußsucht darniederhielt. Er war sehr empfänglich für Humor, was ihn Erasmus sicher näher gebracht hat. Er war ein Enthusiast. Wenn er einen theologischen Punkt verteidigte, dann gab die Begeisterung seiner Stimme einen andern Klang, seinen Augen einen andern Blick, und seine ganze Gestalt bekam einen erhabenen Glanz[1].

Vorherrschaft der theologischen über die literarischen Interessen

Aus dem Verkehr mit diesem Mann entstand die erste der theologischen Schriften des Erasmus. Am Ende eines Disputs über die Ängste Christi im Garten von Gethsemane, wobei Erasmus die übliche Ansicht verteidigt hatte: Christi Furcht vor dem Leiden sei aus seiner menschlichen Natur entsprungen, hatte Colet ihn aufgefordert, den Punkt noch einmal zu überdenken. Sie wechselten ein paar Briefe darüber, und schließlich brachte Erasmus ihrer beider Ansichten zu Papier in der Form einer *Disputatiuncula de tedio, pavore, tristicia Jesu*: eine Kleine Disputation über die Ängste, die Furcht und die Traurigkeit Jesu[2]. Der Ton ist hier ernsthaft und fromm; wirklich innig und bewegt ist er nicht. Der Literat ist noch nicht gleich vor dem Theologen gewichen. ‹Da sieh nun, Colet›, schließt Erasmus den ersten Brief

---

1 A. 116. 29.
2 A. 108–111, LB. V. 1265.

halb ironisch gegen sich selbst, ‹wie ich das *decorum* in acht nehme, wenn ich eine solche theologische Disputation mit poetischen Fabeln beschließe (er hatte ein paar mythologische Metaphern gebraucht). Aber, wie Horaz sagt: *Naturam expelles furca, tamen usque recurret.*[1]›

Viel deutlicher geht die Doppelstellung, die Erasmus auch innerlich noch einnahm, aus einem Bericht hervor, den er seinem neuen Freund, dem Friesen Johannes Sixtinus, der wie er selbst als lateinischer Dichter bekannt war, über eine andere Disputation mit Colet gab[2]. Sie fand statt bei einer Mahlzeit, wahrscheinlich in der Halle des Magdalenenkollegiums, und unter den Gästen ist vielleicht auch Wolsey gewesen. Seinem Kunstbruder schreibt Erasmus in lockerem Ton, ein bißchen preziös, als ‹der Poet›. Es ist eine Mahlzeit, wie er sie so gerne mochte und in seinen *Colloquia* später so oft darstellte: gebildete Gesellschaft, gutes Essen, maßvolles Trinken, edle Unterhaltung. Colet präsidierte; zu seiner rechten Hand saß Prior Charnock von St. Mary's College, wo Erasmus wohnte; zu seiner Linken ein ungenannter Theologe, ein Verfechter der Scholastik, neben ihm Erasmus, ‹damit man beim Gastmahl den Dichter nicht misse›. Man sprach über die Art der Schuld *Kains*, durch die er das Wohlgefallen des Herrn verloren habe. Colet verteidigte die Meinung, *Kain* habe Gott beleidigt, indem er der Güte des Schöpfers mißtraute und im Vertrauen auf eigenen Fleiß die Erde aufbrach, während *Abel* die Schafe hütete und zufrieden war mit dem, was von selbst wuchs. Der Theologe bestritt ihn mit Syllogismen, Erasmus mit ‹rhetorischen› Argumenten. Aber Colet geriet ins Feuer und war beiden überlegen. Als schließlich der Redestreit lange genug gedauert hatte und ernsthafter wurde, als es sich für eine Mahlzeit schickte – ‹da sagte ich, um meine Rolle, das heißt, die des Dichters zu erfüllen, um gleichzeitig den fraglichen Punkt zu behandeln und die Mahlzeit mit einer hübschen Erzählung aufzuheitern: ‹Es gibt eine sehr alte Geschichte, man muß sie aus den ältesten Autoren hervorsuchen. Ich werde euch erzählen, was ich in der Literatur

---

[1] Wenn Ihr die Natur auch mit aller Gewalt austreibt, sie kommt doch wieder zurück.

[2] A. 116..

davon gefunden habe, wenn ihr mir versprecht, daß ihr sie nicht für eine Fabel halten wollt.'›

Und nun gibt er eine sehr geistreiche Erzählung aus einem uralten Codex: *Kain* hatte oft seine Eltern erzählen gehört von dem herrlichen Pflanzenwuchs im Paradies, wo die Ähren so hoch waren wie bei uns die Erlen. Er überredet den Engel, der es bewachte, ihm ein paar Körner aus diesen Ähren des Paradieses zu geben. Gott werde sich nichts daraus machen, wenn er nur nicht an die Äpfel rühre. Die Anrede, mit der der Engel gegen den Allmächtigen aufgestachelt wird, ist ein Meisterstückchen erasmischen Witzes. ‹Gefällt es dir besonders, mit einem großen Säbel da am Tor zu stehen? Wir haben eben begonnen, für dergleichen Arbeit die Hunde zu brauchen. Es ist auf der Erde noch nicht so schlimm, und es wird noch besser werden: wir werden gewiß lernen, die Krankheiten zu heilen. Was es mit jener Kenntnis (des Guten und Bösen) eigentlich auf sich hat, sehe ich nicht recht. Übrigens wird ein unermeßlicher Fleiß auch in diesem Punkt alles zu überwinden wissen.› So wird der Wächter verführt. Doch wie Gott die wunderbare Wirkung von *Kains* landwirtschaftlicher Klugheit erblickt, bleibt die Strafe nicht aus.

Eine feinere Vereinigung von *Genesis* und *Prometheus*-Mythos hatte noch kein Humanist erdacht.

Und doch, obwohl sich Erasmus unter Literaten noch als Literat benahm[1], sein Herz war nicht mehr bei seinen poetischen Versuchen. Eine von jenen Besonderheiten der geistigen Entwicklung des Erasmus ist die, daß sie keine heftige Krisis kennt. Man findet ihn nie in jenem bitteren inneren Kampf, den die Allergrößten durchmachen. Sein Übergang von der literarischen zu einer religiösen Geisteshaltung hat nichts von einem Bekehrungsvorgang. Es gibt keinen Weg nach Damaskus im Leben des Erasmus. Der Übergang geschieht langsam, unter Schwankungen, und wird nie vollkommen. Noch lange Jahre kann Erasmus, ohne daß wir ihm Heuchelei vorwerfen dürfen, nach Belieben und je nach seinem Interesse den Literator oder den Theologen herauskehren. Er ist der Mann, bei dem die tieferen Lagen seiner Seele langsam an die Oberfläche kommen, ja,

---

1 A. 101. 11, 112, 113.

der sich mehr durch den Lauf der Geschehnisse als aus unwiderstehlichem Drang zu der Höhe seines eigenen ethischen Bewußtseins erhebt.

Den Vorsatz, sich einzig den Dingen des Glaubens zu widmen, äußert er schon früh. ‹Ich habe beschlossen›, schreibt er in seiner Klosterzeit an Cornelis von Gouda[1], ‹fortan nichts mehr zu dichten, dessen Geruch nicht das Lob der Heiligen oder die Heiligkeit selbst verbreitet.› Doch das war ein jugendlich frommer Vorsatz eines Augenblicks. In all den Jahren, die der ersten Reise nach England vorausgehen, spürt man in den Schriften des Erasmus und vor allem in seinen Briefen einen weltlichen Sinn. Dieser verläßt ihn nur in Augenblicken der Krankheit und Ermüdung. Dann mißfällt ihm die Welt, er verachtet seinen eigenen Ehrgeiz und begehrt, in heiliger Ruhe zu leben, meditierend über die Heilige Schrift und weinend über seine alten Irrtümer[2]. Aber das sind Gelegenheitsäußerungen, die man nicht allzu ernst nehmen darf. Erst das Wort und Vorbild Colets haben die Neigung zu theologischen Studien bei Erasmus in einen festen, dauerhaften Willen, ein Lebensziel, verwandelt. Er ermunterte ihn[3], gleich wie er, Colet, die Briefe des Paulus behandelte, zu Oxford die Bücher *Mosis* oder des Propheten *Jesaja* zu erklären. Erasmus weist das von der Hand: er könne es nicht. Hier sprach eine Einsicht und Selbsterkenntnis, durch die er Colet übertraf. An dessen intuitiver Bibelerklärung ohne Kenntnis der Ursprache konnte Erasmus kein Genügen finden. ‹Du handelst nicht vorsichtig, mein Colet, wenn du aus einem Bimsstein Wasser holen willst (um mit Plautus zu sprechen). Wie könnte ich so unverschämt sein, zu unterrichten, was ich selbst nicht gelernt habe? Wie könnte ich andere erwärmen, während ich selbst zittere und bebe vor Kälte?... Du klagst, daß du dich in deinen Erwartungen über mich betrogen hast. Doch ich habe dir so etwas nie versprochen; du hast dich selbst betrogen, weil du mir nicht glauben wolltest, als ich dir die Wahrheit über mich selbst berichtete. Nicht daß ich hierhergekommen sei, um poetische und rhetorische Künste zu dozieren; diese haben aufge-

---

[1] A. 28. 8.
[2] A. 74. 4, 75. 6.
[3] A. 108. 74.

hört, mir süß zu sein, seit sie aufhörten, mir notwendig zu sein. Dies weise ich ab, weil es unter meinem Lebensziel liegt, jenes, weil es über meine Kräfte geht... Doch wenn ich einst die Gewißheit habe, daß mir die nötigen Kräfte zu Gebote stehen, dann werde ich auch dein Teil erwählen und der Verteidigung der Theologie, wenn nicht eine hervorragende, so doch eine ernsthafte Arbeit widmen.› Die Konsequenz, die Erasmus zuallererst zog, war: besser Griechisch zu lernen, als er es bis jetzt hatte tun können.

Fisher und More

Der Aufenthalt in England eilte inzwischen seinem Ende zu; er mußte nach Paris zurück. Gegen das Ende dieses Aufenthaltes schrieb er an seinen früheren Schüler Robert Fisher[1], der in Italien war, in hochgemuten Ausdrücken über die Befriedigung, die er in England gefunden habe: ein äußerst angenehmer und gesunder Himmel (er war sehr empfindlich dafür), so viel Humanität und Erudition – nicht von der abgenutzten und alltäglichen Art, sondern von der köstlichen, echten, alten lateinischen und griechischen –, daß er sich kaum mehr nach Italien zu sehnen brauche. In Colet glaube er Plato selbst zu hören; Grocin, den Kenner des Griechischen, Linacre, den gelehrten Arzt, wer sollte sie nicht bewundern! Und wessen Geist war je geschmeidiger, süßer und glücklicher als der des Thomas More!

Mißgeschick zu Dover

Ein äußerst unangenehmer Zufall, der Erasmus beim Verlassen des englischen Bodens im Jahre 1500 traf, hat leider nicht allein die schöne Erinnerung an die glückliche Insel verdüstert, sondern auch einen neuen Knick in der Linie seiner Laufbahn verschuldet und in seiner überempfindlichen Seele einen Stachel zurückgelassen, der bis in späte Jahre immer wieder stach. Der Lebensunterhalt, den er sich in den letzten Jahren in Paris er-

---

1 A. 118.

worben hatte, war unsicher. Die Unterstützung des Bischofs hatte wahrscheinlich schon ganz aufgehört; diejenige Anna von Veeres hatte erst träge zu fließen begonnen; auf Mountjoy war nicht allzu fest zu rechnen. Unter diesen Umständen war ein bescheidener Fonds, ein Äpfelchen für den Durst, für Erasmus von höchstem Wert. Einen solchen Spartopf brachte er aus England mit, zwanzig Pfund [1]. Ein Gesetz Eduards III., das vor nicht langer Zeit von Heinrich VII. wieder in Kraft erklärt worden war, verbot die Ausfuhr von Gold und Silber; aber More und Mountjoy hatten Erasmus versichert, daß er ohne Gefahr sein Geld mitnehmen könne, wenn es nur nicht in englischer Münze sei. Zu Dover erfuhr er, daß die Zollbeamten anders darüber dachten. Nur sechs Engelstaler durfte er behalten; der Rest blieb in den Händen der Zollbeamten zurück und wurde offenbar konfisziert. Der Stoß, den ihm dies gab, hat vielleicht dazu beigetragen, daß er sich auch auf der Reise von Calais nach Paris von Räubern und Mördern verfolgt glaubte [2]. Der Verlust seines Geldes stürzte ihn von neuem in die Sorgen für seinen täglichen Unterhalt. Er hatte zur Folge, daß er den Beruf des *bel esprit*, der ihm zuwider war, wieder ergreifen und wieder all jene erniedrigenden Schritte tun mußte, um durch vornehme Beschützer die Funken seines Geistes honoriert zu bekommen. Schlimmer war noch, daß der Unfall ihn in seinem geistigen Gleichgewicht und im Gefühl seiner Würde beeinträchtigte.

Doch dieser Unfall sollte der Welt und schließlich auch Erasmus einen großen Vorteil eintragen: er schenkte ihr die *Adagia* und ihm den Ruhm, der von hier seinen Anfang nahm.

Zusammenstellung der ‹Adagia›

Das Gefühl, das Erasmus nach seinem Unglück zu Dover beseelte, war bitterer Zorn und Rachsucht. ‹Es geht mir›, schreibt er ein paar Monate später an Battus [3], ‹wie es gewöhnlich geht: die in England empfangene Wunde beginnt nun erst zu schmer-

---

1 A. 279. 12.
2 A. 119.
3 A. 123.

zen, wo sie älter geworden ist, und dies um so mehr, als ich gar keine Vergeltung üben kann.› Und ein halbes Jahr danach: ‹Wir werden es verbeißen. Es wird schon noch einmal Gelegenheit kommen, es bezahlt zu machen.[1]› Doch inzwischen hatte ein reinerer Instinkt ihm gesagt, daß die Engländer, die er eben noch von so günstiger Seite kennengelernt hatte, an dem Zufall keine Schuld trügen, jedenfalls nicht seine Freunde. More und Mountjoy, die sein Mißgeschick – nach seiner Erzählung – durch ihre unzulänglichen Auskünfte verschuldet hatten, hat er es nie nachgetragen. Zugleich sagte ihm sein Interesse, das er allzeit in das Gewand der Tugend gekleidet sah, daß es gerade jetzt darauf ankomme, seine Beziehungen zu England nicht zu verlieren, und daß der Vorfall einen trefflichen Anlaß biete, sie zu verstärken. Er hat dies später mit jener Naivität, die seine Schriften, auch wo er selbst verbergen oder bemänteln will, oft zu Konfessionen macht, auseinandergesetzt[2]. ‹Als ich entblößt nach Paris zurckgekommen war, begriff ich wohl, daß manche erwarteten, ich würde mich, wie es die Literaten gewöhnlich tun, für diesen Unfall mit meiner Feder rächen, indem ich etwas Giftiges gegen den König oder gegen England schriebe. Zugleich befürchtete ich, daß William Mountjoy, weil er zum Verlust des Geldes den Anlaß gegeben hatte, besorgen würde, ich könnte meine Zuneigung für ihn fahrenlassen. Um deshalb die Erwartung dieser Leute zu beschämen und zugleich deutlich zu machen, daß ich nicht so unbillig sei, ein persönliches Mißgeschick dem Land vorzuwerfen, oder so unbedacht, wegen eines unbedeutenden Verlustes mich selbst oder meine Freunde in England der Ungnade eines so großen Fürsten auszusetzen, und um gleichzeitig meinem Freund Mountjoy einen Beweis dafür zu geben, daß ich ihm nicht weniger zugetan sei als zuvor, beschloß ich, so schnell wie möglich etwas herauszugeben. Da ich nichts zur Hand hatte, brachte ich in aller Hast durch eine Lektüre von wenigen Tagen eine Sammlung *Adagia* zusammen, voraussehend, daß solch ein Büchlein, wie es auch ausfalle, schon um seiner Nützlichkeit willen in die Hände der Studien Treibenden gelangen werde. Auf diese Weise tat ich kund, wie

1 A. 135. 64.
2 A. no. I, t. I. p. 16

ich in meiner Freundschaft durchaus nicht erkältet sei. Sodann bezeugte ich in einem Gedicht, das ich beifügte, daß ich wegen der Wegnahme des Geldes nicht erzürnt sei, weder gegen den König noch gegen das Land. Und dieser Plan ist nicht übel gelungen. Jene Mäßigung und Offenherzigkeit hat mir damals in England gar manche zu Freunden gemacht, gelehrte, rechtschaffene und einflußreiche Männer.› Es gelang ihm auf diese Weise, den Schmerz in sich selbst zu verarbeiten, so daß er später erklären konnte[1], als ihn die Erinnerung wieder überkam: ‹Ich hatte mit einem Male mein ganzes Vermögen verloren; doch ich war deshalb so wenig niedergeschlagen, daß ich nur um so aufgeweckter und feuriger zu meinen Büchern zurückkehrte.› Aber seine Freunde wußten wohl, wie tief die Wunde gesessen hatte. ‹Nun wird doch wohl› (auf die Kunde von der Thronbesteigung Heinrichs VIII. hin) ‹mit einem Schlag alle Bitterkeit aus deiner Seele gewichen sein›, schreibt ihm Mountjoy 1509[2].

Jahre der Sorge und Entbehrung

Es wurden mühselige Jahre, die ihm in Frankreich nun bevorstanden. Er saß in beklemmenden Geldsorgen und war gezwungen, mit seinen Talenten und Kenntnissen als Literat zu tun, was er konnte. Er mußte wieder der *homo poeticus* oder *rhetoricus* sein. Er schreibt von neuem aufgeputzte Briefe voll Mythologie und bescheidener Bettelei[3]. Als Dichter hatte er einen Namen, als Dichter konnte er Unterstützung erwarten. Inzwischen blieb das erhebende Bild seiner theologischen Wirksamkeit ihm vor Augen stehen. Es spannt ihn zu Energie und Beharrlichkeit. ‹Es ist nicht zu glauben›, schreibt er an Battus[4], ‹wie mir die Seele brennt, all meine Arbeiten zu vollenden, zugleich eine gewisse Gewandtheit im Griechischen zu erlangen und hernach mich ganz der heiligen Wissenschaft zu widmen, nach der sich

---

[1] A. 279. 14.
[2] A. 215.
[3] A. 126. 154, 134. 4, 140. 14, 144, 145. 72.
[4] A. 138. 45.

schon lange meine Seele sehnt. Meine Gesundheit ist ziemlich gut, also muß ich für dieses Jahr (1501) alle Kräfte anspannen, damit das, was ich in Druck gegeben habe, erscheint, und damit wir durch die Behandlung theologischer Fragen unsere Krittler, die sehr zahlreich sind, an den Galgen bringen, den sie verdienen. Wenn ich noch drei Jahre zu leben habe, werde ich über allen Neid erhaben sein.› Daraus spricht ein Geist, der große Dinge treibt, auch wenn dabei nicht allein der Drang wahrer Frömmigkeit am Werke ist. Erasmus sieht seine Aufgabe bereits in der Erneuerung der wahren Theologie[1]. Doch diese Äußerung von hohem Idealismus und Selbstvertrauen steht in einem Brief, in dem er den treuen Battus anweist, wie er die Frau von Veere überreden solle, Geld zu geben.

Wie viele Widerwärtigkeiten inzwischen, welche kleinen Sorgen, welche Schlauheiten, um zu seinem Unterhalt zu kommen! Er hatte mehr als genug von Frankreich und verlangt nichts lieber, als es zu verlassen[2]. Einen Teil des Jahres 1500 brachte er in Orléans zu. Das Mißgeschick machte ihn klein. Aus seinen Briefen vernehmen wir, zwar unvollständig, die Geschichte seiner Beziehungen zu einem gewissen Augustin Vincent Caminade, einem Humanisten geringeren Ranges[3], der junge Leute in sein Haus nahm. Sie ist zu lang, um hier breit erzählt zu werden, obschon sie für die Psychologie des Erasmus bemerkenswert ist, denn sie zeigt uns, wie argwöhnisch er jetzt schon gegen seine Freunde war. Offenbar hat er in diesen Tagen gratis bei einem gewissen Herrn Jacobus Voecht aus Antwerpen gewohnt[4], dem er einen fetten Kostgänger zu besorgen wußte in der Person eines Bastardbruders des Bischofs von Cambrai. Der Bischof selbst, behauptet Erasmus – er nennt ihn nun Antimäzenas –, lasse jetzt durch Standonck in Paris peinlich seinen Wegen nachspüren[5].

Es ist gar viel Galle in den Briefen aus dieser Zeit. Erasmus ist gegen seine Freunde mißtrauisch, reizbar, anspruchsvoll, bis-

1 A. 139. 43.
2 A. 120. 34. 60.
3 Er beschloß seine Laufbahn als Syndikus von Middelburg.
4 Auch dieser war später Syndikus in seiner Vaterstadt.
5 A. 135. 13.

weilen grob. Er kann Willem Hermans nicht mehr recht ausstehen wegen des Epikureismus und des Mangels an Energie, der ihm, Erasmus, sicher fremd war. Doch am meisten verdrießt uns der Ton gegen den braven Battus. Er wird höchlich gepriesen, gewiß; Erasmus werde ihn mit unsterblich machen. Aber wie gereizt ist er, wenn Battus nicht im Augenblick seinen dringenden Forderungen nachkommen kann! Wie sind seine Instruktionen beinah schamlos, nach denen Battus der Frau von Veere erzählen soll, um ihre Gunst für Erasmus zu gewinnen! Und wie dürr werden die Äußerungen seines Schmerzes sein, wenn ihm im Frühjahr 1502 der treue Battus durch den Tod entrissen wird[1]!

Es ist bisweilen, als müßte sich Erasmus bei Battus dafür entschädigen, daß er sich vor diesem echten Freund in der Not nackter zeigen mußte, als ihm vor irgend jemand lieb war, oder dafür, daß er gegen Anna van Borselen für ein dürftiges Trinkgeld seine tiefsten Überzeugungen und das Feinste seines Geschmacks verleugnete. Er hat ihr in jenem schweren burgundischen Stile gehuldigt, der in allen Fürstenhäusern der Niederlande üblich war, und den er hassen mußte. Er hat ihrer starren Frömmigkeit geschmeichelt. ‹Ich sende Euch ein paar Gebete, mit denen Ihr wie durch Zaubersprüche nicht den Mond, aber Sie, die die Sonne der Gerechtigkeit geboren hat, sogar gegen ihren Willen, sozusagen vom Himmel auf die Erde werdet rufen können.[2]› Hast du dein feines Lächeln gelächelt, Schreiber der *Colloquia*, als du diese Worte schriebst? Um so schlimmer für dich!

1 A. 135, 138, 146, 170.
2 A. 145. 139.

5. Die ‹Adagiorum Collectanea› und verwandte Schriften

Bedeutung der Adagia und gleichartiger späterer Werke

Und inzwischen kam die Berühmtheit, und zwar als Frucht der literarischen Studien, die nach seiner eigenen Aussage bereits aufgehört hatten, ihm lieb zu sein. 1500 erschien bei Johannes Philippi in Paris jenes Werk, das Erasmus bei Anlaß seines Mißgeschickes zu Dover zu Papier gebracht und Mountjoy gewidmet hatte, die *Adagiorum Collectanea*. Es war eine Sammlung von ungefähr 800 sprichwörtlichen Wendungen, die aus den lateinischen Schriftstellern des Altertums geschöpft und erläutert waren zum Nutzen derjenigen, die nach einem eleganten lateinischen Stil strebten. In der Widmung wies Erasmus auf den Vorteil hin, den ein Autor sowohl für die Ausschmückung seines Stils als für die Stärke seiner Beweisführung daraus ziehen könne, wenn er über einen Vorrat von durch ihr Alter geheiligten Sentenzen verfüge. Ein solches Hilfsmittel wollte er nun vorlegen. Was er gab, war aber viel mehr. Er vermittelte den Geist des Altertums einem viel weiteren Kreis, als ihn der ältere Humanismus erreicht hatte.

Die früheren Humanisten hatten die Schatzkammer der Antike noch gewissermaßen monopolistisch gebraucht, um mit Kenntnissen zu prahlen, von welchen die große Menge ausgeschlossen blieb, um seltsame Wundertiere von Wissen und Eleganz zu sein. Erasmus mit seinem unwiderstehlichen pädagogischen Bedürfnis und seiner echten Liebe zur Menschheit und ihrer allgemeinen Bildung brachte den klassischen Geist (soweit sich dieser in der Seele eines Christen des sechzehnten Jahrhunderts spiegeln konnte) unter die Menschen. Nicht unter alle

Menschen; denn durch das Latein beschränkte er seinen direkten Einfluß auf die Gruppe der Gebildeten, das heißt, die höheren Stände. Er war nicht der einzige, der das tat. Aber niemand leistete in dieser Hinsicht so viel und so Ausschlaggebendes wie er.

Erasmus brachte das Gold des klassischen Geistes in Umlauf. Der Humanismus hörte auf, ein Monopol weniger zu sein. Nach Beatus Rhenanus[1] hatte der Verfasser, als er dabei war, die *Adagia* herauszugeben, von einigen hören müssen: Erasmus, du schwatzest unsere Mysterien aus. Aber er wollte ja gerade, daß das Buch der Antike für alle offen liege.

Die Werke des Erasmus auf dem Gebiet der Bildung und des Unterrichts, von denen die bedeutendsten bereits in seiner Pariser Zeit entworfen, aber meist erst viel später erschienen sind, haben tatsächlich eine Verwandlung der allgemeinen Ausdrucksweise und des Sprachstils bedeutet. Man müßte es stets wiederholen: er war es nicht allein; zahllose andere haben in dieser Zeit in derselben Richtung gewirkt. Doch man braucht den breiten Strom von Ausgaben der *Adagia*, der *Colloquia* usw. nur anzusehen, um zu begreifen, wie viel mehr er in dieser Hinsicht bedeutet hat als alle andern. Erasmus ist der einzige Name aus der breiten Schar der Humanisten, der wirklich allgemein in der Welt bekannt geblieben ist. Und das sagt sehr viel.

Wir greifen hier dem Verlauf des Lebens des Erasmus etwas vor, um die bedeutendsten Werke dieser Art aufzuzählen. Die *Adagia* wuchsen einige Jahre später von den Hunderten in die Tausende, und neben der lateinischen Weisheit sprach nun auch die griechische aus ihnen. 1514 gab er in derselben Art eine Sammlung von Gleichnissen, *Parabolae*. Es war eine teilweise Ausführung dessen, was er sich einst zur Vervollständigung der *Adagia* vorgestellt hatte: Metaphern, Sprüche, Anspielungen, poetische und biblische Allegorien, alles auf ähnliche Art behandelt[2]. Am Ende seines Lebens publizierte er ein ähnliches Mosaik geistreicher Anekdoten und treffender Worte oder weiser Taten aus dem Altertum, die *Apophthegmata*. Daneben standen

---

[1] A. no. IV. 414, t. I. p. 67. (Beatus Rhenanus, 1485–1547, elsässischer Humanist, Herausgeber lateinischer Klassiker. Anm. d. Red.)
[2] A. 211. 20.

die ebenfalls schatzkammerartig aufgehäuften Anweisungen mehr grammatikalischer Art: ‹Über die Fülle der Ausdrücke›, *De copia verborum ac rerum*, ‹Über das Briefschreiben›, um von Werken geringeren Interesses zu schweigen. Durch eine Anzahl lateinischer Übersetzungen griechischer Schriftsteller hat Erasmus denen, die nicht den ganzen Berg erklimmen wollten, die Aussicht zugänglich gemacht. Und als wollte er aufs Exempel die Probe liefern, was man mit dieser Erudition leisten könne, gab er als unnachahmliche Modelle der Anwendung all dieses Wissens die *Colloquia* und jenen fast unübersehbaren Strom von Briefen, die täglich aus seiner Feder flossen.

Erasmus als Verbreiter klassischer Bildung

Dies alles machte zusammen aus: die Antike (in der Quantität und Qualität, in der sie dem sechzehnten Jahrhundert zugänglich war), ausgestellt als ein Warenhaus und im Detail zu bekommen. Jeder konnte bei Erasmus holen, was nach seinem Geschmack war. Man fand hier alles und in Musterauswahl. ‹Ihr könnt meine *Adagia* so lesen›, sagte Erasmus (von der späteren vermehrten Ausgabe)[1], ‹daß ihr, sobald ihr mit einem zu Ende seid, euch denken könnt, ihr hättet das ganze Buch gelesen.› Er selbst hat die Indices dazu gemacht, um den Gebrauch zu erleichtern.

In der gelehrten Welt der Scholastik hatte nur derjenige mitreden können, der die Technik des Denksystems und die Form des Ausdrucks in allen Finessen beherrschte und in Bibelkenntnis, Logik und Philosophie geschult war. Zwischen der Ausdrucksweise der Scholastik und derjenigen der spontan niedergeschriebenen Volkssprachen gähnte eine breite Kluft. Seit Petrarca setzte der Humanismus an die Stelle eines streng syllogistischen Baus der Beweisführung die lockere Form der antiken, freien, suggerierenden Phrase. Er näherte dadurch die Sprache der Gelehrten der natürlichen Ausdrucksweise des täglichen Lebens und zog, auch wenn er selbst fortfuhr, sich des Lateins zu bedienen, die Volkssprachen zu sich herauf.

---

1 A. 531. 288.

Den Reichtum des Stoffes fand man bei niemand überfließender als bei Erasmus. Welche Lebensweisheit, welche Sittenlehre, alles getragen von jener unbestrittenen Autorität der Alten, alles ausgedrückt in jener hübschen, leichten Form, deren Geheimnis Erasmus besaß. Und welch eine Kenntnis der wirklichen Dinge in alldem! Die ungehemmte Gier und das unbegrenzte Aufnahmevermögen für merkwürdige Realitäten ist eines der Hauptmerkmale des Geistes der Renaissance. Man hatte nie genug an bezeichnenden Vorfällen, merkwürdigen Absonderlichkeiten, Raritäten und Anomalien. Noch war nichts zu spüren von jener geistigen Dyspepsie später Perioden, welche die Wirklichkeit nicht mehr verdauen und denen sie nicht mehr schmeckt; man genoß im Überfluß.

Und doch, waren Erasmus und die Seinen als Wegweiser der Bildung nicht auf einem Irrweg? War es die echte Wirklichkeit, der sie folgten? War ihre hochmütige Latinität nicht ein verhängnisvoller Irrtum? Hier liegt eine der schwierigsten Fragen der Kulturgeschichte.

Der heutige Leser, der sich in die *Adagia* oder *Apophthegmata* mit der Absicht vertiefen wollte, dabei sein eigenes Leben zu bereichern (denn dazu waren sie geschrieben, und darin lag ihr Wert), wird bald das Gefühl bekommen: was gehen uns, außerhalb des streng philologischen und historischen Zusammenhanges, diese endlosen Einzelheiten an über unbekannte Gestalten aus der antiken Gesellschaft, über Phrygier hier und Thessalier dort? All dies berührt mich nicht. Und – wird er fortfahren – es berührte auch den Zeitgenossen des Erasmus eigentlich nicht. Die gewaltige Geschichte des sechzehnten Jahrhunderts ist nicht in klassischer Phrase und Geste gespielt worden, wurde nicht getragen von klassischen Lebenseinsichten und -interessen. Es gab da keine Phrygier und Thessalier, keine Agesilausse und Dionysiusse. Erasmus und seine Jünger schufen mit alldem eine Geisteswelt außerhalb ihrer Zeit.

Und ging die Zeit an ihnen vorbei? – Dies ist die Frage, um die es sich handelt und die wir hier nicht zu lösen suchen werden: wie groß ist der wirkliche Einfluß des Humanismus auf den Gang der Welt gewesen?

Latein als Bildungssprache

Auf jeden Fall verstärkten Erasmus und die Seinen in höchstem Maß den internationalen Charakter der Bildung, der dank dem Latein und der Kirche während des ganzen Mittelalters bestanden hatte. Wenn sie meinten, das Latein wirklich zu einem Instrument für den täglichen internationalen Gebrauch zu machen, so überschätzten sie ihre Macht. Es war sicher ein hübscher Gedanke und eine geistreiche Übung, in einem so internationalen Milieu wie der Pariser Studentenwelt Vorbilder für lateinische Unterhaltung beim Sport zu entwerfen, wie sie die *Colloquiorum formulae* bieten. Sollte Erasmus wirklich gedacht haben, die nächste Generation würde auf lateinisch klickern? Zweifellos entstand dabei eine Leichtigkeit des intellektuellen Verkehrs in einem so weiten Kreis, wie er seit dem Untergang des römischen Reiches in Europa nicht wieder bestanden hatte. Nicht mehr die Geistlichen allein und ein einzelner Literat, sondern die breite Schar der Söhne von Bürgern und Adligen, die sich für ein öffentliches Amt ausbildeten, durchliefen fortan eine klassische Schule und trafen Erasmus auf ihrem Weg.

Erasmus selbst hätte ohne das Latein nicht zu seiner Weltberühmtheit kommen können. Denn, um seine Muttersprache zu einer Weltsprache zu machen, dazu war er nicht groß genug. Ein Landsmann des Rotterdamers mag sich wohl unwillkürlich dem Gedanken hingeben, was ein Talent wie Erasmus mit seiner Beobachtungsgabe, seiner Feinheit des Ausdrucks, seinem Schwung und seinem Reichtum für die niederländische Literatur hätte werden können. Man denke sich die *Colloquia* in dem saftigen Niederländisch des sechzehnten Jahrhunderts geschrieben! Wie, wenn er statt klassische *Adagia* zusammenzulesen und zu kommentieren, einmal vom Sprichwort der Volkssprache ausgegangen wäre! Auch dieses wurde seit Jahrhunderten häufig gebraucht und eifrig gesammelt. Uns schmeckt vielleicht ein solches Sprichwort besser als die zuweilen etwas schalen Wendungen, die Erasmus anpreist.

Aber das ist historisch gedacht. Dies war es nicht, wonach die Zeit verlangte und was Erasmus geben konnte. Es ist überdies von einem psychologischen Gesichtspunkt aus begreiflich, daß Erasmus nicht anders als lateinisch hat schreiben können. Die

Volkssprache hätte diesem delikaten Geist alles zu unmittelbar, allzu persönlich, allzu wirklich gemacht. Er hatte ein Bedürfnis nach jenem leichten Schleier des Unbestimmten, Entfernten, den das Latein über alles breitete. Es hätte ihm gegraut vor der kernigen Rauheit eines Rabelais oder vor der bäurischen Gewalt von Luthers Deutsch.

Wandlung des Heimatgefühls

Die Entfremdung von der Muttersprache hatte für Erasmus schon in jenen Tagen begonnen, da er lesen und schreiben lernte. Die Entfremdung von seinem Geburtsland trat ein, seit er das Kloster Steyn verlassen hatte. Sie wurde durch die erstaunliche Leichtigkeit, mit der er das Latein handhabte, nicht wenig gefördert. Erasmus, der sich ebensogut oder besser als in seiner Muttersprache lateinisch ausdrücken konnte, kannte das Gefühl nicht, sich schließlich doch allein unter seinen Landsleuten ganz zu Hause zu fühlen und aussprechen zu können, was die meisten Sterblichen an ihre Heimat bindet. Aber noch ein anderes psychologisches Moment entfremdete ihn Holland. Nachdem er einmal in Paris die Perspektiven seiner eigenen Fähigkeit kennengelernt hatte, setzte sich bei ihm das Gefühl fest, daß Holland ihn verkenne, ihm mißtraue und ihn verleumde. Vielleicht hatte er einigen Grund, so zu empfinden. Zum Teil war es sicher eine Reaktion der gekränkten Eigenliebe. In Holland wußte man zu viel von ihm. Man hatte ihn dort klein und schwach gekannt. Er hatte dort andern gehorchen müssen, er, der vor allem andern frei sein wollte. Der Widerwille gegen die Beschränktheit, die Grobheit und Unmäßigkeit, die er dort kennengelernt hatte, verwandelte sich in ihm zu einem allgemein absprechenden Urteil über die holländische Art.

Fortan sprach er über Holland in der Regel mit einer gewissen entschuldigenden Geringschätzung. ‹Ich sehe, daß du mit holländischem Ruhm zufrieden bist›, schreibt er an seinen alten Freund Willem Hermans[1], der im Begriffe war, gleich wie Cornelius Aurelius seine besten Kräfte der Geschichte seines Ge-

---

1 A. 178. 18.

burtslandes zu widmen¹. ‹In Holland ist die Luft gut für mich›, schreibt er anderswo², ‹aber die unmäßigen Schlemmereien dort belästigen mich; und denke dir dazu die ordinäre Art Menschen, die Unbildung, die verbohrte Verachtung der Studien, keinerlei Frucht der Bildung, den übelsten Neid.› Wegen der Unvollkommenheit seiner Jugendschriften entschuldigt er sich so: ‹Als Jüngling schrieb ich nicht für consentinische, sondern für holländische, das heißt allerstumpfste Ohren.³› Oder anderswo: ‹Man verlangt Beredsamkeit von einem Holländer, das heißt von mehr als einem Böotier.› Oder: ‹Wenn das Geschichtchen nicht sehr geistreich ist, so bedenkt, daß es ein holländisches Geschichtchen ist.⁴› Bei solchen Äußerungen war auch etwas falsche Bescheidenheit mit im Spiele.

Nach 1496 hat er Holland nur noch auf hastigen Reisen besucht, nach 1501 deutet nichts darauf hin, daß er es wieder betreten hätte. Seinen eigenen Landsleuten in der Fremde riet er ab, nach Holland zurückzukehren⁵.

Ab und zu regte sich trotzdem in ihm ein herzlicheres Gefühl für seinen Heimatboden. Gerade bei der Erklärung von Martials *Auris Batava* in den *Adagia*⁶, wo er Gelegenheit hätte, seinem Hohne die Zügel schießen zu lassen, gibt er eine beredte Lobpreisung des Wertvollsten, das er an Holland schätzte, an ‹einem Land, das ich allezeit preisen und verehren muß, da es mir das Lebenslicht schenkte. Möchte ich ihm ebensosehr zur Ehre gereichen, wie ich mich seiner nicht zu schämen brauche.› Die bäurische Art, die man den Holländern vorwerfe, gereiche ihnen vielmehr zur Ehre. ‹Wenn ein ‚batavisches Ohr' Abscheu vor den Obszönitäten Martials bedeute, ach, daß dann alle Christen holländische Ohren hätten! Wenn man auf ihre Sitten achtet: kein Volk neigt mehr zu Menschlichkeit und Wohlwollen,

---

1 Aurelius ist der Compilator der *Divisiekroniek* und Verfasser einer *Batavia*; Willem Hermans arbeitete an einer lateinischen Geschichte Hollands, die er nicht vollendete und von der nur ein Fragment erschien.

2 A. 159. 59.

3 A. 113. 54. *Consentinis* nach Cicero, Fin. I. 3. 7.

4 A. no. I, t. I. p. 15. 5, 40, *Adag.* no. 2001 LB. II. c. 713 F, no. 2148 c. 757 F. A. 1238. 45, 996. 43, *Coll.* LB. I. 760 E.

5 A. 1832. 22, 1966. 21.

6 *Adag.* no. 3535, LB. II. c. 1083.

ist weniger wild oder grausam. Ihr Geist ist aufrichtig und unbekannt mit Arglist und Verstellung. Sind sie etwas genußsüchtig und unmäßig in ihren Mahlzeiten, so entspringt das zum Teil aus ihrem Überfluß: nirgends ist die Einfuhr so bequem, die Fruchtbarkeit so groß. Welche Ausdehnung saftiger Weiden, wie viele schiffbare Ströme! Nirgends liegen auf einer ebenso kleinen Oberfläche so viele Städte beisammen, nicht groß, aber vortrefflich regiert. Ihre Reinlichkeit rühmt jedermann. Nirgends findet man eine so große Zahl einigermaßen gebildeter Leute; doch eine außergewöhnliche und ausgesuchte Gelehrsamkeit ist dort ziemlich selten.› Es waren die eigenen Ideale des Erasmus, die er hier seinen Landsleuten zuerkannte: Sanftmut, Aufrichtigkeit, Einfachheit und Sauberkeit. Noch an mehreren Stellen klingt dieser Ton der Liebe für Holland. Wenn er irgendwo von trägen Frauen spricht, fügt er bei: ‹In Frankreich findet man sie in Menge, aber Holland besitzt zahllose, die durch ihren Fleiß ihre müßiggehenden und prassenden Männer erhalten.[1]› Im Gespräch, betitelt ‹Der Schiffbruch›[2], sind die Küstenbewohner, die die Schiffbrüchigen liebreich aufnehmen, Holländer. ‹Es gibt kein menschenliebenderes Volk als dieses, obschon es umringt ist von wilden Nationen.› Wenn Erasmus von Holländern oder von Batavia spricht, so meint er natürlich sein Geburtsland im engeren Sinn, die Grafschaft Holland. Etwas anderes ist es, wenn er von *patria* spricht, dem Vaterlande, oder von *nostras*, dem Landsmann. In jener Zeit war ein allgemein niederländisches nationales Bewußtsein eben im Entstehen. Man fühlte sich in erster Linie noch als Holländer, Friese, Flame, Brabanter; aber die Gemeinschaft von Sprache und Sitte und noch mehr die starke politische Wirkung, die seit beinah einem Jahrhundert von der burgundischen Dynastie ausging, hatten ein Gefühl der Zusammengehörigkeit geschmiedet, das sogar an der Sprachgrenze in Belgien nicht haltmachte. Es war damals noch mehr ein starker burgundischer Patriotismus (auch seit faktisch Habsburg die Stelle Burgunds eingenommen hatte) als ein streng niederländisches Nationalitätsgefühl. Mit einem heraldischen Symbol deutete man die

---

[1] *Adag.* 2550, LB. II. c. 859 B.
[2] *Naufragium*, Coll. LB. I. 715 EF.

Niederländer gerne als die Löwen an[1]. Auch Erasmus gebraucht diesen Ausdruck[2]. Bei ihm sieht man, wie sich das engere holländische Vaterlandsgefühl allmählich zu dem weiteren burgundisch-niederländischen verschiebt. Am Anfang bedeutet *patria* bei ihm noch Holland[3], bald bedeutet es die Niederlande[4]. Und nun ist es merkwürdig, wie sein Gefühl für Holland, gemischt aus Widerwillen und Anhänglichkeit, allmählich auf die Niederlande im allgemeinen übergeht. 1535 schreibt er, indem er seine Äußerungen von 1499 wiederholt: ‹In meiner Jugend schrieb ich nicht für Italiener, sondern für Holländer, Brabanter und Flamen.[5]› Diese teilen nun also den Ruf der Stumpfheit, die er früher nur den Holländern zuschrieb. Von Löwen gilt, was vorher von Holland gesagt wurde: es gibt dort zuviel Trinkgelage, da kann nichts getan werden ohne eine gemeinsame Zecherei[6]. Nirgends, klagt er wiederholt, lebe so wenig Sinn für die *bonae literae*, werden die Studien so mißachtet wie in den Niederlanden, und nirgends gebe es mehr Krittler und Verleumder[7]. Aber auch seine Zuneigung hat sich erweitert. Wenn Christoph Longolius den Franzosen heraushängt, ärgert sich Erasmus. ‹Ich habe Longolius beinahe drei Tage geschenkt; er gefiel mir recht gut, das eine ausgenommen, daß er allzu französisch tut, wo er doch einer der Unsrigen ist.[8]› Als Karl V. den Thron von Spanien gewonnen hat, schreibt Erasmus: ‹Ein erstaunliches Glück; aber ich bete, daß es auch für unser Vaterland ein Glück sein möge und nicht allein für den Fürsten.[9]› Als

---

1 Siehe meine Abhandlung ‹Aus der Vorgeschichte des niederländischen Nationalbewußtseins›. In: ‹Wege der Kulturgeschichte›, München 1930, S. 208.

2 A. 485, 53.

3 A. 83. 60.

4 A. 266. 7, 288. 3, 41. 3. 39, 41. 7. 11, 392. 19.

5 LB. X. 1755 A. Resp. ad. Petr. Curs. Defens., LBE. 1506 D.

6 A. 643. 36, 1033. 21.

7 A. 412. 56, 894. 1, 886. 51, 1167. 9, LB. VI, *** 3 vso. Contra morosos.

8 A. 1026. 4. 914 intr. Longolius war zu Mecheln geboren worden, aber von einem französischen Vater, und größtenteils in Frankreich erzogen. Er nennt sich ‹eins mit Erasmus in Sprache und Land›: 1026. 39. Später hielt ihn Erasmus zu Unrecht für einen Holländer. LBE. no 1284 c. 1507 A.

9 A. 413. 39.

seine Kräfte abnahmen, begann er mehr und mehr an eine Rückkehr ins Vaterland zu denken. ‹König Ferdinand lädt mich unter großen Versprechungen nach Wien ein›, schreibt er aus Basel am 1. Oktober 1528, ‹aber ich möchte nirgends lieber ausruhen als in Brabant.[1]›

1 A. 2055. 14.

6. Das ‹Enchiridion militis christiani›

Erasmus auf Schloß Tournehem

Die mageren Jahre hielten an. Seine Existenz blieb unsicher, und einen festen Wohnsitz hatte er nicht. Doch bei den wiederholten Wechseln seines Aufenthaltes läßt er sich offenbar mehr von der Sorge für seine Gesundheit als für seinen Lebensunterhalt leiten, und bei seinen Studien viel mehr durch den brennenden Wunsch, zu den reinsten Quellen des Wissens vorzudringen als durch seinen persönlichen Vorteil. Wiederholt vertreibt ihn die Furcht vor der Pest: 1500 aus Paris nach Orléans, wo er zuerst bei Augustin Caminade wohnt, aber auszieht, sobald einer von dessen jungen Kostgängern krank wird. Vielleicht waren es die Eindrücke aus seiner Deventer Zeit, die ihn der Pestgefahr gegenüber so maßlos ängstlich machten, von der in seiner Zeit eigentlich an keinem Ort je die Luft ganz rein war. Faustus Andrelinus trug dem Diener des Erasmus die Botschaft auf, sein Meister sei ein Angsthase, aus einem solchen Grunde auszuziehen: ‹Eine unerträgliche Beleidigung wäre das›, antwortete Erasmus, ‹wenn ich ein schweizerischer Söldner wäre, aber an einer Dichterseele, die den Schatten und die Ruhe liebt, haftet sie nicht.[1]› Im Frühjahr 1501 verläßt er Paris aufs neue wegen der Pest: ‹Die vielen Begräbnisse erschreckten mich›, schreibt er an Augustin[2].

Er reiste erst nach Holland, wo er sich zu Steyn die Erlaubnis verschaffte, noch ein Jahr für seine Studien außerhalb des Klosters zubringen zu dürfen. Seine Freunde würden sich schä-

---

1 A. 134. 1.
2 A. 156. 7, 157. 3, 159. 35. 59, vgl. 133. 27–30.

men, wenn er nach so vielen Jahren des Studiums nach Hause käme, ohne irgendein Ansehen erworben zu haben[1]. Er besuchte zu Haarlem den Freund Willem Hermans, wandte sich dann südwärts, um beim Bischof von Cambrai noch einmal seine Aufwartung zu machen, wahrscheinlich in Brüssel. Von dort ging er nach Veere, fand aber keine Gelegenheit, seine Beschützerin zu sprechen. Im Juli 1501 kam er auf Schloß Tournehem bei seinem treuen Battus zur Ruhe.

Erasmus als Erneuerer der Theologie

Bei all diesen Fahrten und Reisen verliert er sein Studienideal keinen Augenblick aus dem Auge. Seit seiner Rückkehr aus England beherrschen ihn zwei Aspirationen: den Kirchenvater Hieronymus herauszugeben und gut Griechisch zu lernen. ‹Du begreifst, wieviel dies alles zu meinem Ruhm, ja, zu meinem Glück beiträgt›[2], schreibt er (aus Orléans Ende 1500) an Battus. Doch wahrlich: wäre es Erasmus um Ruhm und Erfolg und um nichts weiter zu tun gewesen, so hätte er andere und bequemere Mittel im Überfluß gehabt. Das feurige Verlangen, den Dingen auf den Grund zu kommen und das Erkannte andern begreiflich zu machen, trieb ihn auch dann, wenn er diese Studienpläne benützte, um damit etwas Geld herauszuschlagen. ‹Höre›, schreibt er an Battus[3], ‹was ich noch weiter von dir haben möchte: du sollst dich daran machen, dem Abt (von St. Bertin) eine Gabe zu entreißen. Du kennst die Art des Mannes, ersinne einen bescheidenen und hübschen Anlaß, um zu bitten. Sage, daß ich etwas Großes im Auge habe, nämlich den ganzen Hieronymus, der durch die Unwissenheit der Theologen verdorben, verstümmelt und verwirrt ist, in seinem vollen Umfang wiederherzustellen und die griechischen Stellen wieder einzufügen. Ich werde die geschichtliche Grundlage *(antiquitátes)* und den kunstreichen Stil des Hieronymus, von welchem ich sagen darf, daß noch niemand ihn verstanden hat, wieder aufdecken. Sage,

1 A. 154. 45.
2 A. 138. 41.
3 A. 139. 141.

daß ich dazu nicht wenig Bücher nötig habe und überdies die Hilfe von Griechen, und daß ich darum eine Unterstützung haben müsse. Du wirst durchaus nicht lügen, Battus, wenn du dies sagst. Denn wirklich, ich bin ganz von diesem Plan erfüllt.›

Erasmus lernt Griechisch

Es war ihm in der Tat heiliger Ernst, wie er alsbald der Welt beweisen sollte. Seine Eroberung des Griechischen ist wahrhaft heroisch gewesen. Die allerersten Anfänge hatte er schon in Deventer gelernt, aber wahrscheinlich wieder vergessen. Im März 1500 schreibt er an Battus[1]: ‹Das Griechische macht mich beinahe tot, aber ich habe keine Zeit und ich habe kein Geld, um Bücher anzsuschaffen oder einen Lehrer zu nehmen.› Wie Augustin Caminade einen geliehenen Homer von ihm zurückverlangt, klagt er[2]: ‹Beraubst du mich des einzigen Trostes in meiner Langeweile? Denn ich brenne so in Liebe zu diesem Schriftsteller, daß ich, auch wenn ich ihn nicht verstehen kann, mich an seinem Anblick weide und labe.› War es Erasmus bewußt, daß er damit beinah wörtlich eine Äußerung wiederholte, die Petrarca anderthalb Jahrhunderte früher niedergeschrieben hatte? Doch er war schon an der Arbeit; ob er einem Lehrer folgte, ist nicht ganz deutlich, wahrscheinlich doch[3]. Erst fällt es ihm noch schwer. Darauf wagt er sich zu nennen: ‹Seit kurzem ein Kandidat in dieser Sprache›, und er beginnt, mit mehr Zuversicht in einige Briefe griechische Zitate einzustreuen. Er arbeitet Tag und Nacht, fordert all seine Freunde auf, ihm griechische Bücher zu verschaffen. Im Spätjahr 1502 erklärt er, daß er nun ziemlich alles, was er wolle, griechisch schreiben könne und sogar *ex tempore*[4]. Seine Erwartung, daß das Griechische ihm für das Verständnis der Heiligen Schrift die Augen öffnen werde, hat ihn nicht betrogen: Drei Jahre fast ununterbrochener Studien sind ihm reichlich belohnt worden. Das Hebräische, das

---

1 A. 123. 22.
2 A. 131. 1.
3 A. 38. 41, 149. 65, 139. 110, 143. 36, vgl. Allens Appendix I. p. 592.
4 A. 158, 22. 160. 6, 172. 9.

er ebenfalls begonnen hatte, gab er wieder auf[1]. Er machte jetzt, 1504, Übersetzungen aus dem Griechischen, er verwendete es kritisch bei seinen theologischen Studien, er unterrichtete andere darin wie Guillaume Cop, den französischen Arzt und Humanisten. Noch ein paar Jahre, und er sollte in Italien an seiner Gewandtheit im Griechischen wenig mehr zu verbessern finden; er habe von beiden alten Sprachen mehr hin- als zurückgebracht, meinte er später[2]. Nichts zeugt besser für den Enthusiasmus, mit dem sich Erasmus aufs Griechische warf, als sein Eifer, auch seine besten Freunde an seinem Glück teilnehmen zu lassen. Auch Battus soll Griechisch lernen. Doch er hat keine Zeit, und das Latein sagt ihm mehr zu[3]. Wie Erasmus nach Haarlem geht, um Willem Hermans aufzusuchen, geschieht es, um auch ihn zum *graecus* zu machen; er nimmt ein ganzes Felleisen voll Bücher mit. Doch die Mühe ist umsonst. Willem will sich nicht darauf einlassen, und das bedeutet für Erasmus eine solche Enttäuschung, daß er meint, nicht allein Kosten und Mühe, sondern auch einen Freund verloren zu haben[4].

Jean Vitrier

Inzwischen schwankte Erasmus ständig, wohin er sich in der nächsten Zukunft wenden solle. Nach England, nach Italien, nach Paris zurück[5]? Es kam schließlich auf einen ziemlich langen Gastaufenthalt hinaus, vom Herbst 1501 bis zum folgenden Sommer, erst in St. Omer beim Prior von St. Bertin, dann auf dem Schloß Courtebourne, nicht weit von dort.

Zu St. Omer lernte Erasmus den Mann kennen, dessen Bild er später neben das Colets stellen sollte als das des wahren Theologen und zugleich des guten Mönchs: Jean Vitrier, den Guardian des Franziskanerklosters zu St. Omer. Daß auf Vitrier eine Verurteilung durch die Sorbonne wegen zu freier Äußerungen über

---

1 A. 181. 35. 89.
2 *Responsio ad P. Cursii Defens.* LB. X. 1755 E.
3 A. 129. 66, 157. 23.
4 A. 157, 38.
5 A. 159. 53.

die Schäden des Klosterlebens lastete, das muß Erasmus zu ihm hinziehen. Doch Vitrier hatte trotzdem den Glauben an das Kloster nicht aufgegeben, sondern widmete sich dem Reformieren von Männer- und Frauenklöstern. Er war von der Scholastik zu Paulus gekommen, hatte eine sehr freie Auffassung des christlichen Lebens gewonnen und sich deutlich von den gewöhnlichen Bußwerken und Zeremonien abgewandt. Dieser Mann hat ohne Zweifel bedeutungsvollen Einfluß gehabt auf die Entstehung eines der berühmtesten und einflußreichsten Werke des Erasmus: des *Enchiridion militis christiani*.

‹Enchiridion militis christiani›

Erasmus selbst hat später bezeugt, daß das *Enchiridion* aus einem Zufall geboren sei[1]. Er bedachte nicht, daß oft ein äußerer Anlaß einem inneren Drang dienstbar wird. Der äußere Anlaß nun war dieser: Im Schloß Tournehem verkehrte ein Kriegsmann[2], ein Freund von Battus, von sehr zügellosem Benehmen, schlecht gegen seine tugendsame und fromme Frau und dabei ungebildet und ein heftiger Pfaffenhasser. Von Natur war er übrigens freundlich, und für Erasmus machte er eine Ausnahme in seinem Widerwillen gegen die Geistlichen. Die Frau machte sich hinter Battus, er möchte Erasmus dazu bewegen, etwas zu schreiben, das ihren Mann zur Einkehr brächte. Erasmus kam der Bitte nach und erntete mit seinen Aufzeichnungen so viel Zustimmung bei Jean Vitrier, daß er sie später in Löwen ausarbeitete und 1504 bei Dirk Maertens in Antwerpen herausgab.

Das ist die äußere Entstehungsgeschichte des *Enchiridions*. Doch die innere war die, daß Erasmus früher oder später seiner Stellung zur Frömmigkeitspraxis seiner Zeit Ausdruck geben mußte, seiner Stellung zu zeremoniellen und unlebendigen Auffassungen der Christenpflicht, die ihm ein Ärgernis waren.

Der Form nach ist das *Enchiridion* eine Anleitung für einen

---

1 A. no. I, t. I. p. 19. 36.
2 Daß es Jean de Trazegnies gewesen sein soll, wie Allen als möglich und Renaudet als sicher annimmt, bleibt allzu ungewiß. A. 164. Renaudet, *Préréforme*, p. 428.

ungelehrten Kriegsmann, wie er zu einem Christi würdigen Geist komme; gleichsam mit dem Finger soll es ihm den kürzesten Weg zu Christus weisen. Er schildert den Freund als des Hoflebens müde, ein geläufiges Thema aus der Literatur dieser Zeit. Nur für ein paar Tage unterbricht Erasmus sein Lebenswerk, die Reinigung der Theologie, um dem Verlangen seines Freundes nach Unterweisung zu genügen. Er wählt, um im Stil des Kriegsmannes zu bleiben, den Titel *Enchiridion*, das griechische Wort, das schon im Altertum sowohl Dolch als Handbüchlein bedeutete[1]. Also: Dolch des christlichen Streiters[2]. Er hält diesem Streiter die Pflicht der Wachsamkeit vor. Er zählt ihm die Waffen der *militia Christi* auf. Selbstkenntnis ist der Anfang der Weisheit. Auf die allgemeinen Regeln einer christlichen Lebensführung läßt er eine Anzahl Vorbeugungsmittel gegen bestimmte Sünden und Fehler folgen. In diesem Schema nun findet Erasmus Gelgenheit, zum ersten Male sein theologisches Programm zu entwickeln. Dieses Programm lautet: zurück zur Heiligen Schrift. Es muß das Streben eines jeden Christen sein, die Schrift in ihrer Reinheit und ursprünglichen Bedeutung zu verstehen. Er bereite sich darauf vor durch das Studium der Alten, der Redner, der Dichter, der Philosophen, Platos vor allem. Auch die großen alten Kirchenväter, Hieronymus, Ambrosius, Augustin werden ihm nützlich sein; aber wenig oder nichts wird er an dem großen Haufen der späteren Schrifterklärer haben. Die Hauptidee im Gedankengang des Erasmus richtet sich gegen die Auffassung der Frömmigkeit als einer fortwährenden Beobachtung von Zeremonien. Das ist jüdische Observanz ohne Wert. Es ist besser, einen einzigen Psalmvers zu begreifen, dabei seine Erkenntnis von Gott und sich selbst zu vertiefen und eine Lehre für seine Sitten und einen Wegweiser für sein Betragen daraus zu entnehmen, als ohne Andacht den ganzen Psalter zu lesen. Wenn die Zeremonien nicht die Seele erneuern, so

---

1 Im Jahr 1500 (A. 123. 21) spricht Erasmus vom *Enchiridion* des Kirchenvaters Augustin, vgl. 135, 138; 1501 (A. 152. 33), nennt er die *Officia* Ciceros einen *Pugiunculus*, einen Dolch. Die Benennung schwebte ihm also schon seit einiger Zeit vor.
2 *Miles* hat bei Erasmus nicht mehr die Bedeutung von Ritter, die es im mittelalterlichen Latein hatte.

sind sie nutzlos und schädlich. ‹Manche pflegen aufzuzählen, wie viele Messen sie jeden Tag gehört haben, und indem sie sich darauf als auf etwas sehr Wichtiges berufen, kehren sie, als ob sie Christus nichts weiter schuldig wären, aus der Kirche nach Hause und zu ihren früheren Sitten zurück.› ‹Du opferst vielleicht jeden Tag, und doch lebst du dir selbst! ... du verehrst die Heiligen, du berührst gerne ihre Reliquien; willst du dir *Peter* und *Paulus* gewogen machen? Folge dem Glauben des einen und der Liebe des andern nach, und du wirst mehr getan haben, als wenn du zehnmal nach Rom gelaufen wärest.› Er verwirft die Formeln und äußern Werke nicht, er will den Glauben der Einfältigen nicht erschüttern. Aber er will nicht, daß man Christus eine Verehrung widme, die nur in äußern Werken bestehe. Und warum sind es vor allem die Mönche, die zur Entartung des Glaubens beitragen? ‹Ich schäme mich zu sagen, wie abergläubisch die meisten von ihnen gewisse zeremonielle Förmlein beobachten, von Menschlein ausgedacht, und nicht einmal in diesem Sinn; wie gehässig sie andere dazu verpflichten wollen, mit welcher Sicherheit sie darauf vertrauen, wie vermessen sie über andere richten!› Möge Paulus sie das wahre Christentum lehren! ‹Ihr seid berufen zur Freiheit, fallt nicht zurück unter das Joch der Knechtschaft!› Dieses Wort an die Galater enthielt die Lehre von der christlichen Freiheit, die die Reformatoren alsbald so laut erschallen lassen sollten. Erasmus wandte sie hier noch nicht in einem Sinn an, der den Lehrsätzen der katholischen Kirche Abbruch tun konnte. Aber er hat durch das *Enchiridion* die Geister vorbereitet, vieles fahrenzulassen, das er selbst noch festhalten wollte.

Der Grundton des *Enchiridions* ist schon derselbe, der fortan der Grundton im Lebenswerk des Erasmus bleiben sollte: das Nichtertragenkönnen, daß in der Welt der Schein so anders ist als das Wesen, daß die Welt diejenigen ehrt, die sie nicht ehren sollte, daß eine Hecke von Verblendung, Gewohnheit und Gedankenlosigkeit die Menschen hindert, den wahren Sachverhalt der Dinge zu sehen. Er wird das später im ‹Lob der Narrheit› und in den ‹Gesprächen› ausdrücken. Es ist nicht allein ein religiöses, es ist gleichzeitig ein soziales Gefühl, das ihn beseelt. Unter der Überschrift: ‹Meinungen, eines Christen würdig›, beklagte er das Übermaß von Standeshochmut, nationaler Feindschaft, Berufsneid und Eifersucht zwischen den Orden, das die Menschheit in Uneinigkeit halte. Möge jeder sich wahrhaft seines Bruders annehmen. ‹Dich hat das Würfelspiel einer einzigen Nacht tausend Goldstücke gekostet, während inzwischen das eine oder andere unglückliche Mädchen, durch die Armut gezwungen, seine Ehrbarkeit feilbietet, und ihre Seele verlorengeht, für die Christus die seine gegeben hat. Du sagst: was geht mich das an? Ich tue nach meinem Gutdünken, was allein meine Sache ist. Und mit dieser Gesinnung dünkst du dich dann ein Christ, der du nicht einmal ein Mensch bist.›

Im Handbüchlein des christlichen Streiters hat Erasmus zum ersten Male die Dinge gesagt, die ihn im Tiefsten bewegten, mit Glut und Empörung, mit Innigkeit und Mut. – Und doch, wenn man ihn selbst darüber sprechen hört, kann man kaum sagen, daß dies Werklein aus dem unwiderstehlichen Drang einer feurigen Frömmigkeit entsprungen sei. Er behandelt es, wie wir schon sahen, *en bagatelle*; es sei in ein paar den Studien geraubten Tagen auf Bitten hin zusammengestellt. (Doch dies gilt, strenggenommen, nur für den ersten Entwurf, nicht für die spätere Ausarbeitung.) Als das große Ziel seiner Studien steht ihm bereits vor Augen: die Restauration der Theologie. Einst wird er Paulus erklären, ‹auf daß die Lästerer, die es für höchste Frömmigkeit halten, nichts von den *bonae literae* zu wissen, begreifen, daß wir uns in unserer Jugend der feineren Literatur des Griechischen und des Lateins, nicht ohne viele Nachtwachen verschafft haben, nicht zu eitlem Ruhm oder kindlichem Vergnügen, sondern weil wir lange zuvor erwogen, den Tempel des Herrn, den etliche durch ihre Unwissenheit und Barbarei allzu sehr entehrt haben, mit fremder Hilfe nach unsern Kräften zu schmücken, so daß auch edle Geister sich werden entflammen können in Liebe zur Heiligen Schrift›[1]. Ist das nicht noch der Humanist, der hier spricht?

Man hört auch eine Note persönlicher Rechtfertigung heraus. Ebenso klingt sie in jenem Brief an Colet[2] vom Ende 1504, mit dem zusammen er ihm die Ausgabe der *Lucubrationes* zusandte, in der das *Enchiridion* zum ersten Male erschien: ‹Ich habe das

---

1 A. 164. 149.
2 A. 181. 46.

Enchiridion nicht geschrieben, um meinen Geist oder meine Beredsamkeit zur Schau zu stellen, sondern allein darum, daß ich jene Leute von ihrem Irrtum heile, die gemeiniglich dafür halten, daß die Religion in mehr als jüdischen Zeremonien und Observanzen äußerlicher Art bestehe, und die jene Dinge vernachlässigen, die der Frömmigkeit dienen.› Dann fügte er bei, und dies ist typisch humanistisch: ‹Ich habe versucht, eine Art Kunst der Frömmigkeit zu geben, gleich wie andere den Lehrgang bestimmter Wissenschaften geschrieben haben.›

Die Kunst der Frömmigkeit. Erasmus hätte sich vielleicht gewundert, wenn er hätte wissen können, daß ein anderer Traktat, der gute sechzig Jahre früher von einem andern Augustinermönch des Tieflandes geschrieben worden war, viel länger und eindringlicher als sein Handbüchlein zur Welt sprechen sollte: die *Imitatio Christi* von Thomas a Kempis.

Das *Enchiridion*, das mit einigen anderen Stücken in einem Band *Lucubrationes* vereinigt wurde, hatte bei weitem nicht einen so großen und schnellen Erfolg wie die *Adagia*. Der Grund dafür war sicher nicht der, daß man die Betrachtungen des Erasmus über die wahre Frömmigkeit zu kühn fand. Es war nichts darin, was der Kirchenlehre widersprach, so daß sogar während der Gegenreformation, als die Kirche gegen alles, was Erasmus geschrieben hatte, äußerst mißtrauisch geworden war, die Theologen, welche den *Index expurgatorius* über seine Werke aufnahmen, aus dem *Enchiridion* nur einzelne Stellen auszutilgen fanden[1]. Zum Überfluß hatte Erasmus in demselben Band einige Schriften von unverdächtig katholischem Gehalt mit aufnehmen lassen. Das *Enchiridion* war lange Zeit gerade bei den Theologen und Mönchen sehr geschätzt. Ein berühmter Prediger zu Antwerpen pflegte zu sagen, daß man aus jeder Seite des *Enchiridions* eine Predigt schöpfen könne[2]. Doch seinen großen Einfluß auf weite gebildete Kreise erreichte das kleine Werk erst, als es, getragen vom Weltnamen des Erasmus, in einer Anzahl von Übersetzungen herauskam: englisch, tschechisch, deutsch, niederländisch, spanisch, französisch. Aber nun begann auch

---

1 LB. X. c. 1819.
2 A. 492. 27.

der Argwohn; denn dies war die Zeit, da Luther den großen Streit schon entfesselt hatte: ‹Nun beginnen sie auch am *Enchiridion* zu nagen, das früher bei den Theologen so beliebt war›, schreibt Erasmus 1526[1]. Es waren übrigens auch damals nur zwei Stellen, an denen sich rechtgläubige Beurteiler stießen.

---

1 LB. IX. c. 699 A. *Ex Enchiridio notata quaedam.*

7. Von Löwen bis zur Italienreise

Tod des Jacobus Battus

‹Dieses Jahr hat die *Fortuna* gar heftig gegen uns gewütet›, schreibt Erasmus im Herbst 1502[1]. Im Frühling dieses Jahres war sein guter Freund Battus gestorben. Es ist zu bedauern, daß wir keine Briefe haben, wie Erasmus unter dem unmittelbaren Eindruck dieses großen Verlustes geschrieben hat. Wir hätten für diesen treuen Helfer gerne noch ein anderes Denkmal neben jenem, das ihm Erasmus in den *Antibarbari* gesetzt hat. Anna von Veere war wieder verheiratet und kam als Patronin nicht mehr in Betracht; im Oktober 1502 starb auch Heinrich von Bergen. ‹Ich habe des Bischofs von Cambrai in drei lateinischen und einer griechischen Grabschrift gedacht; man hat nur sechs Gulden geschickt; er sollte auch als Toter sich selbst treu bleiben.[2]› In Franz van Busleiden, dem Erzbischof von Besançon, verlor er zu gleicher Zeit einen erhofften neuen Beschützer. Von Paris, von Köln und von England fühlte er sich noch immer durch die Pestgefahr ausgeschlossen.

Erster Aufenthalt in Löwen

So ging er im Spätsommer 1502 nach Löwen, ‹durch die Pest dorthin verschlagen›, sagt er. Die Universität von Löwen, die 1425 gestiftet worden war, um die Niederlande in geistiger Beziehung von Paris freier zu machen, war am Anfang des sech-

---

1 A. 172.
2 A. 178. 49.

zehnten Jahrhunderts zusammen mit Paris selbst eines der Bollwerke der alten Theologie, was nicht ausschloß, daß auch hier die klassischen Studien Fortschritte machten. Wie hätte sich sonst Adrian von Utrecht, der spätere Papst Hadrian VI., damals Dekan von St. Peter und Professor der Theologie, unverzüglich dafür eingesetzt, daß Erasmus sofort bei seiner Ankunft ein Lehrstuhl angeboten wurde? Dieser aber lehnte das Angebot ab, ‹aus gewissen Gründen›, sagt er[1]. Sie müssen bei der bitteren Not, in der er sich befand, wohl zwingend gewesen sein. Einer, den er angibt, ist für uns nicht ganz deutlich: ‹weil ich hier so dicht bei den holländischen Zungen bin, die wohl viel zu schaden wissen, aber nie gelernt haben, jemandem zu nützen›. Die Hauptgründe waren zweifellos der Freiheitssinn des Erasmus und sein brennender Eifer für die Studien, denen er sich ganz hingeben wollte.

Doch er mußte leben. In Löwen war das Leben teuer, und er hatte kein regelmäßiges Einkommen[2]. Er schrieb einige Vorreden und widmete dem Bischof von Arras, dem Kanzler der Universität, seine erste Übersetzung aus dem Griechischen, einige Declamationen des Libanius. Als im Herbst 1503 Philipp der Schöne von einer Reise nach Spanien in die Niederlande zurückerwartet wurde, schrieb Erasmus unter Seufzen und innerem Widerstreben einen Panegyrikus, um die wohlbehaltene Rückkehr des Fürsten zu feiern. Es machte ihm Mühe: ‹Ich habe Tag und Nacht damit zu tun›, sagte er, dem die Produktion so unglaublich leichtfiel, wenn sie von Herzen kam, ‹was ist mühsamer, als unter Widerwillen zu schreiben; was ist unnützer, als etwas zu schreiben, bei dem man gut zu schreiben verlernt?[3]› Es muß gesagt werden, daß er das Schmeicheln, das ihm so zuwider war, wirklich nach Möglichkeit einschränkte und in seiner Vorrede rundheraus sagte, daß das ganze Genre eigentlich nicht nach seinem Geschmacke sei.

1 A. 171. 13.
2 A. 172. 8.
3 A. 175. 10, 176. 6.

Wieder in Paris

Ende 1504 finden wir Erasmus wieder in Paris. Wahrscheinlich hatte er diese Rückkehr immer im Auge behalten und seinen Aufenthalt in Löwen nur als eine zeitliche Verbannung betrachtet. Die Umstände, unter denen er Löwen verließ, bleiben uns dunkel, weil aus dem Jahre 1504 fast gar keine Briefe erhalten sind. Jedenfalls hoffte er, sein großes Ziel, sich ganz dem Studium der Theologie zu widmen, in Paris eher erreichen zu können. ‹Es ist nicht zu sagen, bester Colet›, schreibt er Ende 1504[1], ‹wie eilig ich mit vollen Segeln auf die theologische Wissenschaft zusteure, wie alles mir zuwider ist, was mich davon abhält oder es verzögert. Aber die Mißgunst der *Fortuna*, die mich dauernd mit derselben Miene anblickt, ist die Ursache gewesen, daß ich mich von den Verdrießlichkeiten nicht habe befreien können. So bin ich nach Frankreich zurückgekehrt mit dem Vorsatz, wenn ich jene Schwierigkeiten auch nicht lösen könne, sie wenigstens von mir wegzuschieben. Hernach werde ich frei sein und mich von ganzem Herzen an die *divinae literae* machen, um ihnen mein ganzes weiteres Leben zu widmen.› Wenn er nur Mittel fände, um einige Monate ganz für sich arbeiten und sich von der profanen Literatur losmachen zu können. Ob Colet nicht für ihn in Erfahrung bringen könne, wie es mit dem Ertrag der hundert Exemplare der *Adagia* stehe, die er seinerzeit auf eigene Kosten nach England gesandt habe? Freiheit für einige Monate werde um wenig Geld zu kaufen sein.

Es liegt etwas Heldenhaftes in der Art, wie Erasmus es verschmähte, sein leichtes Talent und seine beneidenswerte Belesenheit auf dem Gebiet der *Humaniora* nutzbar zu machen, und wie er der Notdurft Trotz bot, um nur sein leuchtendes Ideal, die Restauration der Theologie, zu erreichen.

---

1 A. 181. 24.

Vallas Annotationes zum Neuen Testament

Es ist merkwürdig, daß derselbe italienische Humanist, der ihm in seiner Jugend auf dem Wege nach der reinen Latinität und dem klassischen Altertum Wegweiser und Vorbild gewesen war, Lorenzo Valla, durch einen Zufall auch sein Führer und Kundschafter wurde auf dem Feld der kritischen Theologie. Als er im Sommer 1504 in der alten Bibliothek des Prämonstratenserklosters Parc bei Löwen auf Jagd ging (‹in keinen Jagdgründen ist das Jagen eine größere Lust›), hatte er eine Handschrift von Vallas Annotationen zum *Neuen Testament* gefunden. Es waren eine Anzahl kritischer Anmerkungen zum Text der Evangelien, der Briefe und der Apokalypse. Daß der Text der *Vulgata* nicht fleckenlos sei, erkannte Rom selbst schon im dreizehnten Jahrhundert. Klosterorden und Theologen hatten sich mit der Frage einer Verbesserung beschäftigt, doch aus einer systematischen Säuberung war trotz der Arbeit des Nikolaus von Lyra im vierzehnten Jahrhundert noch nicht viel geworden. Wahrscheinlich ist Erasmus, der vorher mehr von der Absicht beseelt war, Hieronymus herauszugeben und Paulus zu kommentieren (beides hat er auch später getan), gerade durch dieses Bekanntwerden mit Vallas Annotationen der Aufgabe zugeführt worden, das gesamte *Neue Testament* in Angriff zu nehmen, um es in seiner Reinheit wiederherzustellen. Schon im März 1505 druckte Jost Badius in Paris die Annotationen Vallas für Erasmus als eine Art Ankündigung dessen, was dieser selbst einmal zu vollbringen gedachte. Es war eine Tat voll Mut. Erasmus verhehlte sich nicht, daß der Humanist Valla bei den Theologen einen schlechten Ruf habe, daß man zetern werde über ‹die unerträgliche Vermessenheit des *homo grammaticus*, der, nachdem er alle Wissenschaften heimgesucht hatte, sogar vor der Heiligen Schrift seine schamlose Feder nicht zurückhielt›[1]. Noch einmal war es ein Programm, doch es war viel bestimmter und herausfordernder, als es im *Enchiridion* geklungen hatte.

---

1 A. 182. 113.

Zweiter Aufenthalt in England – Neue Freunde und Beschützer

Wieder ist es nicht ganz deutlich, warum und wie Erasmus schon im Herbst 1505 Paris wieder verlassen hat, um sich nach England zu begeben. Er spricht von ernsten Gründen und dem Rat verständiger Leute[1]. Den einen Grund nennt er: sein Geld war zu Ende. Der Neudruck der *Adagia* von 1505 bei Johannes Philippi in Paris hatte ihm wahrscheinlich einige Zeit durchgeholfen; nach seinem Sinn kann die Ausgabe nicht gewesen sein, denn er war mit seinem Werk schon nicht mehr zufrieden und wollte es erweitern, um seine neue Kenntnis des Griechischen darein zu verarbeiten[2]. Aus Holland war von seinem alten Freund Servatius, der jetzt Prior von Steyn war, eine warnende Stimme gekommen, die von ihm Rechenschaft über seine Abreise aus Paris verlangte[3]. Noch immer hatten seine holländischen Freunde offensichtlich kein Vertrauen zu Erasmus, zu seinem Werk und zu seiner Zukunft.

Diese Zukunft schien für ihn in England in mancher Beziehung günstiger, als sie ihm bis dahin irgendwo gelächelt hatte. Hier fand er die alten Freunde, Männer von Ansehen und Bedeutung: Mountjoy, bei dem er nach seiner Ankunft einige Monate verweilte, Colet und More. Hier traf er einige ausgezeichnete Gräzisten, deren Verkehr ihm Vorteil und Befriedigung versprach: nicht Colet, der wenig Griechisch konnte, aber neben More Linacre, Grocin, Latimer und Tunstall[4]. Er kam hier in Verbindung mit einigen hohen Geistlichen, die für ihn Freunde und Beschützer werden sollten: Richard Foxe, Bischof von Winchester, John Fisher, Bischof von Rochester, und William Warham, Erzbischof von Canterbury. Er schloß hier Freundschaft mit einem Mann, dessen ähnliche Richtung des Geistes und der Interessen ihm Battus einigermaßen ersetzen konnte: dem Italiener Andreas Ammonius aus Lucca, einem ausgezeichneten Latinisten nach seinem Geschmack. Und endlich: der König

1 A. 185. 4.
2 A. 181. 82.
3 A. 185.
4 A. 185. 13.

stellte ihm ein geistliches Benefiz in Aussicht. Schnell war Erasmus mit einem Dispens von Papst Julius II. gewappnet, datiert vom 4. Januar 1506, der die Hindernisse für die Annahme eines englischen Benefizes beseitigte[1]. Übersetzungen aus dem Griechischen ins Latein waren ihm nun ein bequemes und wenig zeitraubendes Mittel, Gunst und Unterstützung zu gewinnen: ein Dialog Lukians für Foxe, dem andere nachfolgten, die *Hekuba* und die *Iphigenie* von Euripides für Warham. Er dachte nun auch an eine Herausgabe seiner Briefe[2].

Es war offenbar mit seinen Beziehungen zu Holland und zum Kloster noch nicht ganz in Ordnung. Servatius antwortete nicht auf seine Briefe. Immer noch fühlte Erasmus das Bild des Freundes, dem er durch so zarte Bande verbunden war, dort drüben im Kloster Steyn, wo man früher oder später darauf rechnete, daß Erasmus als ein Licht der Christenheit zurückkehre, als eine Art Bedrohung seiner Laufbahn und seiner Freiheit. Wußte der Prior vom päpstlichen Dispens, der Erasmus ‹den Gesetzen und Gewohnheiten des Klosters Steyn in Holland vom Orden des heiligen Augustin› enthob? Wahrscheinlich doch. Am 1. April 1506 schreibt ihm Erasmus: ‹Ich stehe hier in London, wie es scheint, bei den größten und gelehrtesten Männern ganz Englands in hohem Ansehen. Der König hat mir eine Pfarrei versprochen; doch wegen der Ankunft des Fürsten[3] in England mußte man die Angelegenheit verschieben.›

Darauf läßt er unmittelbar folgen: ‹Ich überdenke immer wieder, wie ich das, was mir noch zu leben bleibt (wieviel es sein wird, weiß ich nicht), ganz der Frömmigkeit, ganz Christus weihen könne. Ich sehe, daß das Menschenleben, auch wenn es lang dauert, ein flüchtiges und verschwindendes Ding ist; ich weiß, daß ich von zarter Körperbeschaffenheit bin und daß meine Kräfte nicht wenig durch das Studium und auch etwas durch das Mißgeschick angegriffen sind. Ich sehe, daß es in den Studien kein Ende gibt, und daß es dabei ist, als müßten wir jeden Tag von vorn beginnen. Darum habe ich beschlossen, mit

---

1 A. no. 187a, t. III. p. XXIX.
2 A. 188.
3 A. 189. Philipp der Schöne, der unerwartet infolge eines Sturmes nach England gekommen war, was Mountjoy nötigte, Hofdienst zu tun.

meiner Mittelmäßigkeit zufrieden zu sein (vor allem, da ich nun genügend Griechisch gelernt habe) und mich auf das Meditieren über den Tod und auf die Bildung meines Gemüts zu verlegen. Ich hätte das schon früher tun und das kostbare Gut der Jahre damals sparen sollen, als es noch am besten damit stand. Doch wenn es auch eine späte Sparsamkeit ist, die man übt, wenn nur noch ein wenig auf dem Boden zurückbleibt, so muß man mit dem Rest um so sparsamer sein, je geringer und schlechter er ist.› War es ein Anfall von Melancholie, der Erasmus diese Worte der Reue und Entsagung schreiben ließ? Überfiel ihn mitten in der Verfolgung seines Lebensziels das Gefühl der Eitelkeit seines Strebens und eine große Müdigkeit? Ist dies der tiefste Grund im Wesen des Erasmus, den er dem alten, intimen Freund einen Augenblick bloßlegt? – Man kann daran zweifeln. Die Stelle schließt sich den ersten Sätzen seines Briefes, die ganz seinen Aussichten und seinem Erfolg gelten, sehr gezwungen an. In einem Brief, den er am folgenden Tag ebenfalls nach Gouda und an einen Vertrauten schrieb[1], ist von dieser Stimmung nichts mehr zu spüren: seine Gedanken sind wieder bei seinen Aussichten. Man kann in dem gewaltigen Eifer, mit dem Erasmus seine Studien fortsetzte, keinen Augenblick wirklicher Verzögerung feststellen. Und verschiedenes spricht dafür, daß er gegenüber Servatius, der ihn besser kannte, als es ihm selbst angenehm war, und der überdies als Prior von Steyn eine bedrohliche Macht über ihn besaß, absichtlich diesen Ton der Weltverachtung anschlug.

Abreise nach Italien

Mit der englischen Pfründe ging es inzwischen nicht vorwärts. Aber auf einmal bot sich die Gelegenheit, nach der Erasmus schon so oft ausgeschaut hatte[2]: die Reise nach Italien. Der Leibarzt Heinrichs VII., Giovanni Battista Boerio aus Genua, suchte einen Lehrer, der seine Söhne auf ihrer Reise nach den Universitäten Italiens begleiten sollte. Erasmus trat den Posten an, der

---

1 A. 190.
2 Vgl. LB. X. 1750 E, *Resp. ad P. Cursii Defens.*

ihn weder mit Unterrichtspflichten noch mit Verpflegungssorgen belastete, sondern nur mit der Leitung und Aufsicht über die Studien der jungen Leute[1]. Anfang Juni 1506 befand er sich wieder auf französischem Boden. Zwei Sommermonate verweilte die Reisegesellschaft in Paris, und Erasmus benützte die Gelegenheit, um verschiedene seiner Werke, die er aus England mitgebracht hatte, in Paris in Druck zu geben. Er war nun ein bekannter und gesuchter Autor und wurde von den alten Freunden freudig begrüßt (man hatte ihn totgeglaubt) und herzlich gefeiert. Jost Badius druckte alles, was ihm Erasmus anbot: die Übersetzungen aus Euripides und Lukian, eine Sammlung Epigramme, eine neue, aber noch unveränderte Ausgabe der *Adagia*[2].

Carmen alpestre

Im August wurde die Reise fortgesetzt. Während er zu Pferd über die Alpenpässe ritt, entstand das bedeutendste Gedicht, das Erasmus geschrieben hat, als ein Nachklang schon aufgegebener Liebhaberei. Er hatte sich über seine Reisegesellschaft geärgert, vermied ihre Unterhaltung und suchte Zerstreuung im Dichten. Die Frucht war das Carmen, das er selbst ‹*equestre vel potius alpestre*› nannte, über die Nachteile des Greisenalters, seinem Freund Guillaume Cop gewidmet[3].

Erasmus gehörte zu denen, die sich früh alt fühlen. Er zählte noch keine vierzig Jahre, und schon sah er sich an der Schwelle des Alters. Wie schnell ist es gekommen! Er schaut zurück auf seinen Lebenslauf und sieht sich als Kind mit Nüssen spielen, als lernbegierigen Knaben, als Jüngling sich in Dichtkunst und Scholastik vertiefen, auch in die Malerei. Er blickt zurück auf seine erstaunliche Lektüre, sein Studium des Griechischen, sein Streben nach Gelehrtenruhm: mitten unter alldem sind plötzlich die alten Tage gekommen. Was bleibt ihm noch? – Und wieder klingt der Ton der Absage an die Welt und der Hingabe an

---

1 A. no. I, t. I. p. 4. 12.
2 A. 201. 10.
3 LB. IV. c. 755.

Christus allein. Lebt wohl, Scherze und Tändeleien, lebt wohl Philosophie und Dichtkunst! Ein reines, von Christus erfülltes Gemüt: das ist alles, was er sich fortan wünscht.

Eher als in dem Seufzer an Servatius kam wahrscheinlich hier, in der Stille der Alpenlandschaft, etwas von der tiefsten Sehnsucht des Erasmus an die Oberfläche. Doch auch jetzt war es eine verborgene Lage seines Seelenlebens, nicht der kräftige Impuls, der seinem Leben Inhalt und Richtung gab, und der ihn in unwiderstehlichem Drang zu immer neuen Studien trieb.

8. Erasmus in Italien

Doktorgrad in Turin

In Turin erwarb Erasmus sofort nach seiner Ankunft, am 4. September 1506, und somit ohne besondere Vorbereitung den Grad eines Doktors der Theologie. Daß er selbst, für den *Magister noster* einen spöttischen Klang hatte, diesem Grad keinen allzu großen Wert beimaß, ist begreiflich. Auf jeden Fall bedeutete er für ihn doch eine offizielle Legitimation als Schriftsteller über theologische Gegenstände, sie seine Position dem Argwohn seiner Tadler gegenüber stärkte. Sonderbar ist es, daß er sich auch zu seinen holländischen Freunden, die früher gerade wegen der Erwerbung des Doktorgrades seine Studien gefördert hatten, geringschätzig über den Titel äußert. Schon 1501 gegen Anna van Borselen: ‹Nach Italien gehen? den Doktortitel holen? beides bloße Torheiten! Aber dem Brauch, den die Zeit mit sich bringt, muß man sich fügen.[1]› Jetzt wieder gegen Servatius und Johannes Obrecht, halb entschuldigend: ‹Wir haben hier das Doktorat in der heiligen Theologie bekommen, und dies ganz gegen unsere Absicht, überrumpelt von den Bitten der Freunde.[2]›

Bologna und Papst Julius II.

Das Ziel der Reise war Bologna. Doch bei der Ankunft des Erasmus herrschte dort ein solches Kriegstreiben, daß er genötigt war, für eine Zeitlang nach Florenz zu fliehen. Papst Julius II.

---

1 A. 145. 105.
2 A. 200. 8, 201. 4, 203. 5.

zog, verbündet mit den Franzosen, an der Spitze einer Heeresmacht gegen Bologna heran, um es zu erobern und den Bentivoglio zu entreißen. Bald war dieser Zweck erreicht und Bologna wieder sicher genug, um dorthin zurückzukehren. Am 11. November 1506 konnte Erasmus den triumphierenden Einzug des kriegerischen Papstes mitansehen.

Es sind aus diesen Tagen nur kurze flüchtige Briefe von ihm erhalten, sie sprechen von Unruhe und Kriegsgerüchten. Nichts zeugt dafür, daß Erasmus von der Schönheit des Renaissance-Italien besondere Eindrücke empfangen hätte. Die knappen Bruchstücke seines Briefwechsels erwähnen während seines italienischen Aufenthaltes nichts von Baukunst, nichts von Bildhauerei noch Malkunst. Wenn ihm viel später einmal sein Besuch der Certosa von Pavia einfällt, so will er damit nur ein Beispiel nutzloser Verschwendung und Pracht geben. Was ihn in Italien beschäftigte und anzog, waren Bücher.

In Bologna diente Erasmus das Jahr aus, auf das er sich zur Leitung der jungen Boerio verpflichtet hatte. Es wurde ihm lang. Er konnte nun einmal keine Beschränkung seiner Freiheit ertragen. Er fühlte sich in seinem Kontrakt wie in einer Reuse gefangen[1]. Die Knaben waren, wie es scheint, nicht übel, wenn auch nicht so vielversprechend, wie Erasmus sie in der ersten Freude gesehen hatte; aber mit ihrem erst himmelhoch gepriesenen Erzieher, Clyfton, hatte er sich bald überworfen[2]. Bologna brachte ihm allerlei Verdrießlichkeiten, die die angeknüpften Beziehungen zu Paolo Bombasio ihm nur zum Teil aufwiegen konnten. Er arbeitete hier an der Erweiterung seiner *Adagia*, die nun durch Hinzufügung der griechischen von achthundert auf einige tausend anwuchsen.

---

1 A. no. I, t. I. p. 4. 12.
2 A. 194. 30.

In Venedig bei Aldus

Von Bologna aus wandte sich Erasmus im Oktober 1507 mit einem Brief an den berühmten venezianischen Drucker Aldus Manutius[1]. Er ersuchte ihn, die beiden übersetzten Dramen des Euripides neu herauszugeben, da die Ausgabe des Badius vergriffen und seiner Meinung nach zu fehlerhaft sei. Was ihn zu Aldus hinzog, war neben der Berühmtheit dieser Firma zweifellos seine eigene Verliebtheit in dessen gefällige Typen, ‹die allerhübschesten Buchstäblein, die ganz winzigen vor allem›. Erasmus war einer jener echten Bücherfreunde, die ihr Herz an eine Type oder an ein Format verlieren, nicht um eines künstlerischen Vorzugs willen, sondern wegen der Lesbarkeit und Handlichkeit, die ihnen über alles geht. Ein ganz kleines Büchlein von geringem Preis wollte er von Aldus haben. Gegen das Ende des Jahres waren ihre Beziehungen so weit gediehen, daß Erasmus seine beabsichtigte Reise nach Rom vorläufig aufgab und nach Venedig übersiedelte, um dort die Aufsicht über die Herausgabe seines Werkes selbst zu führen. Es handelte sich nun nicht mehr allein um das kleine Bändchen Übersetzungen; Aldus hatte sich bereit erklärt, die zu erstaunlichem Umfang gediehene Sammlung der *Adagia* in Druck zu nehmen.

Beatus Rhenanus wußte später, zweifellos aus dem Munde des Erasmus selbst, zu erzählen[2], wie dieser sofort nach seiner Ankunft in Venedig in die Druckerei gegangen sei und dort lang habe warten müssen. Aldus war beim Korrekturenlesen und dachte, es sei einer der vielen Besucher aus Neugier, mit denen er geplagt sei. Als es herauskam, es sei Erasmus, begrüßte er ihn mit der größten Herzlichkeit, besorgte ihm Kost und Obdach bei seinem Schwiegervater Andrea Asolani. Mehr als acht Monate lebte Erasmus hier in der Umgebung, die fortan sein eigentliches Element sein sollte: in der Druckerei, im Fieber der hastigen Arbeit, über das er noch oft seufzen sollte, das aber doch zu seinem Geist so wunderbar paßte. Die erweiterte Sammlung der *Adagia* war zu Bologna noch nicht druckfertig geworden. ‹Mit einer großen Vermessenheit meinerseits›, bezeugt Erasmus

---

[1] A. 207, LB. IX. c. 1137.
[2] A. no. IV, t. I. p. 60.

selbst[1], ‹begannen wir gleichzeitig, ich zu schreiben, Aldus zu drucken.› Unterdessen brachten ihm die literarischen Freunde von der neuen Akademie, die er in Venedig kennengelernt hatte: Johannes Lascaris, Baptista Egnatius, Marcus Musurus und der junge Hieronymus Aleander, mit dem er bei Asolani Kammer und Bett teilte, neue griechische Autoren, die noch nicht gedruckt waren und wieder neuen Stoff für die Erweiterung der *Adagia* boten. Und keine geringen Autoren: Platon im Urtext, Plutarchs Lebensbeschreibungen und *Moralia*, Pindar, Pausanias und eine Anzahl anderer. Sogar Unbekannte brachten neues Material herbei. Mitten im Lärm der Druckerei saß Erasmus zum Erstaunen seines Verlegers und schrieb, oft aus dem Gedächtnis, in so geschäftiger Tätigkeit, daß er, wie er bildhaft sagte, keine Zeit hatte, sich die Ohren zu kratzen. Er war Herr und Meister in der Druckerei. Ein besonderer Korrektor stand zu seiner Verfügung; bis in die letzte Probe brachte er seine Textänderungen an. Auch Aldus las die Proben mit: ‹Warum?› fragte Erasmus; ‹um zugleich zu studieren›, war die Antwort. In diesen Tagen hatte Erasmus überdies noch mit den ersten Anfällen seiner quälenden Krankheit zu kämpfen, den Nierensteinen. Er schrieb das seiner Kost bei Asolani zu und hat sich später gerächt, indem er ein sehr gehässiges Bild dieses Kosthauses und seines Gastgebers in den *Colloquia* aufstellte[2]. Als die Ausgabe der *Adagia* im September 1508 vollendet war, wollte Aldus Erasmus noch festhalten, damit er weitere Bearbeitungen für ihn unternehme. Bis zum Dezember arbeitete er noch an einer Ausgabe des Plautus, Terenz und der Tragödien Senecas. Großartige Visionen von gemeinschaftlicher Herausgebertätigkeit mit Aldus, die alles umfassen sollte, was das klassische Altertum noch an unbekannten Schätzen barg, und überdies die hebräische und chaldäische Literatur, schwebten seinem Geiste vor.

---

1 *Adag.* 1001. LB. II. c. 405, id. 2001 c. 707 und *Respons. ad Albertum Pium*, LB. X. 1137.
2 *Opulentia sordida, Coll.* LB. I. 862.

Die Buchdruckerkunst

Erasmus gehörte zu der Generation, die mit dem Aufkommen der jungen Buchdruckerkunst aufgewachsen war. Diese war für die damalige Welt noch wie ein neu erworbenes Organ. Man fühlte sich mit dem ‹beinah göttlichen Werkzeug›[1] reich, mächtig und glücklich. Die ganze Figur und das gesamte Œuvre des Erasmus werden erst möglich durch die Buchdruckerkunst. Er selbst ist ihr glorreicher Triumph und zugleich in gewissem Sinn ihr Opfer. Was wäre Erasmus ohne den Buchdruck gewesen? Die alten Quellen überall bekannt zu machen, zu reinigen und wiederherzustellen, das war ja die Leidenschaft seines Lebens. Die Gewißheit, daß das gedruckte Buch Tausenden denselben Text vollkommen gleich vorlege, war ihm ein Trost, den die früheren Geschlechter entbehrt hatten. Erasmus ist einer der ersten, die, nachdem ihr Schriftstellername einmal gefestigt war, unmittelbar und dauernd für die Druckerei gearbeitet haben. Das ist seine Stärke und seine Schwäche. Auf diese Weise ist er imstande gewesen, einen direkten Einfluß auf das lesende Europa auszuüben, wie er von niemand zuvor ausgegangen war. Durch den Buchdruck konnte er im vollen Sinn des Wortes ein Kulturzentrum werden, eine geistige Zentralstation, ein Prüfstein der Zeitgedanken. Man stelle sich einen Augenblick vor, daß beispielsweise jener vielleicht größere Geist, der noch daran mitgewirkt hatte, die Druckerkunst in ihrer allerersten Zeit großzuziehen, der Kardinal Nikolaus von Cues, sich selbst diese Kunst hätte zunutze machen können, so wie es Erasmus gegeben war! – Das Gefährliche an dieser veränderten Lage war dies: Nachdem Erasmus einmal Zentrum und Autorität geworden war, erlaubte ihm die Druckerkunst, alles, was vor seinen Geist trat, sofort vor der Welt auszusprechen. Wieviel von seiner späteren Geistesarbeit ist doch eigentlich ein Wiederholen, Wiederkäuen, Erweitern, eine unnötige Verteidigung gegen Angriffe, die er sehr gut an seiner Größe abprallen lassen konnte, über Kleinigkeiten, die er sehr wohl hätte lassen können. Vieles von dieser Arbeit, die unmittelbar für die Presse geschrieben wurde, ist im Grunde Journalistik, und wir tun Erasmus Un-

---

1 A. 919. 10.

recht, wenn wir hier das Maß des Ewigkeitswertes anlegen. Das Bewußtsein, man könne mit seinem Wort sofort die ganze Welt erreichen, ist ein Reiz, der unbewußt die Art der Äußerung beeinflußt, und ein Luxus, den nur die allerhöchsten Geister ungestraft tragen können.

Das verbindende Glied zwischen Erasmus und dem Buchdruck ist das Latein. Ohne seine unvergleichliche Latinität wäre seine Stellung als Schriftsteller unmöglich gewesen. Die Drukkerkunst hat den Gebrauch des Lateins ohne Zweifel gefördert. Die lateinischen Ausgaben waren es, die damals dem Verleger Erfolg und Absatz versprachen und seinen Namen befestigten; denn sie durchliefen die Welt. Die besten Verleger waren selbst Gelehrte und erfüllt von der Begeisterung für den Humanismus. Gebildete und wohlhabende Persönlichkeiten arbeiteten als Korrektoren bei einem Drucker, wie der Stadtschreiber von Antwerpen, Peter Gilles, der große Freund von Erasmus und More, bei Dirk Maertens. Die großen Druckereien waren auch in lokalem Sinn die Brennpunkte des geistigen Verkehrs. Die Tatsache, daß England bisher in der Entwicklung der Buchdruckerkunst zurückgeblieben war, hat sicher nicht wenig dazu beigetragen, daß Erasmus dort, wo ihn im übrigen so viele Bande festhielten und Vorteile lockten, nie eine bleibende Stätte gefunden hat.

Besuch in Rom

Eine bleibende Stätte zu finden war ihm übrigens auch ohnedies immer schwer genug. Ende 1508 nahm Erasmus die Stelle eines Lehrers in rhetorischen Fächern beim jungen Alexander Stewart an, einem natürlichen Sohn des Königs von Schottland, Jakob IV., der trotz seines jugendlichen Alters bereits Erzbischof von St. Andrews war und in Padua studierte. Die Kriegsgefahr nötigte ihn alsbald, aus Oberitalien nach Siena zu fliehen. Von dort aus bekam Erasmus Urlaub, Rom zu besuchen. In den ersten Monaten von 1509 kam er dort an, nicht mehr als ein unbekannter Mönch aus dem Norden, sondern als ein gefeierter Autor. Der ganze Zauber der Ewigen Stadt lag vor ihm offen, und sicher waren ihm die Auszeichnung und das Entgegenkommen, mit dem ihn einige der Kardinäle und Prälaten behandelten, kein geringer Genuß: Giovanni de' Medici, der spätere Leo X., Domenico Grimani, Raffaello Riario und andere. Man scheint ihm sogar eine Stellung an der Kurie angeboten zu haben. Aber er mußte zurück zu seinem jungen Erzbischof, mit dem er darauf Rom zum zweiten Male besuchte und dann in die Gegend von Neapel reiste. Dort betrat er die Höhle der Sibylle von Cumae. Was ihm das bedeutet hat, wissen wir nicht. Denn aus dieser ganzen Periode seit seiner Abreise aus Padua und der ganzen folgenden bis zum Frühling 1511, die in gewisser Hinsicht die bedeutungsvollste Zeit seines Lebens darstellt, ist uns kein einziger seiner Briefe erhalten. Hin und wieder hat er viel später wohl einmal von einzelnen Eindrücken, die er in Rom empfing, gesprochen[1], aber das Ganze bleibt undeutlich. Es ist die Inkubationszeit des ‹Lobes der Narrheit›, welche sich somit unserer Wahrnehmung entzieht.

Thronbesteigung Heinrichs VIII.

Am 21. April 1509 war König Heinrich VII. von England gestorben. Sein Nachfolger war der junge Prinz, den Erasmus 1499 zu Eltham begrüßt, dem er sein Gedicht über das Lob Großbritanniens gewidmet und der ihn während seines Aufenthaltes in Bologna durch einen lateinischen Brief ausgezeichnet hatte, der für Erasmus ebenso ehrenvoll ist wie für den fünfzehnjährigen königlichen Latinisten[2]. Wenn je die Aussicht auf einen Beschützer günstig schien, so war es jetzt, als dieser vielversprechende Freund der Studien als Heinrich VIII. den Thron bestieg. So dachte auch Lord Mountjoy, der treueste Mäzen des Erasmus, und machte ihn in einem Brief vom 27. Mai 1509[3] darauf aufmerksam. Es sei eine Lust, schrieb er, wie weise, wie stark, wie rechtschaffen und wie gerecht, wie eifrig für die Studien und die Literaten der junge Fürst sich benehme. Mountjoy oder

---

1 LBE. c. 1375, sein Besuch bei Kardinal Grimani.
2 A. 206, wo man sein Urteil über den Anteil des Prinzen an der Komposition auf Allens Vorbemerkung stützen kann.
3 A. 215.

Ammonius, der höchstwahrscheinlich das blumenreiche Schriftstück für ihn aufgesetzt hat, jubelte buchstäblich. Ein lachender Himmel und Tränen der Freude sind das Thema des Briefes. Offenbar hatte übrigens Erasmus schon selbst, sofort als die Nachricht vom Tode Heinrichs VII. in Rom bekannt geworden war, bei Mountjoy seine Chancen sondiert, nicht ohne Klagen über seine Sorgen und seine geschwächte Gesundheit. ‹Der Erzbischof von Canterbury›, konnte Mountjoy berichten, ‹ist nicht allein dauernd in deine *Adagia* vertieft und preist dich über die Maßen, er verspricht auch ein Benefiz, wenn du zurückkehrst, und sendet inzwischen fünf Pfund als Reisegeld.› Mountjoy verdoppelte die Summe. Ob Erasmus wirklich gezögert hat, bevor er seinen Entschluß faßte, wissen wir nicht. Kardinal Grimani hat, wie Erasmus erzählt, versucht, ihn zurückzuhalten, aber vergeblich[1]. Im Juli 1509 verließ er Rom und Italien, um nie mehr zurückzukehren.

Während er zum zweiten Male über die Alpen ritt, diesmal nicht auf der französischen Seite, sondern über den Septimer[2] durch die Schweiz, berührte ihn aufs neue sein Genius, wie es schon drei Jahre früher in jener hohen Luft auf dem Weg nach Italien geschehen war. Diesmal kam er nicht in Gestalt der lateinischen Muse, die ihm damals kunstreiche und nicht unempfundene dichterische Meditationen über sein vergangenes Leben und fromme Gelübde für die Zukunft entlockt hatte. Was jetzt in seinem Geiste keimte und aufwuchs, war etwas viel Feinsinnigeres und viel Größeres: das Lob der Narrheit.

---

1 LBE. no. 1175, c. 1375 D. Siehe A. 216 intr.
2 Wohl nicht über den Splügen, wie ich früher gemeint habe. Im XVI. Jahrhundert war noch fast ausschließlich der Septimer in Gebrauch, s. Traugott Geering, Handel und Industrie der Stadt Basel. 1886, S. 204 f.

9. Das Lob der Narrheit

Moriae Encomium, das Lob der Narrheit

Während des Rittes über die Bergpässe[1] beschäftigte sich sein ruheloser Geist, der nun für einige Tage von keiner bestimmten Arbeit gefesselt war, mit allem, was er in den vergangenen Jahren studiert und gelesen, mit allem, was er gesehen hatte. Welcher Ehrgeiz, welcher Selbstbetrug und Hochmut, welche Einbildung, und wie voll war die Welt davon! Er dachte an Thomas More, den er nun bald wiedersehen sollte, den geistreichsten und weisesten seiner Freunde, mit diesem Namen Moros, auf griechisch Tor, der so wenig zu seinem Wesen paßte. Und in Vorwegnahme der heiteren Scherze, die er sich von seinem Verkehr mit More von neuem versprach, erstand vor seinem Geist jenes Meisterstück von Humor und weiser Ironie, *Moriae Encomium*, das Lob der Narrheit. Die Welt als die Bühne der allgemeinen Torheit, die Torheit als das unentbehrliche Element, das Leben und Gesellschaft ermöglicht, und dies alles der *Stultitia* in den Mund gelegt, der Torheit selbst, der wahren Gegenspielerin der *Minerva*, die in einer Lobrede auf ihre eigene Macht und Nützlichkeit sich selbst preist. Der Form nach eine *Declamatio*, wie er sie wohl aus dem Griechischen des Libanius übersetzt hatte. Dem Geist nach ein Wiederaufleben Lukians, dessen *Gallus*, den er drei Jahre vorher übersetzt hatte, ihm das Thema eingegeben haben kann.

Es müssen in diesem glänzenden Hirn unvergleichlich helle

---

[1] Daß die Konzeption in den Alpen stattfand, ergibt sich aus der Tatsache, daß er sagt, er habe es beim Reiten überdacht; von Straßburg an reiste er aber zu Schiff. A. no. IV. 216, t. I. p. 62.

Augenblicke gewesen sein. All die Einzelheiten aus der klassischen Lektüre, die er im vorigen Jahr in seiner neuen Ausgabe der *Adagia* verarbeitet hatte, standen in diesem unbegreiflich sicheren und weiten Gedächtnis noch zur Verfügung und noch so viel darüber hinaus. Wie in einem behaglichen Wiederkäuen all jener Weisheit der Alten sonderte er die Säfte ab für sein Werk.

Die ‹Moria› als Kunstwerk

Er kam in London an, nahm Wohnung in Mores Haus in Bucklersbury und schrieb dort, gequält von Nierenschmerzen und ohne Bücher, in einigen Tagen[1] dieses vollendete Kunstwerk nieder, das fertig in seinem Haupt gestanden haben muß. In Wahrheit wurde *Stultitia* nach der Art ihrer ernsthaften Schwester *Pallas* geboren.

Nach Absicht und Ausführung ist die *Moria* untadelig, die Frucht eines begnadeten Augenblicks von Schaffensdrang. Die vorgestellte äußere Szene, eine Rednerin vor ihrem Publikum, ist mit einem einzigen leichten Pinselstrich bis zum Ende hin meisterhaft durchgeführt. Man sieht die Gesichter der Zuhörer plötzlich aufleuchten, wie die Torheit auftritt; man hört den Applaus, mit dem jene ihre Worte unterbrechen. Es herrscht ein Reichtum der Phantasie, gepaart mit so viel Einfachheit in Linie und Farbe, eine solche Zurückhaltung, daß ein Bild jener vollkommenen Harmonie entsteht, die das tiefste Wesen der Renaissance ausmacht. Da gibt es kein Übermaß trotz der Vielheit von Stoff und Gedanken, sondern es herrschen eine Mäßigung, eine Ebenheit, ein Licht und eine Heiterkeit, die ebenso erfreuend wie entspannend wirken. Um die ästhetische Vollkommenheit dieser Schrift des Erasmus zu begreifen, muß man sie neben Rabelais legen.

---

1 A. 337.

Torheit als Triebkraft allen Lebens

Ohne mich – spricht die Torheit – kann die Welt keinen Augenblick bestehen. ‹Was wird denn unter Sterblichen verrichtet, das nicht voll ist von Torheit, das nicht von Toren und unter Toren getan würde?[1]› ‹Keine Gemeinschaft, keine Geselligkeit kann ohne Torheit angenehm oder dauerhaft sein, so wenig, daß weder das Volk den Fürsten, noch der Herr den Knecht, noch die Magd die Frau, noch der Lehrer den Schüler, noch der Freund den Freund, noch die Frau ihren Gemahl einen Augenblick länger ausstehen könnten, wenn sie nicht ab und zu wechselweise etwas irrten, bald einander schmeichelten, bald sich verständig durch die Finger sähen, bald sich etwas Honig der Torheit an die Lippen strichen.[2]› In diesen Sätzen liegt kurz der Inbegriff der *Moria*. Torheit ist hier Lebensweisheit, Resignation und schonendes Urteil.

Wer im Spiel des Lebens andern die Masken wegreißt, wird herausgeworfen[3]. Was ist das ganze Leben der Sterblichen anderes als eine Art Theaterstück, wo jeder mit einer andern Maske auftritt und seine Rolle spielt, bis der Regisseur ihn abtreten heißt? Der handelt verkehrt, der sich dem Bestehenden nicht einfügt und verlangt, daß das Spiel kein Spiel mehr sein solle. Dies ist der wahrhaft Verständige, der unter den anderen Menschen entweder bereitwillig die Augen zudrückt oder gutmütig mit in die Irre geht.

Und die notwendige Triebkraft für all dieses Handeln der Menschen ist *Philautia*, der Torheit eigene Schwester, die Eigenliebe[4]. Wer sich selbst nicht gefällt, bringt nichts mehr zustande. Nimm diese Würze des Lebens weg, und des Redners Wort erstarrt, der Dichter wird ausgelacht, der Maler geht mit seiner Kunst zugrunde.

Torheit, in der Gestalt von Hochmut, Eitelkeit und Ruhmsucht, ist die Springfeder für alles, was in der Welt für hoch und

---

1 c. 25, p. 48. Zitiert nach J. B. Kan, ‹Μωρίας ἐγκώμιον, *Stultitiae Laus, Des. Erasmi Rot. declamatio*›, Hagae-Com. 1898.
2 c. 21, p. 34.
3 c. 29, p. 48 s.
4 c. 22, p. 35–36.

groß gilt[1]. Der Staat mit seinen Ehrenämtern, die Vaterlandsliebe und der nationale Stolz, der Pomp der Feierlichkeiten, der Standes- und Adelsdünkel, was ist das anderes als Torheit? Die Quelle aller Heldentaten ist der Krieg, das Törichtste von allem. Was bewog die Decier, was Curtius zu ihrer Selbstopferung? Eitler Ruhm! Diese Torheit ist es, die die Staaten hervorbringt, durch sie bestehen die Weltreiche, die Religion und die Gerichte.

Das ist verwegener und kälter als Machiavelli und vorurteilsloser als Montaigne. Aber Erasmus will es nicht gewesen sein: die Torheit ist es, die das sagt! Immer läßt er uns absichtlich uns herumdrehen im *circulus vitiosus* des Spruches: ‹Ein Kretenser sagte: alle Kretenser sind Lügner.›

Weisheit verhält sich zur Torheit wie die Vernunft zu den Empfindungen[2]. Und es gibt in der Welt viel mehr Affekt als Vernunft. Was die Welt aufrechterhält, der Brunnquell des Lebens, ist die Torheit. Denn was ist die Liebe anderes? Warum heiratet man, wenn nicht aus einer Torheit, die keine Schwierigkeiten sieht? Aller Genuß und alles Vergnügen ist nur eine Würze von Torheit. Wenn der Weise Vater zu werden wünscht, muß er erst die Torheit zu Hilfe nehmen. Denn was ist törichter als das Spiel der Zeugung?

Unvermerkt ist hier unter Torheit alles eingeschlossen, was Lebenstrieb und Lebensmut ist. Torheit ist die spontane Energie, ohne die niemand auskommen kann. Wer vollkommen verständig und ernst ist, der kann nicht leben[3]. Je weiter sich jemand von mir, Torheit, entfernt, desto weniger lebt er. Was wäre sonst der Grund, daß wir die kleinen Kinder küssen und herzen, als weil sie noch so herrlich töricht sind? Und was sonst macht denn die Jugend so hübsch?

Nun seht aber den wirklich Ernsthaften und Verständigen[4]! Alles greift er verkehrt an, bei der Mahlzeit, beim Tanz, beim Spiel, beim geselligen Gespräch. Muß er etwas kaufen oder eine Übereinkunft abschließen, dann geht es sicher schief. Quintilian

1 c. 23, 27, 42, 43.
2 c. 27, 11, 12.
3 c. 13.
4 c. 25.

sagt, das Lampenfieber verrate den einsichtsvollen Redner, der seine Fehler kenne[1]. Gut, aber bekennt denn Quintilian nicht öffentlich, daß die Weisheit der guten Ausführung einer Sache im Wege stehe? Und hat *Stultitia* dann nicht das Recht, *Prudentia* für sich zu vindizieren[2], wenn der Weise aus Scham und Schüchternheit nichts anpackt, während der Tor frisch drauflosgeht?

Hier greift Erasmus psychologisch sehr tief. In der Tat: das Bewußtsein der Unzulänglichkeit als der Hemmschuh des Handelns, das ist die große retardierende Kraft, die den Weltlauf verlangsamt. Kannte er sich selbst als einen von denen, die sich nicht zu helfen wissen, wenn sie nicht hinter ihren Büchern sitzen, sondern Menschen und Dingen gegenüberstehen?

Torheit ist Heiterkeit und Frische und zum glücklichen Dasein unentbehrlich[3]. Der Mensch mit reiner Vernunft ohne Leidenschaften ist ein steinernes Bild, stumpf und ohne irgendein menschliches Gefühl, ein Gespenst oder Ungeheuer, vor dem alle fliehen. Er ist taub für alle Rührungen der Natur, für keine Liebe noch für Mitleid empfänglich. Nichts entgeht ihm, in nichts irrt er, alles durchschaut er, alles wägt er genau ab, nichts verzeiht er, nur mit sich selbst ist er zufrieden, er allein ist gesund, er allein König, er allein frei. Es ist die erschreckende Figur des Doktrinärs, die Erasmus vor sich sieht. Welcher Staat, ruft er aus, möchte sich einen so vollkommenen Weisen zur Obrigkeit wünschen?

Müßte einer im vollen Besitz seiner weisen Klarheit die Widerwärtigkeiten des Lebens voll auskosten, er nähme sich unverzüglich das Leben[4]. Nur die Torheit bietet eine Zuflucht: irren, sich täuschen, unwissend sein, das heißt Mensch sein. Wieviel besser, in der Ehe blind zu sein für die Fehler der Ehefrau, als in Eifersucht sich zugrunde zu richten und alles mit Tragödien zu erfüllen! Schmeichelei ist Tugend. Keine Treue ohne ein wenig Schmeichelei. Die Beredsamkeit, die Arzneikunst, die Poesie,

---

1 c. 24.
2 c. 29.
3 c. 30.
4 c. 31, 32, 44.

sie bestehen aus Schmeichelei. Sie ist der Honig und die Süßigkeit aller menschlichen Sitten.

Wieder ist eine Reihe wertvoller gesellschaftlicher Eigenschaften unvermerkt in die Torheit einbegriffen: Wohlwollen, Freundlichkeit, Neigung zu Billigung und Bewunderung.

Doch vor allem die Billigung seiner selbst[1]. Um andern wohlgefallen zu können, muß man anfangen, sich selbst etwas zu schmeicheln und gut zu gefallen. Was wäre die Welt, wenn nicht jeder stolz wäre auf seinen Stand, seinen Beruf, so daß niemand sein Aussehen, seinen Geist, seine Familie, sein Land mit einem andern tauschen möchte!

Der Humbug ist das Wahre[2]. Warum sollte man die wahre Bildung erstreben? Je unfähiger jemand ist, um so bequemer hat er es, und um so mehr wird er bewundert. Man betrachte doch einmal die Professoren, Dichter und Redner! Denn des Menschen Geist ist so beschaffen, daß er viel mehr vom Bluff gepackt wird als von der Wahrheit. Man gehe nur in die Kirche; wenn da über ernsthafte Dinge gepredigt wird, sitzt alles schlummernd und gähnend und voll Langeweile. Aber wenn der Redner das eine oder andere Altweibergeschichtchen zu erzählen beginnt, dann werden sie munter, setzen sich aufrecht und hängen an seinen Lippen.

Betrogen zu werden, sagen die Philosophen, ist ein Unglück; aber nicht betrogen zu werden, ist das allergrößte[3]. Wenn es menschlich ist, zu irren, warum soll man denn den Menschen darum unglücklich nennen, daß er irrt, da er doch so geboren und so erschaffen ist und es das allgemeine Los ist? Beklagt man den Menschen vielleicht auch, weil er nicht fliegen kann, oder weil er nicht auf vier Beinen geht? Ebensogut könnte man das Pferd unglücklich nennen, weil es keine Grammatik lernt und keinen Kuchen ißt. Nichts ist unglücklich, wenn es seiner Natur gemäß lebt. Zum äußeren Verderben der Menschen sind die Wissenschaften erdacht worden; denn sie dienen so wenig zum Glück, daß sie sogar dem im Wege stehen, wozu sie erfunden sein sollen. Durch das Werk böser Dämonen haben sie sich ge-

---

1 c. 22.
2 c. 42, 45.
3 c. 45 und c. 32.

meinsam mit den anderen Pesten des menschlichen Lebens eingeschlichen. Denn das einfache Volk des goldenen Zeitalters lebte ja glücklich und war mit gar keiner Wissenschaft ausgerüstet, sondern allein durch die Nacht und den Instinkt geleitet. Wozu brauchte man die Grammatik, da alle dieselbe Sprache redeten? Wozu die Dialektik, als es weder Zwist noch Meinungsunterschiede gab? Wozu die Rechtsgelehrsamkeit, da es keine bösen Sitten gab, denen die guten Gesetze entsprungen sind? Sie waren zu fromm, um in vermessener Neugierde die Geheimnisse der Natur, die Größen, Bewegungen und Wirkungen der Gestirne, die verborgenen Ursachen der Dinge erforschen zu wollen.

Es ist der Gedanke, der im Altertum vorbereitet war, der hier von Erasmus eben flüchtig ausgesprochen und später von Rousseau in bitterem Ernst verkündet wird: die Bildung ist ein Übel.

Weisheit ist Unglück, aber Einbildung ist Glück[1]. Die Grammatiker, die das Zepter der Weisheit führen, daß heißt die Schulmeister, wären die geplagtesten unter den Menschen, wenn ich, Torheit, nicht das Ungemach ihres elenden Berufs mit einer Art süßen Wahnsinns linderte. Doch was von den Schulmeistern gilt, das gilt auch von den Dichtern, den Rhetoren, den Schriftstellern[2]; auch für sie besteht das Glück einzig in der Eitelkeit und dem Wahn. Die Rechtsgelehrten sind nicht besser, und auf sie folgen die Philosophen[3]. Und dahinter kommt die breite Schar der Geistlichen[4]: die Theologen, die Mönche, die Bischöfe, die Kardinäle, die Päpste, nur die Fürsten und Höflinge unterbrechen ihre Reihen.

1 c. 49.
2 c. 50.
3 c. 51, 52.
4 c. 53–60.

Die beiden Themen der Satire

In den Kapiteln[1], die diese Heerschau von Ämtern und Berufen enthalten, hat sich die Satire etwas verschoben. Durch das ganze Werk hin klingen ständig zwei Themen durcheinander: das von der heilsamen Torheit, die die wahre Weisheit ist, und das von der eingebildeten Weisheit, die lauter Torheit ist. Da ja beide von der Torheit gesungen werden, müßte man sie beide umkehren, um die Wahrheit zu bekommen, wenn nicht Torheit... Weisheit wäre. Nun ist es deutlich, daß das erstgenannte das Hauptthema ist. Davon geht Erasmus aus, dahin kehrt er zurück. Nur im mittleren Teil, der Heerschau der menschlichen Künste und Würden in ihrer allgemeinen Torheit, bekommt das zweite Thema die Oberhand und wird die Schrift eine gewöhnliche Satire auf die menschliche Torheit, wie es deren so viele, wenn auch wenige ebenso feine gibt. In den andern Teilen ist das Lob etwas viel Tieferes als eine solche Satire.

Ab und zu entgleist die Satire einen Augenblick, nämlich wenn *Stultitia* regelrecht das tadelt, was Erasmus tadeln will, wie den Ablaß oder einfältigen Wunderglauben und selbstsüchtige Heiligenverehrung[2] oder die Spieler, die sie, die Torheit, preisen müßte, oder den Geist der Reguliersucht und Gleichmacherei und die Eifersucht der Mönche.

Für die Zeitgenossen hat die Bedeutung der *Laus Stultitiae* zu einem nicht geringen Teil in der direkten Satire gelegen. Ihre bleibende Kraft liegt dort, wo man wirklich zustimmt, daß Torheit Weisheit sei und Weisheit Torheit. Erasmus weiß, wie unerforschlich der Grund aller Dinge ist: jedes konsequente Durchdenken der Lehrsätze des Glaubens leitet auf das Absurde[3]. Man sehe nur die theologischen Spitzfindigkeiten der verdorrten Scholastik. Die Apostel hätten sie nicht begreifen können und hätten in den Augen der jüngern Theologen Toren geheißen. Die Heilige Schrift selbst stellt sich auf die Seite der Torheit. ‹Die Torheit Gottes ist weiser als die Menschen sind›, sagt Pau-

---

1 Die Einteilung in Kapitel stammt nicht von Erasmus, sondern erst von einem Herausgeber von 1765.
2 c. 40, 39, 54.
3 c. 53. 65.

lus, ‹aber was vor der Welt töricht ist, hat Gott auserwählt.› ‹Es hat Gott gefallen, durch die Torheit (der Predigt) selig zu machen, die daran glauben.›[1] An den Einfältigen und Unwissenden hat Christus Wohlgefallen gehabt: an Kindern, Frauen, armen Fischern, ja auch an denjenigen Tieren, die am weitesten von der Verständigkeit der Füchse entfernt sind: am Esel, auf dem er reiten wollte, an der Taube, am Lamm, an den Schafen.

Die höchste Torheit: Ekstase

Hier verbirgt der scheinbar lose Scherz einen tiefen Hintergrund. ‹Es scheint wirklich, die christliche Religion habe eine Art Verwandtschaft mit einer gewissen Torheit.[2]› Hieß es nicht, die Apostel seien voll süßen Weines? und sprach der Richter nicht: du rasest, Paulus? – Was nennt man Raserei? Wenn der Geist seine Fesseln bricht und aus seinem Kerker zu entfliehen sucht und nach Freiheit strebt. Das ist Wahnsinn, aber das ist auch die Lösung vom Irdischen und die höchste Weisheit. Das wahre Glück liegt im Außer-sich-sein[3], in der Raserei der Liebenden, die Platon das Glücklichste von allem nennt: Je absoluter die Liebe ist, um so größer und seliger ist die Raserei. Die himmlische Seligkeit selbst ist das höchste Von-Sinnen-sein, der wahre Fromme genießt einen Schatten davon schon auf Erden in seinen Meditationen.

Hier bricht *Stultitia* ihre Rede ab, entschuldigt sich nur mit einem kurzen Wort, wenn sie vielleicht zu unverschämt oder zu gesprächig gewesen sei, und verläßt die Rednerbühne. ‹So lebt wohl, spendet Beifall, laßt's euch wohl sein und trinkt, ihr edlen Jünger der *Moria*!›

---

1 1. Cor. I, 25, 27, 21.
2 c. 66.
3 c. 67.

Die ‹Moria› – ein fröhlicher Scherz

Es war ein beispielloses Kunststück, sogar in diesen letzten Kapiteln weder den leichten, komischen Ton zu verlieren, noch in offene Profanation zu verfallen. Es war nur möglich durch eine wahre Seiltänzerei auf dem Seil der Sophistik. Erasmus schwebt in der *Moria* stets an der Grenze sehr tiefer Wahrheiten. Doch welch eine Gnade besaß diese Zeit noch, all das in Heiterkeit behandeln zu können! Denn dies muß so nachdrücklich wie möglich festgehalten werden, daß das *Moriae Encomium* echter, fröhlicher Scherz ist. Das Lachen ist feiner, aber nicht weniger herzlich als das von Rabelais. ‹*Valete, plaudite, vivite, bibite.*› – ‹Das ganze gemeine Volk überfließt so sehr und überall von so viel Arten der Torheit, daß tausend Demokrite nicht genügen würden, um darüber zu lachen (und sie selbst brauchten wieder einen andern Demokrit, um sie auszulachen).[1]›

Wie kann man heute – wie manche tun – die Satire der *Moria* allzu ernst nehmen, wenn sogar Mores *Utopia*, die das wahre Gegenstück dazu bildet, und die uns oft so bitter ernst anmutet, von ihrem Verfasser und von Erasmus als reiner Scherz behandelt wird[2]? Es gibt eine Stelle, wo die *Moria* zugleich More und Rabelais zu berühren scheint[3], dort wo *Stultitia* von ihrem Vater *Plutus* spricht, dem Gott des Reichtums, auf dessen Wink alles Unterste zuoberst gekehrt wird und nach dessen Willen alle menschlichen Dinge geschehen: Krieg und Friede, Regierung und Ratschluß, Gerichtsentscheide und Verträge. Er hat mit der Nymphe *Jugend* die *Moria* gezeugt, nicht als ein verlebter, kurzsichtiger *Plutus*, sondern als ein frischer Gott, warm von Jugend und von Nektar, als ein anderer *Gargantua*.

1 c. 48.
2 A. 449. 40–60, 537. 17, 832. 37.
3 c. 7.

Narren und Irre

Die Figur der Torheit neigt sich riesenhaft groß über das Zeitalter der Renaissance. Sie trägt Schellen und Narrenkappen. Man lacht laut und unbefangen über alles, was Torheit ist, ohne einen Unterschied zu machen in der Art dieser Torheit. Es ist bemerkenswert, daß auch in der *Moria*, so fein sie ist, kein Unterschied gemacht wird zwischen Unverständigen und Blödsinnigen, Narren und Irrsinnigen. Holbein kennt, wenn er Erasmus illustriert, nur die eine Darstellung für den Toren: mit Stab und Eselsohren. Erasmus selbst spricht ohne deutlichen Übergang bald von unverständigen Leuten und bald von wirklich Irrsinnigen[1]. Sie sind am glücklichsten, läßt er *Stultitia* sagen, sie werden nicht geängstigt von Gespenstern und Erscheinungen, sie werden nicht gequält von Furcht vor drohendem Unheil. Sie bringen überall Vergnügen hin, Scherz, Spiel und Lachen. Offenbar hat er hier gutmütige Idioten im Auge, die in der Tat oft als Narren mißbraucht wurden. Diese Gleichsetzung von Unverstand und Wahnsinn dauert auch später fort, ebenso wie die Vermengung des Komischen mit dem einfach Lächerlichen; und dies alles ist freilich geeignet, uns empfinden zu lassen, wie fern wir doch eigentlich schon von Erasmus stehen.

Die ‹Moria› im Urteil ihres Verfassers, der Mitwelt und der Nachwelt

Erasmus selbst hat später von seiner *Moria* stets verkleinernd gesprochen. Er habe dieses sein Werk so gering geachtet, sagt er, daß er es nicht einmal der Herausgabe wert gehalten habe; aber doch sei kein anderes mit größerem Beifall aufgenommen worden. Es sei eine Spielerei gewesen und gar nicht nach seinem Sinn. More habe es ihn schreiben lassen, wie wenn man ein Kamel tanzen ließe[2]. Doch diese geringschätzigen Äußerungen geschahen nicht ohne Nebenabsicht. Er hatte mit der *Moria*

---

[1] c. 35, 36, 38, 39.
[2] A. no. I, t. I. p. 19, *De Copia*, LB. I. 110 D, *Adagia* no. 1140, LB. II. c. 460 F, A. 999. 120.

nicht lauter Erfolg und Freude erlebt. Seine außerordentlich schnell gekränkte Zeit hatte die Satire sehr übel aufgenommen, wo sie Ämter und Orden zu treffen schien, obwohl er sich schon in der Vorrede gegen den Vorwurf der Unehrerbietigkeit zu sichern gesucht hatte. Sein keckes Spiel mit den Texten der Heiligen Schrift war manchem Leser zu gewagt: er habe mit dem ewigen Leben seinen Spott getrieben, hielt ihm sein Freund Maarten van Dorp vor[1]. Erasmus tat, was er konnte, um die Übeldenkenden zu überzeugen, daß der Zweck der *Moria* kein anderer gewesen sei, als zur Tugend zu ermahnen. Er tat damit seinem Werk unrecht, es war viel mehr als das; doch er selbst war 1515 nicht mehr, was er 1509 gewesen war. Noch zu wiederholten Malen hat er sein geistvolles Werk verteidigen müssen: wenn er gewußt hätte, daß es so sehr kränken würde, hätte er es vielleicht zurückgehalten, schreibt er 1517 an einen Bekannten in Löwen[2]. Noch am Ende seines Lebens wehrte er in einer ausführlichen Abhandlung die Verdächtigungen des Alberto Pio von Carpi ab, die sich auf die *Moria* bezogen[3].

Erasmus hat nichts mehr in der Art der *Moria* geschrieben. Man könnte den Traktat, den er 1525 herausgab, *Lingua*, als einen Versuch betrachten, ein Pendant zum ‹Lob der Narrheit› zu geben. ‹Über den Gebrauch und Mißbrauch der Zunge› heißt die Schrift. Im Anfang liegt etwas darin, das an den Stil der *Moria* erinnert, aber ihr ganzer Zauber fehlt hier, in der Form und in den Gedanken.

Ist Erasmus darum zu beklagen, daß von all seinen in zehn Foliobänden vereinigten Schriften eigentlich allein das ‹Lob der Narrheit› wirklich lebendig geblieben ist? Es ist vielleicht zusammen mit den *Colloquia* das einzige unter seinen Werken, das noch um seiner selbst willen gelesen wird. Der Rest wird nur noch vom historischen Gesichtspunkt aus studiert, zu dem Zweck, seine Person oder seine Zeit kennenzulernen. Es scheint mir, daß hier die Zeit vollkommen recht getan hat. ‹Das Lob der Narrheit› ist sein bestes Werk gewesen. Andere schrieb er, die gelehrter, vielleicht frömmer, möglicherweise auch von ebenso

1 A. 337.
2 A. 739, 749. 7.
3 LB. IX. 1136–1143.

großem oder größerem Einfluß auf seine Zeit gewesen sind. Sie haben ihre Zeit gehabt. Unvergänglich sollte allein das *Moriae Encomium* sein. Denn erst, wo der Humor diesen Geist durchleuchtete, wurde er wahrhaft tiefsinnig. Im ‹Lob der Narrheit› gab Erasmus etwas, das kein anderer als er der Welt hätte geben können.

10. Zum dritten Mal in England

Vom Augenblick an, da Erasmus im Vorsommer 1509 aus Italien zurückkehrt und im Hause Mores untertaucht, um dort in wenigen Tagen das ‹Lob der Narrheit› niederzuschreiben, bis er beinahe zwei Jahre später auf dem Weg nach Paris wieder auftaucht mit der Absicht, das Buch dort bei Gilles Gourmont drukken zu lassen, fehlt jede Spur seines Lebens. Von den Briefen, die er in dieser Zeit schrieb und empfing, ist kein einziger erhalten. Vielleicht ist es die glücklichste Zeit seines Lebens gewesen; denn außer bei seinem bewährten Beschützer Mountjoy verbrachte er sie ja im Hause Mores, in jenem hochstehenden und geistreichen Kreis einer nach dem Geschmack des Erasmus idealen Familie. In diesem Kreis verkehrte auch jener Freund, den Erasmus während seines vorigen Aufenthaltes in England gewonnen hatte, und der vielleicht mehr als irgend jemand sonst sein Geistesverwandter war, Andreas Ammonius. Es ist nicht unwahrscheinlich, daß er in diesen Monaten ungestört für die Studien, zu denen ihn sein Herz zog, hat arbeiten können, ohne Sorgen für die nächste Zukunft und noch nicht beschwert von dem übergroßen Ruhm, welcher ihm später ebensosehr Last wie Freude sein sollte.

Erasmus in Cambridge

Diese Zukunft war übrigens noch immer unsicher genug. Sobald er Mores Gastfreiheit nicht mehr genießt, beginnen auch die Plackereien und Klagen wieder. Die andauernde Armut, Unsicherheit und Abhängigkeit waren für diesen Geist, der vor allem Freiheit brauchte, wohl besonders bitter. In Paris wurde er mit Badius über eine neue, durchgesehene Ausgabe der *Adagia* einig, obwohl die aldinische noch für mäßigen Preis im Handel zu haben war[1]. Kaum bei Gourmont erschienen, wurde die *Moria* schon im August 1511 in Straßburg nachgedruckt, zwar mit einem höflichen Brief Jakob Wimpfelings an Erasmus, aber offensichtlich ohne daß man diesen von dem Vorhaben in Kenntnis gesetzt hatte[2]. Er war damals schon wieder in England, hatte in London am englischen Schweißfieber ernstlich krank gelegen und sich darauf nach Cambridge ins Queens College begeben, wo er schon früher einmal Aufenthalt genommen hatte. Von dort schreibt er am 24. August 1511 in einem Ton von wahrem Galgenhumor an Colet[3]. Auf der Reise von London hierher habe er Pech gehabt: ein hinkendes Pferd, keinen Reiseproviant, Regen und Unwetter: ‹Aber ich finde schon beinah Vergnügen daran, ich sehe vor mir den Pfad der christlichen Armut.› Eine Verdienstmöglichkeit sehe er nicht. Er werde alles, was er seinen Mäzenaten entreißen könne, wieder ausgeben müssen, er, der unter einem zornigen *Merkur* geboren sei.

Das klingt vielleicht etwas düsterer, als es gemeint war, aber ein paar Wochen später kehrt derselbe Ton wieder[4] anläßlich der Widmung einer Übersetzung des *Jesaja*-Kommentars von Basilius an den Bischof von Rochester: ‹O diese Bettlerschaft! Du lachst darüber, ich weiß es wohl. Aber ich bin mir selbst verhaßt und darum fest entschlossen, mir so oder so ein Vermögen zu verschaffen, das mich dieser Betteleien enthebt – oder ganz Diogenes nachzufolgen.› Colet, der selbst nie Geldsorgen gekannt hatte, begriff die Ausbrüche des Erasmus nicht recht. Er antwortete mit feiner Ironie und verdecktem Tadel; doch Erasmus tat, als verstehe er ihn nicht[5]. Sein jetziges Leben gleiche wohl einem Rätsel, spottet er: ‹Mitten im Überfluß leide ich Mangel›, ‹me simul et in media copia et in summa versari inopia›. Das ging auf die Druckvorbereitung des *De copia verborum ac rerum* für Badius mit einer Widmung an Colet. ‹Ich frage dich, was

1 A. 219. 4.
2 A. 224.
3 A. 225.
4 A. 227. 20.
5 A. 230, 237.

kann es Schamloseres oder Verworfeneres geben als mich, der ich schon so lange in England öffentlich betteln gehe?› Ammonius gegenüber beklagt er es, daß er Rom und Italien verlassen habe. Welch ein Glück hätte ihm dort gelacht! So wird er es auch später wieder bejammern, sich nicht bleibend in England festgesetzt zu haben. Wenn er seine Chancen nur wahrgenommen hätte! – Gehörte Erasmus nicht viel eher zu jenen Menschen, denen mit keiner Chance zu helfen ist[1]? Er quält sich weiter, und der Ton wird bitterer. ‹Ich mache einige Lockspeisen auf den ersten Januar zurecht, doch auch das wird umsonst sein›, schrieb er an Ammonius im Hinblick auf neue Übersetzungen aus Lukian und Plutarch[2].

In Cambridge hielt Erasmus Vorlesungen über Theologie und Griechisch, aber sie brachten ihm, wie es scheint, wenig Erfolg und sicher noch weniger Gewinn. Wohl war ihm nun endlich die lang ersehnte Pfründe zuteil geworden in der Form der Rektorei von Aldington in Kent, die ihm sein Beschützer, der Erzbischof William Warham, im März 1512 zuwies, wobei Erasmus aber bald der Residenzpflicht enthoben und ihm bewilligt wurde, eine jährliche Pension von zwanzig Pfund zu beziehen. Der Erzbischof betont ausdrücklich, daß diese Gunst gegen seine Gewohnheit Erasmus verliehen worden sei, da dieser ‹als ein Licht der Gelehrsamkeit in lateinischer und griechischer Wissenschaft aus Liebe zu England es verschmäht habe, in Italien, Frankreich oder Deutschland zu leben, um hier mit seinen Freunden den Rest seines Lebens zu beschließen›[3]. Man sieht, wie die Nationen bereits beginnen, Erasmus einander streitig zu machen.

Befreiung von allen Sorgen brachte ihm der Posten nicht. Der Verkehr und die Korrespondenz mit Colet bekamen durch die Geldangelegenheiten bei aller Heiterkeit des Scherzes und bei allem Wohlwollen einen bitteren Beigeschmack[4]. Das Suchen nach stets neuen Hilfsquellen in immer neuen Werken oder neuen Ausgaben der alten blieb für Erasmus eine harte Notwen-

---

1 A. 240. 29, 1032. 17, *Adag.* 3401, LB. II. c. 1050.
2 A. 241, 246.
3 A. 255.
4 A. 270.

digkeit. Die großen Arbeiten, die ihm am Herzen lagen und mit denen er sich nun in Cambridge unermüdlich beschäftigte, nachdem sie ihm schon so lange vorgeschwebt hatten, versprachen keinen augenblicklichen Vorteil. So sehr ging ihm die Begeisterung für seine ernste theologische Tätigkeit über alles, daß er ihr auch in diesen mühseligen Jahren seine besten Kräfte widmete. Es waren die Vorbereitung der großen Ausgabe der Werke des Hieronymus und die Bearbeitung des Textes des *Neuen Testamentes*, von Colets Geist inspiriert, unterstützt und gefördert.

Beziehungen zu den Verlegern Badius in Paris und Froben in Basel

Seinem Lebensunterhalt mußten andere Arbeiten dienen. Sein Vorrat war reich genug, und die Drucker verlangten danach; aber der Vorteil, der für den Verfasser dabei herauskam, war nicht groß. Seit er Aldus in Venedig verlassen hatte, war Erasmus mit seinen Werken zu dem Verleger zurückgekehrt, der schon 1505 für ihn gedruckt hatte, zu Jost Badius, dem Brabanter, der in Paris die ‹Ascensianische Presse›, *Prelum Ascensianum* (nach seinem Geburtsort Assche) errichtet hatte, der selbst ein Gelehrter war und als Universitätsdrucker mit Aldus in der Sorgfalt, mit der er die Werke der Klassiker herausgab, wetteiferte. Für diesen sollte er also, wie schon gesagt, die *Adagia* von neuem durchsehen. Der Grund, warum die *Moria* nicht bei Badius, sondern bei Gourmont erschien, bleibt uns dunkel; vielleicht hatte Badius nicht sofort Lust dazu. Von den *Adagia* versprach er sich um so mehr; doch das war ein Unternehmen von langer Dauer, und außerdem erwartete er noch die Änderungen und die Vorrede des Erasmus. Er fühlte sich sicher, denn jedermann wußte, daß er, Badius, die Ausgabe in Händen habe. Doch er hörte durch Gerüchte, daß man in Deutschland dabei sei, die aldinische Ausgabe nachzudrucken. Es habe also einige Eile, zu Ende zu kommen, schrieb er an Erasmus im Mai 1512[1]. Inzwischen hatte Badius noch eine große Zahl anderer Schriften

1 A. 263.

von Erasmus in Arbeit oder Aussicht genommen: *De copia*, das kurz darauf bei ihm erschien, dann auch die *Moria* schon in fünfter Auflage, die Dialoge Lukians; die Übersetzungen nach Euripides und Seneca sollten bald folgen. Er hoffte auch noch auf Briefe von Hieronymus. Für die *Adagia* hatten sie ein Honorar von 15 Gulden vereinbart. Für die Briefe des Hieronymus wollte Badius ebensoviel geben und noch einmal soviel für den Rest der Sendung. ‹Ach, wirst du sagen›, schrieb Badius, ‹was für ein gar geringes Sümmchen! Ich bekenne, daß ich durch keine Belohnung deinen Geist und Fleiß, dein Wissen und deine Arbeit aufwiegen könnte. Aber die schönste Belohnung werden dir die Götter und deine eigene Tugend schenken. Du hast dich bereits um die griechische und lateinische Wissenschaft über die Maßen verdient gemacht, auf diese Weise erwirbst du dir nun Verdienste um die heilige und göttliche, und du kommst deinem kleinen Badius zu Hilfe, der einen zahlreichen Nachwuchs und keinen Verdienst außer seinem täglichen Gewerbe hat.[1]›
Erasmus wird über diesen Brief geschmunzelt haben. Doch er nahm den Vorschlag gern an[2]. Er versprach, alles druckfertig zu machen und vollendete am 5. Januar 1513 in London die Vorrede zu den durchgesehenen *Adagia*, auf die Badius wartete. Doch nun geschah etwas sehr Sonderbares. Ein Agent, der für verschiedene Verleger in Deutschland und Frankreich mit den Schriftstellern unterhandelte, ein gewisser Franz Berckmann aus Köln, brachte das durchgesehene Exemplar der *Adagia* mit der Vorrede, das ihm Erasmus anvertraut hatte, damit er es Badius aushändige, statt nach Paris nach Basel zu Johannes Froben, der soeben ohne die Zustimmung des Erasmus die venezianische Ausgabe nachgedruckt hatte. Erasmus zeigt sich entrüstet über den Irrtum oder den Betrug, aber es ist nur allzu deutlich, daß er ihn nicht bedauerte[3]. Ein halbes Jahr später siedelte er selbst mit Sack und Pack nach Basel über, um mit demselben Froben jene engen und herzlichen Beziehungen anzuknüpfen, die ihre Namen noch heute verbinden. Beatus Rhenanus hat später kein Geheimnis daraus gemacht, daß die Ver-

1 A. 263.
2 A. 264. 10.
3 A. 219, 259, 269, 283. 152.

bindung mit dem Geschäftshaus Frobens, das damals noch Amerbach und Froben hieß, Erasmus, sobald er vom Nachdruck der *Adagia* hörte, willkommen gewesen ist. Wir wollen ohne strenge Beweise für sein Mitwissen Erasmus nicht der Treulosigkeit gegen Badius beschuldigen, doch seine Haltung ist etwas bedenklich. Aber wir wollen des würdigen Tons gedenken, in dem Badius, der sich trotz der Gepflogenheit seiner Zeit zu strengen Auffassungen über das Autorenrecht bekannte, antwortete, als ihm Berckmann später eine Art Erklärung des Vorfalles anbieten kam. Er machte keine weiteren Ansprüche, obschon ihm Erasmus seither noch mehr geschadet habe, unter anderm durch eine neue Ausgabe des *De copia* in Straßburg. ‹Wenn das aber deinem Interesse und deiner Ehre dient, so will ich es leiden, sogar mit Gleichmut.[1]› Ihre Beziehungen wurden nicht abgebrochen. Man muß bei alldem im Auge behalten, daß das Verlagsgeschäft damals noch eine ganz neue wirtschaftliche Erscheinung war und daß neue Wirtschaftsformen und Beziehungen sich auszeichnen durch Unsicherheit, Verworrenheit und durch den Mangel einer festen Berufsmoral.

Abschied von England

Der Aufenthalt in Cambridge begann Erasmus allmählich zu verdrießen. ‹Schon einige Monate›, schreibt er im November 1513 an Ammonius[2], ‹leben wir hier ein wahres Schneckendasein, zu Hause sitzend und in die Studien vergraben. Es herrscht hier eine große Verlassenheit, die meisten sind weg aus Furcht vor der Pest, aber auch wenn alle da sind, ist es eine Einöde.› Die Kosten des Lebensunterhaltes seien unerträglich, und er verdiene nichts. Wenn es ihm diesen Winter nicht glücke, sich ein Nest zurecht zu machen, werde er bestimmt wegfliegen, unsicher wohin. ‹Wenn zu keinem andern Zweck, so doch um anderswo zu sterben.› Zu diesen drückenden Umständen, der Pest, die immer wieder auftauchte, den Anfällen seines Nierenleidens, kam noch der Kriegszustand, der Eras-

1 A. 346. 5.
2 A. 282. 42.

mus außerordentlich zuwider war, ihn bedrückte und beängstigte. Im Frühling 1513 hatte eine englische Kriegsmacht nach langer Vorbereitung einen erfolgreichen Einfall nach Frankreich gemacht. In Verbindung mit dem Heer Maximilians hatten Heinrichs Truppen bei Guinegate die Franzosen geschlagen und zuerst Thérouanne, darauf Tournay zur Übergabe gezwungen. Inzwischen fielen die Schotten in England ein, um aber sogleich bei Flodden so schwer geschlagen zu werden wie nie zuvor. Der schottische König fiel, mit ihm sein unechter Sohn, der Schüler und Reisegenosse des Erasmus in Italien, Alexander, Erzbischof von St. Andrews. Mit Kriegsruhm beladen, kehrte Heinrich VIII. im November zurück, um seinem Parlament entgegenzutreten. Erasmus teilte die allgemeine Freude und begeisterte Bewunderung nicht[1]. ‹Wir sitzen da, eingeschlossen von der Pest, von Räubern verfolgt, wir trinken einen Schundwein (wegen der Verhinderung der Einfuhr aus Frankreich), aber: *Io triumphe!* wir sind die Überwinder der Welt.›

Julius exclusus

Der tiefe Widerwille gegen den Kriegslärm und alles, was er mit sich brachte, wirkte bei Erasmus auf seinen satirischen Sinn. Zwar schmeichelte er, wie alle andern, dem englischen Nationalstolz mit einem Epigramm auf die Flucht der Franzosen bei Guinegate[2], aber bald griff er tiefer. Er erinnerte sich, wie ihn der Kriegszustand in Italien in seinen Bewegungen gehindert hatte, wie er sich beim Einzug des päpstlichen Eroberers Julius II. in Bologna in seinem Herzen betroffen gefühlt hatte. ‹Der Hohepriester Julius führt Krieg, siegt, triumphiert und spielt wahrhaft den Julius› (Cäsar), hatte er damals geschrieben[3]. Papst Julius, meinte er, sei die Ursache von all den Kriegen gewesen, die sich seither über Europa verbreitet hatten[4]. Im Anfang des Jahres 1513 war nun der Papst gestorben.

1 A. 283. 147.
2 LB. I. c. 1211.
3 A. 205. 38.
4 A. 288. 82.

In tiefem Geheimnis, mitten unter seiner Arbeit am *Neuen Testament* und am Hieronymus, rächte Erasmus seine Zeit an ihrem kriegerischen Papst, indem er die meisterhafte Satire *Julius exclusus e coelis* schrieb, in welcher der Papst in all seiner Glorie vor der Pforte des himmlischen Paradieses zur Verteidigung seiner Sache erscheint und doch ausgeschlossen bleibt. Das Thema war ihm nicht neu; hatte er nicht schon etwas Ähnliches gegeben in der geistreichen *Kains*-Fabel, mit der er seinerzeit das Tischgespräch bei Colet erheitert hatte? Doch das war ein unschuldiger Scherz gewesen, den seine frommen Tischgenossen gern gehört hatten. Auch die Verspottung des verstorbenen Papstes würden gewiß sehr viele gern hören; aber Erasmus mußte vorsichtig sein. Man durfte die Torheit der ganzen Welt verspotten, aber nicht den Weltsinn eines kaum gestorbenen Papstes. Darum hat Erasmus, so sehr er auch selbst zur handschriftlichen Verbreitung des Büchleins beitrug, doch sein ganzes Leben lang sein Möglichstes getan, um seine Anonymität zu bewahren; und sobald sein Dialog allgemein bekannt geworden und im Druck erschienen war, und als man ihn als Verfasser zu erkennen glaubte, da hat er seine Autorschaft jederzeit sorgfältig verleugnet, wobei er in der Wahl der Worte eine Abstreitung, die eine förmliche Lüge war, sorgsam vermied. Der erste Druck des Julius-Dialogs erschien in Basel, nicht bei seinem gewohnten Verleger Froben, sondern bei Cratander, wahrscheinlich im Jahre 1518[1].

Brief gegen den Krieg

Das Bedürfnis des Erasmus, gegen den Krieg zu zeugen, war mit der Abfassung des ‹Julius› noch nicht befriedigt. Nachdem er von Cambridge nach London umgezogen war, schrieb er im März 1514 einen Brief[2] an seinen früheren Beschützer, den Abt von St. Bertin, Antonius von Bergen, in dem er sich über das Übel des Krieges verbreitet. Er geht aus von den Beschwerden,

---

[1] O. Clemen, Zentralblatt f. Bibliothekswesen XI. p. 181. S. die neue Ausgabe von W. K. Ferguson, *Opuscula Erasmi*, Haag. 1933, S. 38–124.
[2] A. 288.

die er persönlich unter dem Kriegszustand erlebe. Der Krieg habe in England den Geist plötzlich umgestaltet. Die Teuerung nehme zu, die Freigebigkeit ab. Wegen des Weinmangels müsse er Schundwein trinken, was ihm Anfälle der Steinkrankheit verursache. Man sitze auf der Insel noch eingeschlossener als sonst. Nicht einmal die Briefe kämen heraus. Er möchte ins Vaterland zurückkehren. – Dann erhebt er sich zu einer beredten und treffenden Anklage gegen den himmelschreienden Wahnsinn des Kriegführens. Wir sind schlimmer als die Tiere, von denen nicht alle kämpfen, sondern nur die wilden. Sie aber kämpfen wenigstens mit ihren eigenen natürlichen Waffen, nicht, wie wir, mit durch teuflische List ersonnenen Maschinen. Sie kämpfen für ihre Jungen oder um Nahrung; unsere Kriege entspringen meistens dem Ehrgeiz, dem Zorn, der Begierde oder einer anderen derartigen Krankheit der Seele. Kein Krieg laufe so glücklich ab, daß er nicht mehr Böses als Gutes brächte. Niemand schade im Kriegführen seinem Feind, er hätte denn zuerst den Seinen manches Unheil angerichtet. – ‹Aber, wirst du sagen, das Recht der Fürsten muß gewahrt werden. Es steht mir nicht an, vermessen über die Angelegenheiten der Fürsten zu sprechen. Doch dieses eine weiß ich, daß oft das höchste Recht das höchste Unrecht ist und daß es Fürsten gibt, die erst ausmachen, was sie haben wollen, und dann nach dem einen oder andern Rechtsanspruch suchen, um ihren Anschlag zu bemänteln.› Wie sollte jemand bei so viel Abmachungen und Verträgen je an einem Rechtstitel Mangel haben? Und ist es wirklich ein Rechtsstreit um ein Stück Land, wozu dann so viel Blut vergießen? Es gibt doch Päpste; es gibt doch Bischöfe; es gibt verständige und ehrliche Männer, durch die so geringfügige Dinge untersucht werden könnten. – So kommt er auf Papst Julius zurück. Ob Leo nicht den Sturm besänftigen könne, den Julius angefacht habe?

Dies war die erste der Antikriegsschriften des Erasmus. Er arbeitete den Brief aus zum Adagium: *Dulce bellum inexpertis*, ‹der Krieg ist süß für die, die ihn nicht erfahren haben›, das in der Ausgabe von 1515 von Froben eingefügt und nachher auch einzeln von ihm gedruckt wurde. Wir werden diese Gruppe unter den Schriften des Erasmus später im Zusammenhang betrachten.

Obwohl der Sommer 1514 den Frieden zwischen England und Frankreich bringen sollte, stand der Entschluß, England zu verlassen, für Erasmus jetzt fest[1]. Er sandte seine Koffer nach Antwerpen voraus an seinen Freund Peter Gilles und schickte sich an, nach einem kurzen Besuch bei Mountjoy auf dem Schloß Hammes bei Calais, auf dem dieser Burgvogt war, nach den Niederlanden zu gehen. Kurz vor seiner Abreise aus London hatte er im Hause des Ammonius an der Themse eine merkwürdige Begegnung mit dem päpstlichen Diplomaten, der in England für den Frieden tätig war, dem Grafen Canossa[2]. Ammonius ließ Erasmus glauben, sein Gast sei ein Kaufmann. Nach der Mahlzeit stellte ihm der Italiener eine Rückkehr nach Rom vor Augen, wo er der erste sein könnte, statt unter einem barbarischen Volk einsam zu leben. Erasmus antwortete, er lebe in dem Land, das die meisten trefflichen Gelehrten zähle, unter denen er mit dem letzten Platz zufrieden sein wolle. – Dieses Kompliment war sein Abschied an England, das ihm so viel Gutes gegeben hatte. Einige Tage später, in der ersten Hälfte des Juli 1514, war er auf der andern Seite des Kanals. Noch dreimal hat er England einen kurzen Besuch gemacht, gewohnt hat er dort nicht wieder.

---

[1] A. 292. 13, 294.
[2] LBE. no. 1239, c. 1458.

11. Höhe des Lebens

Auf dem Wege zu Erfolg und Anerkennung

Erasmus hatte seine Abreise von England, wie er es so gern tat, mit einem Geheimnis umgeben. Es hieß, er gehe nach Rom, um ein Gelübde zu erfüllen. Wahrscheinlich war er bereits entschlossen, sein Glück in den Niederlanden zu versuchen. Nicht in Holland, das zog ihn nicht mehr an, aber in der Nähe des fürstlichen Hofes, also in Brabant. Doch der nächste Zweck seiner Reise war, nach Basel zu gehen, um bei Froben den Druck der zahlreichen alten und neuen Werke, die er für ihn mitbrachte, selbst zu überwachen. Darunter befand sich das Material für seine Lieblingsarbeit, eine kritische Ausgabe des *Neuen Testaments* und des Hieronymus, jene Arbeit, mit der er sein Lebenswerk, die Restauration der Theologie, zu krönen hoffte. Es war eine Reise direkt auf sein Lebensziel zu. Man kann sich seine Angst vorstellen, als er bei seiner Überfahrt den Koffer mit den Handschriften vermißte, als er sich der Frucht von so vielen Jahren harter Arbeit beraubt sah! Es war ein Schmerz, schreibt er, so groß wie ihn nur Eltern um den Verlust ihrer Kinder fühlen können[1]. – Er fand aber bei der Landung auf der andern Seite die Kinder seines Geistes wohlbehalten wieder; der Koffer war in ein anderes Schiff geraten; das tun die Schiffer absichtlich, meint er, um stehlen zu können oder um dir etwas Geld aus der Tasche zu locken.

1 A. 295. 10.

Erasmus widersetzt sich dem Rückruf ins Kloster

Auf dem Schloß Hammes bei Calais verweilte er einige Tage als Gast Mountjoys. Er fand dort am 7. Juli einen Brief vor, der schon am 18. April geschrieben war, von seinem Vorgesetzten, dem Prior von Steyn, seinem alten Freund Servatius Rogerus, der ihn nach so vielen Jahren der Abwesenheit ins Kloster zurückrief. Der Brief war bereits durch die Hände von mehr als einem Neugierigen gegangen, bevor er Erasmus selbst durch einen bloßen Zufall erreichte.

Es war ein starker Schlag, der ihn mitten im Anlauf zu seinen höchsten Aspirationen traf. Erasmus dachte einen Tag lang nach und antwortete dann mit einer Weigerung[1]. An den alten Freund schrieb er einen Brief, der eine Rechtfertigung sein sollte und der zugleich eine Selbstbetrachtung darstellte, die viel tiefer und echter war als jene andere, die ihm damals an einem wichtigen Wendepunkt seines Lebens sein *Carmen alpestre* entlockt hatte. Das Lächeln ist weg.

Er ruft Gott zum Zeugen an, daß er in seinem Leben das Beste verfolgen wolle. Doch ins Kloster zurückkehren? Er erinnert Servatius an die Umstände, unter denen er es betreten hatte, wie er sie in seiner Erinnerung sah: den Zwang seiner Verwandten, seine eigene falsche Scham. Er hält ihm vor, wie schlecht er das Klosterleben ertragen habe, wie es ihm bei seinem Freiheitssinn zuwider gewesen sei, wie es seiner schwachen Gesundheit schaden werde, falls er es jetzt neu wieder aufnehme. Habe er denn schlechter gelebt in der Welt? Die Wissenschaften hätten ihn im Gegenteil von vielen Untugenden ferngehalten. Sein ruheloses Leben könne ihm doch nicht zur Unehre gereichen, obwohl er es nur mit Scheu wage, sich auf das Vorbild von Solon, Pythagoras, Paulus und seines geliebten Hieronymus zu berufen. Habe er sich nicht überall Anerkennung bei Freunden und Beschützern erworben? Er zählte sie auf: Kardinäle, Erzbischöfe, Bischöfe, Mountjoy, die Universitäten von Oxford und Cambridge, schließlich John Colet. Ob man denn etwas gegen seine Werke habe, das *Enchiridion*, die *Adagia*? (Die *Moria* nannte

1 A. 296.

er nicht.) Das Beste müsse noch folgen: Hieronymus, das *Neue Testament*. Daß er schließlich seit seinem Aufenthalt in Italien die Zeichen seines Ordens abgelegt habe und ein gewöhnliches geistliches Gewand trage, das könne er mit manchen Gründen entschuldigen[1]. Der Schluß war: Ich komme nicht nach Holland zurück: ‹Ich weiß, daß ich dort die Luft und die Nahrung nicht würde ertragen können. Aller Augen sähe ich auf mich geheftet. Ich würde zurückkehren als ein alter und grauer Mann mit schwacher Gesundheit, von wo ich als Jüngling weggegangen bin; ich wäre dort der Verachtung auch der Geringsten bloßgestellt, der ich gewohnt bin, auch von den Größten geehrt zu werden.› – ‹Man kann›, schließt er, ‹nicht gut alles in einem Brief sagen. Ich gehe nun nach Basel und von dort vielleicht nach Rom; aber wenn ich zurückkomme, werde ich sehen, daß ich dich besuchen kann... Ich habe durch Sasboud und seine Frau vom Tod des Willem, Franz und Andreas vernommen[2]. Grüße Herrn Heinrich herzlich wieder und die andern, die mit dir wohnen; ich bin ihnen gesinnt, wie es sich für mich gebührt. Denn jene alten Tragödien rechne ich meinen Irrtümern zu oder, wenn du willst, meinem Verhängnis... Laß nicht ab, mich in deinen Gebeten Christus zu empfehlen. Wenn ich gewiß wüßte, daß es ihm wohlgefälliger wäre, wenn ich zurückkehrte und mit euch zusammenwohnte, ich würde mich heute noch auf den Weg machen. Lebe wohl! einst mein liebster Kamerad, nun mein verehrungswürdiger Vater.›

Durch diese Weigerung gehorchte Erasmus dem Geist, der in ihm war, seinen tiefsten Überzeugungen und dem Bewußtsein der Kräfte, die ihm geschenkt waren. Er war auf eine glänzendere Stelle als das stille, düstere Kloster bei Gouda berufen. Doch unter dem Hauptmotiv sitzen alte, peinliche Flecken seiner Seele: Regungen von Widerwillen und Scham.

---

[1] Unter anderem mit der Gefahr, die er in Bologna gelaufen habe, wo man die Abzeichen, die er trug, für die eines Pestarztes angesehen habe. A. no. IV. 112, t. I. p. 59, 296. 171, 447. 471 ss.

[2] Willem Hermans, sein alter Freund und Dichtergenosse, gest. 1510; Franz Dirks, siehe A. 10, 12, 14; Andreas unbekannt. Sasboud ist der Freund, mit dem zusammen Erasmus gemalt hatte, siehe A. 16. Herr Heinrich, siehe A. 83. 76, 95. 8, 190.

Erster Aufenthalt in Basel

Erasmus begab sich durch die südlichen Niederlande, wo er verschiedene Freunde und Beschützer aufsuchte und die Bekanntschaft mit der Universität Löwen erneuerte, an den Rhein und erreichte in der zweiten Hälfte August 1514 Basel. Dort erwarteten ihn Freuden des Ruhmes, wie er sie noch nicht gekostet hatte. Die deutschen Humanisten begrüßten ihn als das Licht der Welt, in Briefen und bei Mahlzeiten, mit denen sie seine Ankunft feierten. Sie waren hochtrabender und begeisterter, als Erasmus die Literaten von Frankreich, England und Italien kennengelernt hatte, von seinen eigenen Landsleuten zu schweigen. Sie jubelten ihm zu und betonten, er sei selbst ein Deutscher und eine Zierde Germaniens. Bei seiner ersten Zusammenkunft mit Froben leistete er sich das Vergnügen eines scherzhaften Inkognitos. Er gab sich aus als ein Freund und Bevollmächtigter seiner selbst, um die Freude des Erkanntwerdens voll zu genießen[1]. Die deutsche Umgebung sagte ihm sehr wohl zu: ‹Mein Germanien, das ich zu meinem Bedauern und zu meiner Scham so spät kennengelernt habe.[2]›

Johannes Froben

Alsbald kam die Arbeit, für die er gekommen war, in vollen Gang. Aufs neue war Erasmus in seinem Element, gleich wie er es sechs Jahre zuvor in Venedig gewesen war: angestrengt arbeitend in einer großen Druckerei, in der Umgebung gelehrter Männer, die ihn in den wenigen freien Augenblicken, die er sich gönnte, mit Huldigung und Freundlichkeit überschütteten. ‹Mir ist, als ob ich in einem allerangenehmsten *Museion* verkehrte: so viele Gelehrte und so besonders Gelehrte![3]› Einige Übersetzungen von kleineren Schriften Plutarchs verließen noch im August Frobens Druckerei. Die *Adagia* waren schon wieder im Druck, mit den Verbesserungen und Erweiterungen

---

1 A. 305. 188.
2 A. 305. 216.
3 A. 364. 8.

und mit der Vorrede, die zuerst für Badius bestimmt gewesen waren. Zugleich mit Froben war auch Dirk Maertens in Löwen für Erasmus an der Arbeit; er hatte ihm auf seiner Durchreise eine Sammlung leichter lateinischer Texte anvertraut, während Matthias Schürer in Straßburg für ihn die *Parabolae sive Similia* in Arbeit hatte. Für Froben war noch ein Seneca in Vorbereitung und ein Werk über lateinischen Satzbau; beides ist 1515 erschienen. Aber das Wichtigste war und blieb: Hieronymus und das *Neue Testament*.

Herausgabe des Hieronymus und des Neuen Testaments

Die Werke des Hieronymus waren für Erasmus schon die Liebe seiner Jugend gewesen, vor allem die Briefe. Eine verbesserte Ausgabe des großen Kirchenvaters war ein Unternehmen, das ihm zum mindesten schon seit 1500 vorschwebte und an dem er mit Unterbrechungen fortwährend gearbeitet hatte. 1513 schreibt er an Ammonius[1]: ‹Meine Begeisterung, Hieronymus zu bereinigen und mit Anmerkungen zu versehen, ist so groß, daß ich mir wie von einer Gottheit angefeuert vorkomme. Ich habe schon beinah den ganzen Text durch Kollationierung vieler alter Handschriften verbessert. Und das tue ich unter unglaublich hohen eigenen Kosten.› 1512 waren Verhandlungen mit Badius über eine Ausgabe der Briefe des Hieronymus im Gang. Nun hatte Frobens Teilhaber, Johannes Amerbach, der schon vor der Ankunft des Erasmus gestorben war, eine Ausgabe des Hieronymus schon seit Jahren in Aussicht genommen. Verschiedene Gelehrte, darunter Reuchlin, hatten bereits ihre Hilfe dazu geliehen, als Erasmus sich mit seinem ganzen Material anbot. Er wurde der eigentliche Herausgeber. Von den neun Teilen, in denen das Werk 1516 bei Froben erschien, umfaßten die ersten vier die erasmische Ausgabe der Briefe des Hieronymus, die übrigen waren von Erasmus korrigiert und mit Vorreden versehen[2].

1 A. 273. 14.
2 A. 396.

Womöglich noch mehr lag ihm seine Arbeit für das *Neue Testament* am Herzen. Sie hatte sich allmählich im ständigen Wachsen der Art nach verändert. Seit durch Vallas Annotationen seine Aufmerksamkeit auf die Textkritik der *Vulgata* gerichtet worden war, hatte Erasmus, wahrscheinlich während seines zweiten Aufenthaltes in England von 1505 bis 1506 und auf das Drängen Colets[1] hin, eine neue Übersetzung des *Neuen Testaments* nach dem griechischen Text hergestellt, die stark von der *Vulgata* abwich. Außer Colet kannten sie wahrscheinlich wenige. Später sah Erasmus ein, daß er auch eine neue Ausgabe des griechischen Textes selbst mit seinen Anmerkungen geben müsse. Kurz nach seiner Ankunft in Basel hatte er mit Froben eine vorläufige Abmachung hierüber getroffen. Doch darauf entschloß er sich, das Ganze doch lieber in Italien drucken zu lassen und war im Begriff, sich selbst dorthin zu begeben, als er, vielleicht bewogen durch neue Anerbietungen Frobens, plötzlich seinen Reiseplan änderte und im Frühling 1515 einen kurzen Abstecher nach England machte, unter anderm wahrscheinlich, um ein Exemplar seiner dort zurückgelassenen Übersetzung des *Neuen Testaments* zu holen. Im Sommer war er wieder in Basel, und nun begann die Arbeit in Frobens Druckerei. Anfang 1516 erscheint das *Novum Instrumentum*, das den bereinigten griechischen Text mit Anmerkungen und mit einer lateinischen Übersetzung umfaßte, in der Erasmus allzu starke Abweichungen von der *Vulgata* wieder gemildert hatte.

Von dem Augenblick an, da aus der Feder des Erasmus der Hieronymus und das *Neue Testament*, zwei so bedeutungsvolle und, was das zweite betrifft, so kühne theologische Werke erschienen waren, kann man sagen, daß er sich zum Zentrum des wissenschaftlichen Studiums der Theologie gemacht hatte, während er zuvor schon Zentrum und Maßstab der klassischen Gelehrsamkeit und des literarischen Geschmacks heißen konnte. Sein Ansehen wächst ständig in allen Ländern, seine Korrespondenz nimmt erstaunlich zu.

Seine geistige Entwicklung ist vollendet. Noch immer ist seine materielle Existenz nicht gesichert. Die Jahre 1515 bis 1517 gehören zu den unruhigsten seines Lebens; er schaut immer noch

---

[1] A. 384.

nach jeder Möglichkeit, die sich ihm bietet: ein Kanonikat in Tournay, eine Pfründe in England, ein Bistum in Sizilien, und immer noch ärgert er sich halb scherzhaft über die Gelegenheiten, die er früher verfehlt habe; er spottet über seine Jagd nach dem Glück und klagt über sein ‹Ehegemahl, die verwünschte Armut, die ich mir noch immer nicht von den Schultern schütteln kann›[1]. War er schließlich nicht eher das Opfer seiner eigenen Unrast als das eines ungünstigen Schicksals? Er ist nun gegen fünfzig Jahre alt, und immer noch sagt er, er sei ‹beim Säen, ohne zu wissen, was er mähen werde›[2]. Das bezieht sich aber einzig auf seine Existenz, nicht auf sein Lebenswerk.

Die ‹Institutio principis christiani›

Im Laufe des Jahres 1515 hatte ihm ein neuer, vielversprechender Beschützer, Jean le Sauvage, Kanzler von Brabant, den Titel eines Rates des Fürsten, des jungen Karls V., zu verschaffen gewußt. Anfang 1516 wurde er ernannt. Es war ein bloßer Ehrentitel, der ihm eine jährliche Pension von 200 Gulden versprach; sie ist aber nur unregelmäßig ausbezahlt worden. Um sich als Ratgeber des Fürsten öffentlich auszuweisen, schrieb Erasmus die *Institutio principis christiani*[3], einen Traktat über die Erziehung eines Fürsten, der in Übereinstimmung mit Natur und Neigung des Erasmus mehr ins Moralische als ins Politische geht und gewiß einen starken Kontrast bildet zu jenem andern Werk, das ein paar Jahre vorher geschrieben worden war, *Il Principe* von Machiavelli. Wir wollen aber die politischen Gedanken des Erasmus lieber später im Zusammenhang behandeln.

In Basel war die Arbeit vorläufig getan. Im Frühling 1516 kehrte Erasmus in die Niederlande zurück. In Brüssel sprach er den Kanzler, der ihm zu der Pension des Fürsten hinzu noch eine Pfründe in Courtray besorgte, die er, wie früher sein englisches Benefiz, in Geld umgewandelt bezog. Er hatte zu Antwerpen einen seiner großen Freunde, die ihm sein Leben lang

---

1 A. 333. 45, 451, 421. 128.
2 A. 524. 21.
3 LB. IV. 1703, vgl. A. 393.

beigestanden haben: Peter Gilles, den jungen Stadtschreiber, bei dem er seine Einkehr hielt, sooft er nach Antwerpen kam. Peter Gilles ist der Mann, den Thomas More in der *Utopia* als den Gastgeber dargestellt hat, in dessen Garten der Seemann seine Erlebnisse erzählt. Eben dies war die Zeit, in der Gilles den ersten Druck der *Utopia* bei Dirk Maertens in Löwen hatte besorgen helfen. Später hat Quentin Metsys ihn und Erasmus zusammen gemalt, beide in einem Diptychon vereinigt, als ein Geschenk für Thomas More; das Bild stellt für uns eine der lebendigsten Erinnerungen dar, an etwas von dem Besten, das Erasmus gekannt hat: diese dreifache Freundschaft.

Endgültiger Abschied vom Klosterleben

Im Sommer 1516 machte Erasmus von neuem eine kurze Reise nach England. Er wohnte bei More, sah Colet wieder, auch Warham, Fisher und die andern Freunde. Doch wenn er diesmal hinreiste, geschah es nicht, um alte Freunde zu besuchen. Ein dringendes, delikates Geschäft bewog ihn dazu. Jetzt, wo ihm die Pfründen und kirchlichen Würden zuzufließen begannen, war es dringender als je, daß die Hindernisse für eine freie kirchliche Laufbahn endgültig weggeräumt wurden. Er besaß den Dispens von Papst Julius II., der ihm erlaubte, englische Pfründen anzunehmen[1], auch einen andern, der ihn von der Verpflichtung entband, ein Ordenskleid zu tragen. Doch beide waren von beschränkter Gültigkeit und nicht ausreichend. Die leidenschaftliche Ungeduld, mit der er die Frage seiner definitiven Lösung aus dem Ordensverband behandelt hat, macht es wahrscheinlich, daß, wie Allen vermutet[2], seit seiner Weigerung gegen Servatius von 1514 eine Zurückberufung nach Steyn ihm ständig drohend über dem Haupte hing. Es gab nichts, das er so sehr fürchtete und verabscheute. Mit Ammonius, seinem Vertrauten, setzte er in London ein sehr ausführliches Schreiben an die apostolische Kanzlei auf, in dem er, vorgeblich für einen gewissen Florentius, seine eigene Lebensgeschichte erzählt: sei-

---

1 A. t. III. p. XXIX.
2 A. t. II. p. 292.

nen halb erzwungenen Eintritt ins Kloster, die Bitternisse, die das Mönchsleben ihm gebracht hatte, die Umstände, die ihn bewogen hatten, das Gewand seines Ordens abzulegen. Es ist eine lebendige Erzählung in beinah romantischer Einkleidung und eine leidenschaftliche Verteidigungsrede. Ein ausdrückliches Gesuch enthält der Brief, wie wir ihn kennen[1], nicht. In einem Zusatz am Schluß in Chiffreschrift, deren Schlüssel er, mit unsichtbarer Tinte geschrieben, in einem andern Brief hinschickte, wurde die Kanzlei ersucht, die Hindernisse, die eine ungesetzliche Geburt für seine Promotion mit sich brachte, aufzuheben. Der Adressat, Lambertus Grunnius, apostolischer Sekretär, war höchstwahrscheinlich eine fingierte Person[2]. So viel Heimlichkeit und Mystifikation wandte Erasmus auf, wenn seine Lebensinteressen auf dem Spiel standen.

Der Bischof von Worcester, Silvestro Gigli, der soeben als Gesandter Englands an das Laterankonzil abreiste, übernahm die Überbringung des Briefes und die Beförderung des Geschäfts. Erasmus, der inzwischen Ende August in die Niederlande zurückgekehrt war, erwartete in der größten Spannung das Resultat seiner Bemühungen. Der Entscheid ging im Januar 1517 ab. In zwei Breven[3], die die Unterschrift Sadolets, des späteren Kardinals, tragen, sprach Papst Leo X. Erasmus von den begangenen Übertretungen des kirchlichen Gesetzes und von der Verpflichtung, das Ordenskleid zu tragen, frei, erlaubte ihm, in der Welt zu leben und ermächtigte ihn, kirchliche Benefizien zu empfangen, unbeschwert von jedem Hindernis, das aus ungesetzlicher Geburt entspringen könnte.

So viel hatte sein großer Ruhm nun zustande gebracht. Der Papst hatte überdies die Widmung der Ausgabe des *Neuen Testaments* angenommen und sich durch den Mund desselben Sadolet im allgemeinen über das Werk des Erasmus sehr wohlwol-

---

1 A. 447.
2 Der Name Grunnius, eigentlich Knurrer, d. h. Schwein, könnte vielleicht aus den Briefen des Hieronymus entliehen sein, wo er ein Spottname eines gewissen Ruffinus ist. Ein Brief vom 5. März 1531 LB. X. 1590 A ist ebenfalls an Grunnius gerichtet, ohne daß irgendein Zusammenhang deutlich wäre. Vgl. *Moria, praefatio* p. IV.
3 A. 517, 518.

lend geäußert[1]. Rom selbst schien sein Bestreben in jeder Hinsicht zu begünstigen.

Wenn Erasmus, wie es die Umstände mit sich zu bringen schienen, sich nun dauernd in den Niederlanden festsetzen wollte, so war Löwen der angezeigte Ort, das Zentrum der Studien, wo er bereits früher zwei Jahre zugebracht hatte. Doch Löwen zog ihn nicht an. Es war das Bollwerk der konservativen Theologie. Maarten van Dorp aus Naaldwijk, Professor an der theologischen Fakultät in Löwen, hatte 1514 im Namen der Fakultät in einem Brief an Erasmus die Kühnheiten im ‹Lob der Narrheit›[2] getadelt, namentlich seine Verspottung der Theologen, und zugleich sein Vermessen, den Text des *Neuen Testaments* verbessern zu wollen. Erasmus hatte sich ausführlich verteidigt[3]. Jetzt aber war der Kampf auf einem weiteren Feld entbrannt. Der Ruf in der gelehrten Welt hieß nun: für oder gegen Reuchlin. Eben waren die Verfasser der *Epistolae obscurorum virorum* in aufsehenerregender Weise für Reuchlin in die Schranken getreten. In Löwen sah man Erasmus mit Mißtrauen kommen, wie auch er van Dorp und den andern Löwener Theologen mißtraute. Er verbrachte den Rest des Jahres 1516 und die erste Hälfte 1517 weiter in Antwerpen, Brüssel und Gent, oft im Haus von Peter Gilles. Im Februar 1517 kamen verlockende Anerbietungen aus Frankreich: Budaeus, der große Kenner der griechischen Sprache und des römischen Rechts, Guillaume Cop, sein alter Freund, Etienne Poncher, Bischof von Paris, schrieben ihm, daß der König, der junge Franz I., ihm eine reiche Pfründe schenken werde, wenn er nach Paris kommen wolle. Erasmus, der immer ängstlich war, sich zu binden, schrieb nur höflich ausweichende Antworten und ging nicht.

Inzwischen erreichte ihn die Nachricht von der päpstlichen Absolution[4]. In Verbindung damit mußte er noch einmal nach England, und er vermutete wahrscheinlich kaum, daß es das letzte Mal sei, daß er den britischen Boden betrete. Am 9. April

---

1 A. 338.
2 A. 304.
3 A. 337.
4 A. 552, 566.

1517 fand im Haus des Ammonius zu Westminster die Zeremonie statt, die Erasmus für immer von der Beklemmung befreite, die ihn seit seinen jungen Jahren bedrückt hatte. Er war frei.

Erasmus als geistiges Zentrum

Von allen Seiten kamen jetzt Einladungen oder Vorspiegelungen, eine nach der anderen[1]. Mountjoy und Wolsey sprachen von hohen kirchlichen Würden in England. Budaeus drängte immer noch zu einer Übersiedlung nach Frankreich. Kardinal Ximenes wollte ihn nach Spanien ziehen und der Universität von Alcalá verpflichten. Der Herzog von Sachsen bot ihm einen Lehrstuhl in Leipzig an. Willibald Pirkheimer sprach in hohen Tönen von den Vorzügen der freien Reichsstadt Nürnberg. Erasmus, der inzwischen schon wieder mit neuer Arbeit des Schreibens und Herausgebens überladen war, schlug nach seiner Gewohnheit nichts ausdrücklich ab und nahm nichts an. Er wollte immer alle Sehnen zugleich an seinem Bogen halten. Im Vorsommer 1517 begleitete er den Hof des jungen Karl, der jetzt eben die Niederlande verließ, um nach Spanien zu gehen. Erasmus hätte unter glänzenden Aussichten mitgehen können. Doch er schlug es ab. Eine Reise nach Spanien hätte für ihn eine langdauernde Unterbrechung des unmittelbaren Kontaktes mit den großen Zentren des Buchdruckes, Basel, Löwen, Straßburg, Paris, bedeutet, und dies wieder wäre einem Aufschieben seines Lebenswerkes, zu dem ihn sein Geist trieb, gleichgekommen. Als sich der Fürst Anfang Juli nach Middelburg begab, um sich dort nach Spanien einzuschiffen, reiste Erasmus nach Löwen.

Also schließlich doch in das akademische Milieu, das ihm in so mancher Hinsicht zuwider war. Wo er Lehrpflichten haben sollte. Wo die jungen Latinisten hinter ihm herlaufen würden, um sich ihre Gedichte und Briefe verbessern zu lassen. Wo all jene Theologen, denen er mißtraute, ihm geistig auf die Finger sehen konnten[2]. – Doch es war nur für ein paar Monate gedacht.

---

1 A. 582. 6, 559.
2 A. 475. 15 ss.

‹Wir sind nach Löwen umgezogen›, schreibt er an den Erzbischof von Canterbury[1], ‹bis wir ausfindig gemacht haben, welcher Wohnort für das Alter, das schon ungeduldig bei uns anklopft, der geeignetste ist.›

Vier Jahre sollten es werden (1517–1521), die er zu Löwen verbrachte. Sein Leben wird weniger bewegt, doch eher dank äußeren Umständen als durch eine innere Ruhe. Er selbst blieb all die Jahre unschlüssig, ob er nach England, nach Deutschland, nach Frankreich gehen solle, um endlich die glänzende Stellung zu finden, die er immer begehrt, aber nie hatte ergreifen können oder wollen.

Die Jahre von 1516 bis 1518 kann man den Höhepunkt in der Laufbahn des Erasmus nennen. Es entsteht in dieser Zeit um ihn herum gleichsam ein Chor von Beifallsjubel. Die Geister leben in Erwartung von etwas Großem, und mehr und mehr richten sich die Augen auf Erasmus: er wird *der* Mann sein! In Brüssel laufen ihm Spanier, Italiener und Deutsche die Türen ab, um mit ihm gesprochen zu haben; er findet vor allem die Spanier mit ihrer umständlichen Feierlichkeit langweilig[2]. Doch das Überschwenglichste von allem waren die Lobeserhebungen, mit denen ihn die deutschen Humanisten in ihren Briefen begrüßten. Es hatte schon bei seiner Reise nach Basel im Jahre 1514 begonnen: ‹Großer Rotterdamer, Zierde Germaniens, Zierde der Welt›, war noch das Einfachste. Stadträte, die ihn erwarteten, Ehrengeschenke in Wein, Mahlzeiten wurden sein gewohntes Anrecht. Niemand äußerte sich so hyperbolisch wie der Jurist Ulrich Zasius in Freiburg[3]: Man weist mit Fingern auf mich, behauptet er, als auf den Mann, der einen Brief von Erasmus bekommen hat. ‹Dreimal größter Held, du großer *Jupiter*›, kostet ihn nichts. Die Schweizer, schreibt Zwingli 1516, achten es als einen großen Ruhm, Erasmus gesehen zu haben[4]. Ich weiß und ich doziere nichts mehr als Erasmus, schreibt Wolfgang Capito[5]. Ulrich von Hutten und Heinrich Glarean sehen sich schon beide

---

1 A. 596, 527. 25, 694. 13.
2 A. 545. 15.
3 A. 303. 13, 304. 1, 310. 1. 13. 31, 317, 319.
4 A. 401.
5 A. 459.

neben Erasmus als Alkibiades neben Sokrates[1]. Ludwig Ber, ein angesehener Basler Theologe, bietet ihm alles an, was er geben könne[2]. Und Beatus Rhenanus widmet ihm ein Leben ernster Bewunderung und hilfreicher Liebe, das etwas wertvoller sein sollte als überschwengliche Lobreden. Es liegt in dieser deutschen Begeisterung für Erasmus ein Element nationaler Erregung: es ist die Stimmung, in die binnen kurzem Luthers Stimme hereinschallen wird.

Doch auch die andern Nationen stimmten in dieses Lob ein, wenn es auch etwas später kommt und nüchterner klingt. Colet und Tunstall halten ihm die Unsterblichkeit vor Augen; Etienne Poncher erhebt ihn über die gefeierten italienischen Humanisten; Germain de Brie erklärt, daß die französischen Gelehrten nichts anderes mehr als Erasmus lesen, Budaeus, daß die ganze westliche Christenheit von seinem Namen widerhalle[3].

Das Steigen seines Ruhmes offenbarte sich in allerlei Erscheinungen: beinah jedes Jahr verbreitete sich das Gerücht, Erasmus sei gestorben: böswillig ausgestreut, meint er selbst[4]. Dann schrieb man ihm allerlei Schriften zu, an denen er nicht den geringsten Anteil hatte, unter anderem die *Epistolae obscurorum virorum*. Er bekam allerlei Geschenke – zuweilen sonderbare – und zahlreiche Einladungen, denen zu entrinnen er stets seine liebe Not hatte[5].

Der Briefwechsel des Erasmus

Aber vor allem wuchs seine Korrespondenz ins Ungemessene. Die Zeit war lange vorbei, da er Morus ersucht hatte, ihm Korrespondenten zu verschaffen[6]. Sie strömten ihm nun zu von allen Seiten, flehend um ein Wort der Erwiderung. Ein früherer Schüler beklagte sich – unter Tränen, behauptet er –, daß er kein ein-

---

1 A. 365 und 463.
2 A. 582.
3 A. 423. 47, 663. 111, 569. 87. 215, 810. 302.
4 A. 868. 18, 854, 1518.
5 A. no. IV intr. t. I. p. 56, 341, p. 118, 581. 13.
6 A. 114. 11.

ziges Briefchen von Erasmus vorzeigen könne[1]. Gelehrte Männer suchten ehrerbietig eine Empfehlung von einem der Freunde des Erasmus, bevor sie ihm zu schreiben wagten[2]. Erasmus war in dieser Beziehung von einem heroischen Wohlwollen und suchte zu beantworten, was er nur konnte, obschon er täglich so sehr mit Briefen überschüttet wurde, daß er oft kaum Zeit fand, sie zu lesen. ‹Wenn ich nicht antworte, scheine ich unfreundlich›, und das wollte er um keinen Preis[3].

Der literarische Brief

Man muß sich klarmachen, daß die Epistolographie dieser Zeit ungefähr die Stelle einnahm, die heute die Zeitung ausfüllt oder noch besser die literarische Zeitschrift, die ziemlich direkt aus der Gelehrtenkorrespondenz hervorgegangen ist. Sie war eine Kunst wie im Altertum, das man vielleicht in diesem Punkt besser und erfolgreicher nachahmte als auf irgendeinem andern Gebiet. Schon vor 1500 hatte Erasmus diese Kunst in dem Traktat *De conscribendis epistolis*[4] beschrieben, der dann 1522 im Druck erschienen ist. Man schrieb in der Regel für einen weiteren Kreis im Hinblick auf spätere Publikation, oder jedenfalls mit dem Bewußtsein, daß der Adressat den Brief andern zu lesen geben werde. Ein hübscher lateinischer Brief war ein Kleinod, um das man sich beneidete. Erasmus schreibt an Budaeus: Tunstall hat deinen Brief an mich verschlungen und wohl drei- oder viermal durchgelesen; ich mußte ihn buchstäblich ihm wieder aus den Händen reißen[5]. Das mißliche war, daß das Schicksal den Absichten der Verfasser über Öffentlichkeit, halbe Öffentlichkeit oder strenge Heimlichkeit nicht immer Rechnung trug. Oft ging ein Brief durch allerlei Hände, bevor er den Adressaten erreichte, wie es 1514 mit dem Schreiben des Servatius an

---

1 A. 503.
2 A. 810. 450.
3 A. 873, 948. 236, 952. 13, 983. 2, 944. 25.
4 A. 71.
5 A. 531. 11.

Erasmus geschehen war[1]. Sei doch vorsichtig mit Briefen, schreibt er mehr als einmal: unsere Tadler lauern darauf, sie aufzufangen[2]. Doch in der eigenartigen Hast, die ihn kennzeichnet, kümmert er sich oft selbst sehr wenig um das, was er geschrieben hat. Von seinen jungen Jahren an hatte er seine Briefe aufbewahrt und gepflegt, was natürlich nicht hinderte, daß bei seinem Wanderleben viele verlorengingen[3]. Die Veröffentlichung hatte er der Natur der Sache nach nicht in der Hand. Schon 1509 ließ ihm ein Freund ein handschriftliches Bändchen seiner eigenen (des Erasmus) Briefe zukommen, das er in Rom hatte kaufen können[4]. Erasmus ließ es sofort verbrennen. Seit 1515 nahm er die Publikation seiner Briefe selbst in die Hand, erst nur einige bedeutsame, dann 1516 eine Auswahl von Freundesbriefen an ihn, darauf stets größere Sammlungen, so daß am Ende seines Lebens beinahe jährlich ein neues Bändchen erschien. Es gab kaum einen so gesuchten Artikel auf dem Buchmarkt wie Briefe von Erasmus. Und kein Wunder, es waren Vorbilder eines ausgezeichneten Stils, geschmackvollen Lateins, geistreichen Ausdrucks und eleganter Gelehrsamkeit.

Das Briefgenre hatte seine zwei Seiten. Der halb private, halb öffentliche Charakter dieser Briefe machte sie oft mehr oder weniger kompromittierend. Was man einem Freund unter vier Augen sagen konnte, verletzte vielleicht, wenn viele es lasen. Erasmus, der selbst nie wußte, wie verletzend er sich ausdrückte, gab immer wieder Anlaß zu Mißverständnis und Entzweiung. Die Sitten hatten sich gleichsam der neuen Buchdruckerkunst noch nicht angepaßt, die die Publizität des geschriebenen Worts so tausendfältig erhöhte. Erst allmählich ist unter dem Einfluß des Buchdrucks die Scheidung zustande gekommen zwischen dem öffentlichen, für den Druck bestimmten Wort und dem privaten, das nur geschrieben bleibt und allein von der bestimmten Person, für die es geschrieben ist, gelesen wird.

Inzwischen waren mit der Zunahme seiner Berühmtheit auch die früheren Schriften des Erasmus sehr im Ansehen gestiegen.

---

1 A. 719. 9.
2 A. 931. 5, 934. 4.
3 A. 186, 655, 896, 906. 568, 1205, t. I. app. VII. p. 593.
4 A. 216.

Der große Erfolg des *Enchiridion militis christiani* hatte eigentlich erst etwa um 1515 begonnen, als die Zeiten dafür viel reifer waren als elf Jahre zuvor. Man verschlingt die *Moria* als die höchste Weisheit, schreibt ihm John Watson 1516[1]. Im selben Jahr findet man zum ersten Male das Wort in Anwendung, das besser als irgendein anderes andeutet, wie sehr Erasmus ein Autoritätszentrum geworden war: *Erasmiani*. So nennen sich seine deutschen Freunde im Mund von Johannes Sapidus[2]. Ein gutes Jahr später gebraucht Doktor Johannes Eck das Wort noch in ziemlich wohlwollendem Sinn als einen allgemein gebräuchlichen Ausdruck: alle Gelehrten in Deutschland seien Erasmianer, sagt er[3]. Erasmus hält nichts von diesem Wort. ‹Ich finde in mir selbst nichts›, antwortete er, ‹um deswillen jemand wünschen sollte, ein *Erasmicus* zu sein, und ich hasse die Parteinamen alle zusammen. Christus gehören wir alle an, und zu seinem Ruhm mühen wir uns, jeder an seinem Teil.[4]› Doch er weiß wohl, daß es jetzt heißt: für oder gegen ihn[5]. Er war unvermerkt aus dem glänzenden Latinisten und Schöngeist seiner jungen Jahre zu der Autorität in den Dingen des Geistes geworden, zu der die Welt aufblickte. Er mußte sich bald als das Gehirn, das Herz und das Gewissen seiner Zeit fühlen. Es konnte ihm selbst scheinen, er sei berufen, das große erlösende Wort zu sprechen, oder er habe es vielleicht schon gesprochen. Das Vertrauen auf einen leichten und nahe bevorstehenden Sieg der gereinigten Erkenntnis und der christlichen Sanftmut spricht aus dem Vorwort des Erasmus zu seiner Ausgabe des *Neuen Testaments*.

Gespannte Erwartungen

Wie heiter sah gerade in diesen Jahren die Zukunft noch aus! Wiederholt kehrt in dieser Periode die Feder des Erasmus zu dem fröhlichen Motiv eines goldenen Zeitalters zurück, das im

---

1 A. 450. 15.
2 A. 399. 12.
3 A. 769. 24. 33. 93.
4 A. 844. 169.
5 A. 876. 10.

Anbrechen sei[1]. Der ewige Friede stehe vor der Tür; die höchsten Fürsten der Christenheit, Franz I. von Frankreich, Karl, der König von Spanien, Heinrich VIII. von England und Kaiser Maximilian haben den Frieden durch die stärksten Bande gesichert. Rechtschaffenheit und christliche Frömmigkeit werden aufblühen, zusammen mit den wiederauflebenden Studien und Wissenschaften. Wie auf ein gegebenes Zeichen verschwören sich die berühmten Geister, die höchste Bildung wiederherzustellen. Man darf dem Zeitalter Glück wünschen, es wird ein goldenes sein[2].

Nicht lange führt Erasmus diese Sprache, zuletzt noch einmal 1519; von da an macht dieser Traum eines allgemeinen Glückes Platz für die gewohnte Klage über die Schlechtigkeit der Zeiten, die man von so vielen zu hören bekommt.

---

1 A. 384. 33, 428, 533, 534. 61.
2 A. 541. 29 ss., 542, 566. 34, 642. 6, 643, 862, 966. 39, 967. 36.

12. Der Geist des Erasmus: Ethische und ästhetische Neigungen

Widerwille gegen das Unbillige, Sinnlose und Umständliche

Wodurch konnte Erasmus der Mann werden, von dem die Zeitgenossen das Heil erwartet, an dessen Lippen sie gehangen haben, um das erlösende Wort aufzufangen? Er erscheint ihnen als der Bringer einer neuen Freiheit des Geistes, einer neuen Klarheit, Reinheit und Einfachheit des Wissens, einer neuen Harmonie von vernünftigem, gesundem und gutem Leben. Er ist ihnen wie ein Schatzmeister eben entdeckter, ungekannter Reichtümer, die er nur zu erschließen und auszuteilen brauche. Versuchen wir, diesen Geist des großen Rotterdamers nun etwas tiefer zu ergründen.

Die negative geistige Haltung des Erasmus könnte man umschreiben als eine innige Abscheu gegen alles, was unvernünftig, sinnlos, umständlich oder rein förmlich ist. Das ungestörte Wachstum der mittelalterlichen Kultur hatte die Welt der Gedanken überfüllt und überladen mit einer Last von Vorstellungen und Begriffen, Methoden und Traditionen, die nur noch Schlacken des Geistes waren. Sooft Erasmus an jene allerlächerlichsten Lehrbücher denkt, aus denen man in seiner Jugend noch das Latein lernte[1], erhebt sich dieser Widerwille in ihm, und er verwünscht sie: Mammetrectus, Brachylogus, Ebrardus, und wie sie sonst noch heißen: ein Haufen alten Plunders, mit dem man aufzuräumen habe. Doch dieser Widerwille gegen das Überlebte, das unnütz und seelenlos geworden war, ging viel weiter. Er sah die Gesellschaft und vor allem das religiöse Leben

---

1 Über diese Lehrbücher siehe Allen, *The Age of Erasmus*, erstes Kapitel.

voll von Gewohnheiten, Zeremonien, Konventionen und Vorstellungen, die den Verstand beleidigten und der Tugend und Frömmigkeit schadeten, anstatt sie zu fördern. Er verwirft sie nicht unbesehen und vorbehaltlos. Was er verabscheut, ist nur, daß die Gebräuche so oft ohne Verständnis und ohne rechtes Gefühl verrichtet werden. Aber für seinen Geist, der so äußerst empfindlich ist für das Törichte und Lächerliche an den Dingen und der ein so feines Bedürfnis besitzt nach einem höheren Anstand und einer inneren Würde, erscheint doch die ganze Welt der Zeremonien und Traditionen als ein unnützes, ja, schädliches Schauspiel der menschlichen Dummheit und Selbstsucht. Und als der Intellektualist, der er immer bleibt, verkennt er in seiner Verachtung für die Unwissenheit ein wenig all das, was hinter der kultischen Praxis doch an unausgedrückter und unformulierter Frömmigkeit verborgen sein kann.

Durch seine Traktate, seine Briefe und vor allem durch seine Gespräche zieht sich immer wieder, als ob man eine Galerie Breughels sähe, jener Zug unwissender und begehrlicher Mönche, die mit Scheinheiligkeit und Betrug die gute Gemeinde zum besten halten und ihrem eigenen Bauch dienen. Als ein festes Motiv (wie sie bei Erasmus zahlreich sind) hört man immer von neuem seinen Spott über jenen Aberglauben, daß man selig werde, wenn man in einer Franziskaner- oder Dominikanerkutte sterbe[1].

Fasten, vorgeschriebene Gebete, das Halten von Ruhetagen: all das soll man nicht ganz vernachlässigen; aber es mißfällt Gott, wenn man sein Vertrauen darauf setzt und die Barmherzigkeit vergißt[2]. Ebenso ist es mit der Beichte, dem Ablaß, allerlei Segenssprüchen. Wallfahrten haben keinen Wert. Die Verehrung der Heiligen und ihrer Reliquien ist voll von Aberglauben, Dummheit und Werkheiligkeit. Das Volk meint, man sei einen Tag lang vor Unheil geschützt, wenn man nur am Morgen ein gemaltes Bildnis des *heiligen Christophorus* angesehen habe. ‹Wir küssen die Schuhe der Heiligen und ihre schmutzigen Schweiß-

---

[1] Z. B. *Coll.* LB. I. 633 B, 858 A, 870 D, *Ratio* LB. V. 136 D, *Lingua* LB. IV. 716 C.

[2] *Moria* p. 40, 79, *Coll.* LB. I. 640 AB, *Exomologesis* LB. V. 161 E, A. 916. 119, *Ratio* LB. V. 89 AB.

tücher, und wir lassen ihre Bücher, ihre heiligsten und wirksamsten Reliquien, verwahrlost liegen.[1]›

Die Ablehnung von allem, was seiner Zeit alt und abgelebt schien, ging bei Erasmus noch weiter. Er traf mit seiner Verurteilung das ganze Gedankensystem der mittelalterlichen Theologie und Philosophie. Im syllogistischen Verfahren fand er nur Spitzfindigkeit und dürre Verstandeskunst. Alles, was Symbolik und Allegorie war, blieb ihm im Grunde fremd und gleichgültig, wenn er auch hie und da einmal mit Allegorien einen Versuch machte. Die Stimmung der Mystik hat er nie gekannt.

Es sind ebensosehr die Mängel seines eigenen Geistes als die Eigenschaften des von ihm verworfenen Systems, die es ihm unmöglich machen, es zu würdigen. Über den Mißbrauch von Zeremonien und Gebräuchen, über Aberglauben und Werkheiligkeit hat sein Geist einen leichten Triumph, sei es, daß er mit edler Entrüstung kämpfe, wie im *Enchiridion*, oder mit treffendem Spott, wie in den *Colloquia*. Doch wo er die ganze scholastische Theologie ablehnt, ist seine Stellung unsicherer; denn er hat sie weder durchdacht noch begriffen, und zu der hochmütigen Ironie, mit der er von ihr spricht, hat er kein volles Recht. Es war leicht, über die konservativen Theologen seiner Zeit immer von oben herab als *Magistri nostri* zu sprechen; aber es war keine Widerlegung ihres Standpunktes. Der Spott war eine gefährliche Waffe. Er traf, ohne daß der Spötter es wollte, die Guten mit den Schlechten, rannte gegen die Sache an und zugleich gegen die Personen und verletzte, ohne zu erheben. Der Individualist Erasmus hat nie begriffen, was es hieß, die Ehre eines Amtes, eines Ordens oder einer Einrichtung zu kränken. Vor allem, wenn diese Einrichtung von allen die heiligste, die Kirche selbst war.

---

1 A. 396. 64.

Vision der vom christlichen Glauben durchleuchteten Antike

Erasmus hatte von der Kirche nicht mehr eine rein katholische Auffassung. An diesem glorreichen Bau der mittelalterlich-christlichen Kultur mit seinem mystischen Grundbegriff, seiner streng hierarchischen Konstruktion, seiner herrlich schließenden Symmetrie sah er beinah nur noch die Überladung mit äußerlichen Einzelheiten und Verzierungen. An Stelle einer von der Kirche umspannten Welt, wie sie Thomas von Aquino und Dante geschaut und beschrieben hatten, sah Erasmus eine andere Welt voll Zauber und Erhabenheit, in die er seine Zeitgenossen hineinführen wollte.

Es war die Welt der Antike, aber innig durchleuchtet vom christlichen Glauben. Es war eine Welt, die nie in dieser Gestalt bestanden hat. Denn mit der historischen Realität, wie sie die Zeiten Konstantins und der großen Kirchenväter darstellten, mit der Zeit der sinkenden Latinität und des ausgehenden Hellenismus, der kommenden Barbarei und des kommenden Byzantinismus hatte sie nichts zu tun. Die Gedankenwelt des Erasmus war eine Verbindung der reinen Klassizität (das hieß für ihn: Cicero, Horaz, Plutarch, denn die Blütezeit des griechischen Geistes blieb ihm doch noch eigentlich fremd) mit dem reinsten biblischen Christentum. Konnte das eine Einheit sein? Eigentlich nicht! Im Denken des Erasmus fällt das Licht abwechselnd bald auf das Heidnisch-Antike, bald auf das Christliche, wie es auch zeitlich im Laufe seiner Entwicklung der Fall gewesen war. Aber der Zettel[1] im Gewebe seines Geistes ist christlich; sein Klassizismus dient ihm nur als Form, und er wählt aus der Antike einzig jene Elemente, die in ethischer Beziehung mit seinem christlichen Ideal übereinstimmen. Und dadurch ist Erasmus, wenn er auch nach hundert Jahren des Frühhumanismus kommt, für seine Zeit doch neu und befruchtend. Jene Verbindung von Antike und christlichem Geist, die dem Vater des Humanismus, Petrarca, vorgeschwebt hatte, die seine Nachfolger, berückt vom unwiderstehlichen Glanz der antiken Formschönheit, wieder aus den Augen verloren hatten: Erasmus vollbrachte sie.

---

1 hier in der weberei-technischen Bedeutung: Webkette. (Anm. d. Red.)

Wiedergeburt der ‹bonae literae›

Was die reine Latinität und der klassische Geist für Erasmus bedeutet haben, das können wir nicht mehr nachfühlen, da diese Begriffe für uns nicht wie für ihn eine mühsame Eroberung und einen herrlichen Triumph bedeuten. Dazu müßte man in einer harten Schule jenen Haß gegen die Barbarei eingesogen haben, der Erasmus schon in seinen ersten Schriftstellerjahren die *Antibarbari* eingab. Das Schimpfwort für alles, was alt und ungebildet ist, heißt bereits: gotisch, Goten[1]. Ein guter Teil von dem, was wir am mittelalterlichen Geist am höchsten schätzen, fiel für Erasmus unter den Begriff der Barbarei. In seinem Geist hatte sich eine weit durchgeführte dualistische Vorstellung eines Kampfes zwischen alter und neuer Kultur festgesetzt. Er sah bei den Verfechtern der Tradition nichts als Obskurantentum, Unwissenheit und Konservatismus gegen die *bonae literae*, das heißt gegen die gute Sache, für die er und die Seinen kämpften. *Bonae literae* ist unübersetzbar. Es bedeutet die gesamte klassische Literatur, Wissenschaft und Bildung, gewertet als gesunde und heilsame Erkenntnis im Gegensatz zum mittelalterlichen Denken.

Vom Aufkommen dieser höheren Bildung hatte Erasmus schon ziemlich dieselbe Vorstellung, die in der Geschichte der Renaissance herrschend geblieben ist. Es ist ein Wiederaufleben gewesen, das zwei bis drei Jahrhunderte vor seiner Zeit begonnen hatte und an dem neben den Wissenschaften alle bildenden Künste teilnahmen. Neben den Worten *restitutio, reflorescentia* fließt *renascentia* schon wiederholt in seine Feder[2]. ‹Die Welt kommt zur Besinnung, als erwache sie aus einem tiefen Schlaf. Doch es gibt noch einige, die hartnäckig widerstreben und mit Händen und Füßen krampfhaft ihre alte Unwissenheit festhalten. Sie fürchten, wenn die guten Wissenschaften wiedergeboren und die Welt weise würde, so könnte sich herausstellen, daß sie nichts gewußt haben.[3]› Sie wissen nicht, wie fromm die Al-

---

[1] A. 58. 55, 396, 182. 79, *De Pronuntiatione* LB. I. 924 D, 925 DE, LB. X. 1706 C.
[2] A. 23. 1, 117. 26, 182. 7, 967. 126, 337. 328, 996. 10.
[3] A. 337. 327.

ten sein konnten, welche Heiligkeit Sokrates, Virgil und Horaz oder Plutarchs *Moralia* eigen ist, wie reich die Geschichte des Altertums ist an Vorbildern verleugneter Rachsucht und echter Tugend. Man darf nichts profan nennen, was fromm ist und zu guten Sitten anleitet. Es gibt keine würdigere Lebenslehre, als sie Cicero im *De senectute* gibt[1].

Lebensideal des Erasmus

Um den Geist des Erasmus und seinen Zauber für die Zeitgenossen verstehen zu lernen, geht man am besten von jenem Lebensideal aus, das ihm als ein schöner Traum vor Augen stand. Es stammt nicht von ihm allein. Die ganze Renaissance hat jenen Wunsch gehegt nach einer stillen, frohen und doch ernsten Unterhaltung guter und weiser Freunde, in der Kühle eines Hauses, unter Bäumen: Serenität und Harmonie. Das ganze Zeitalter sehnt sich nach einer Erfüllung in Einfachheit, Aufrichtigkeit, Wahrheit und Natürlichkeit. Die Vorstellung ist dabei stets vom Geist der Antike getränkt, obwohl sie sich in ihrem Kern viel enger an mittelalterliche Ideale anschließt, als man sich selbst bewußt war. Im Kreis der Medici ist es das Idyll des Landhauses von Careggi; bei Rabelais verkörpert es sich in der Phantasie von der Abtei Thélème; es spricht in Mores *Utopia* und in den Essays von Montaigne. In den Schriften des Erasmus kleidet sich der ideale Wunsch stets wieder in die Form eines freundschaftlichen Spaziergangs, auf den eine Mahlzeit in einem Gartenhaus folgt. Man findet diese Szenerie als Einleitung zu den *Antibarbari*, in den zahlreichen Beschreibungen von Mahlzeiten mit Colet und in all den *Convivia* der Gespräche[2]. Vor allem im *Convivium religiosum* hat Erasmus seinen Traum ausführlich dargestellt. Es wäre sehr der Mühe wert, jene Darstellung, des idealen Landhauses einerseits mit Thélème zu vergleichen, andrerseits mit dem phantastischen Entwurf eines

---

1 A. no. I, t. I. p. 8. 30, *Coll. Convivium religiosum*, LB. I. 672.
2 A. 588, 47. 76, 1211. 323. 310. 98. 135, 61. 35. 116, Coll. LB. I. 818, 759, 720, 659, 672, 847.

Lustgartens, den Bernard Palissy[1] beschreibt. Die holländischen Landhäuschen und Gartenpavillons, an denen der Volkscharakter ein so inniges Vergnügen fand, sind Erfüllungen eines rein erasmischen Ideals. ‹Für mich ist mein einfaches Landhaus›, sagte der Gastgeber des *Convivium religiosum*, ‹ein Nestchen, angenehmer als irgendein Palast, und falls derjenige König ist, der frei nach seinem Sinn lebt, so bin ich hier zweifellos König.›

Der wahre Lebensgenuß liegt in Tugend und Frömmigkeit. Wenn Leute, die angenehm leben, Epikureer sind, dann ist in Wahrheit niemand mehr Epikureer, als wer heilig und fromm lebt[2].

Das Ideal der Lebenslust ist auch insofern ein durchaus idyllisches, als es Freiheit von irdischen Geschäften verlangt und Verachtung für alles, was unrein ist. Erasmus spricht immer mit Geringschätzung vom Handel, von der Rechtsgelehrsamkeit und der Politik[3]. Es sei Torheit, sich für alles zu interessieren, was in der Welt geschehe, und zu prahlen mit seiner Kenntnis des Marktes, der Pläne des Königs von England, der Neuigkeiten aus Rom, der Zustände in Dänemark[4]. Der kluge Greis aus dem *Colloquium senile*[5] hat ein bequemes Ehrenamt, ein sicheres Mittelmaß; er urteilt über niemand und nichts ab und lächelt allen zu. Ruhe für sich selbst, von Büchern umgeben zu sein, das ist das Begehrenswerteste.

Sinn für Harmonie und Angemessenheit

An den Rändern dieses Ideals von Serenität und Harmonie blühen manche ästhetischen Werte wie der Sinn des Erasmus für den Anstand, sein großes Bedürfnis nach freundlicher Höflich-

---

[1] Französischer Kunsttöpfer und Schriftsteller (ca. 1510–1590), der in Paris u. a. für Katharina Medici arbeitete und Motive aus dem Tier- und Pflanzenreich verwendete. (Anm. d. Red.)
[2] *Coll. Epicureus* LB. I. 888 C, cf. 882 C.
[3] A. 61. 44. 86, 37. 135, 785. 11, 715. 27, 999. 146.
[4] *Ench.* LB. V. 44 A.
[5] *Coll.* LB. I. 733 F.

keit, seine Vorliebe für gefälliges und entgegenkommendes Sichbegegnen, für liebenswürdige und nicht steife Umgangsformen. Dicht daneben stehen einige seiner intellektuellen Neigungen. Er haßt das Heftige und Extravagante. Darum mißfallen ihm die Chöre des antiken Dramas[1]. Das Verdienst seiner eigenen Verse sieht er darin, daß sie die Gemütsbewegungen schonen; sie vermeiden jedes Pathos; ‹es gibt da nirgends einen Sturm, keinen Bergstrom, der über seine Ufer tritt, nirgends irgendeine Übertreibung (δείνωσις). Es herrscht eine große Schlichtheit der Worte. Meine Verse wollen lieber innerhalb des Maßes bleiben als es überschreiten, lieber sich an der Küste halten als sich auf die hohe See begeben.[2]› Anderswo sagt er[3]: ‹Mir gefällt immer am besten ein Gedicht, das nicht zu sehr von der Prosa abweicht, dann aber von der besten Prosa. Wie Philoxenus diejenigen für die schmackhaftesten Fische hält, die keine echten Fische sind, und für das leckerste Fleisch, was kein Fleisch ist, die Fahrt längs des Ufers für die angenehmste und den Spaziergang dem Wasser entlang für den vergnüglichsten – so habe ich besonderes Vergnügen an einem rhetorischen Gedicht und an einer dichterischen Rede, so daß man in der Prosa die Poesie kostet und umgekehrt.› Das ist der Mann der halben Töne, der Nuance, des nie ganz ausgesprochenen Wortes, der hier spricht. Er fährt darauf fort: ‹Das Gesuchte mag anderen behagen; mir scheint die Hauptsache, daß wir unsern Ausdruck aus der Sache selbst schöpfen und es weniger darauf anlegen, unsern Geist zu zeigen, als die Sache darzulegen.› Das ist der Realist.

Dieser Auffassung entspringt seine einfache Klarheit, die vortreffliche Gliederung und der Vortrag seines Gedankengangs. Doch hier liegt auch die Ursache für seine Nüchternheit, für seinen Mangel an Tiefe und für die gesprächige Breite, die ihm eigen ist. Die Maschine läuft bei ihm etwas allzu glatt. Bei den endlosen Apologien seiner späteren Jahre fallen ihm stets wieder neue Wendungen, neue Argumente, neue Beweisstellen oder Zitate zur Stützung seines Gedankens ein. Er preist den

1 A. 208. 25.
2 A. 113. 24.
3 A. 283. 94.

Lakonismus[1], aber befolgt ihn nie. Erasmus schmiedet nie eine Sentenz, die abgerundet und bündig zu einem Spruch wird und so weiterlebt. Es sind keine Erasmus-Zitate im Umlauf. Der Sammler der *Adagia* hat selbst keine neuen geschaffen.

Für einen Geist wie den seinen war die angemessene Beschäftigung das Paraphrasieren: ‹Lücken ausfüllen, abrupte Übergänge mildern, das Verwirrte ordnen, das Verwickelte entwirren, die Knoten auflösen, das Dunkle beleuchten.›[2] Er betrachtete es selbst als ein Erklären[3]. Glattstreichen, Ausfalzen: das ist Arbeit nach seinem Sinn. Es ist charakteristisch und vollkommen begreiflich, daß er das ganze *Neue Testament* paraphrasiert, aber die *Apokalypse* weggelassen hat.

Der Philologe und Moralist

Der Geist des Erasmus war weder philosophisch noch historisch. Er neigte nicht dazu, scharf die Begriffe zu unterscheiden noch die großen Zusammenhänge der Welt in weiten historischen Visionen zu erfassen, bei denen die Besonderheiten in ihrer Vielheit und Buntheit selbst das Bild gestaltet hätten. Sein Geist war im vollsten Sinn des Wortes philologisch. Er liebt die Sprache, den Ausdruck, die Rede selbst; er läßt sie durch seine Hände gleiten, wie ein Kenner kostbare alte Gewebe in der Sonne schimmern läßt, und er genießt ihre Vollkommenheit. Doch mit diesem philologischen Geist allein hätte er die Welt nicht gewonnen und gefesselt. Dieser Geist war zugleich sehr stark ethisch, und diese Verbindung hat ihn groß gemacht.

Verlangen nach Freiheit, Reinheit, Einfachheit – Vertrauen in das Natürliche

Dem Geist des Erasmus liegt zugrunde ein starkes Verlangen nach Freiheit, Klarheit, Reinheit, Einfachheit und Ruhe. Es ist

---

1 *De Copia* LB. I. 109.
2 A. 710. 26.
3 A. 1255. 39, 1342. 927.

ein sehr altes Lebensideal, dem er mit den Reichtümern seines Geistes neuen Inhalt gibt. Ohne Freiheit ist das Leben kein Leben[1], und Freiheit ist nicht möglich ohne Ruhe. Sein Nie-völlig-Partei-Nehmen entspringt einem gebieterischen Bedürfnis nach vollkommener Unabhängigkeit. Jede Verpflichtung, sei es auch nur für bestimmte Zeit, wird von Erasmus als eine Fessel empfunden. Eine Person aus den *Colloquia*, in denen er so oft auf spontane Art seine eigenen Lebensideale zum besten gibt, erklärt ihren Entschluß, weder in die Ehe zu treten noch in den geistlichen Stand, noch in das Kloster, noch in irgendeinen Verband, aus dem sie sich später nicht wieder freimachen könne, wenigstens nicht, bevor sie sich selbst vollkommen kenne. ‹Wann wird das sein? Vielleicht nie.[2]› ‹Um keines andern Dinges willen wünsche ich mir so sehr Glück als darum, daß ich mich nie irgendeiner Partei angeschlossen habe›, sagt Erasmus gegen das Ende seines Lebens[3].

Die Freiheit soll in erster Linie eine geistige sein. ‹Der geistige Mensch richtet alles, er selbst aber wird von niemand gerichtet›, lautet das Wort des Paulus. Wozu braucht derjenige Vorschriften, der aus eigenem Antrieb Besseres schafft, als die menschlichen Gesetze verlangen? Was für eine Vermessenheit ist es, einen Menschen durch menschliche Bestimmungen binden zu wollen, da er doch deutlich geleitet wird durch den Hauch des göttlichen Geistes[4]!

In Erasmus finden wir bereits den Anfang von jenem Optimismus, der den rechtschaffenen Menschen für gut genug erachtet, um ohne feste Formen und Regeln auszukommen. Ebenso wie bei More in der *Utopia* und bei Rabelais spricht bei Erasmus schon das Vertrauen in die Natur, die den Menschen gesund erschaffe, und der er, falls er von Glauben und Gottesfurcht durchdrungen sei, folgen müsse.

---

1 A. 333. 41.
2 *Coll. Pietas puerilis* LB. I. 652 E.
3 LB. X. 1593 DE.
4 *Coll. Conviv. relig.* LB. I. 678 C.

Gedanken über Erziehung und Gesellschaft

Auf dieser Linie des Vertrauens in das Natürliche und der Sehnsucht nach dem Einfachen und Vernünftigen liegen die erzieherischen und sozialen Gedanken des Erasmus. Hier ist er seiner Zeit weit voraus. Es wäre höchst reizvoll, von den Erziehungsidealen des Erasmus ausführlicher zu sprechen[1]. Sie sind schon fast vollständig die des achtzehnten Jahrhunderts. Das Kind soll spielend lernen, an Dingen, die seinem Geist angenehm sind, mit Bildchen. Man soll seine Fehler mit Milde verbessern. Der schlagende und schimpfende Schulmeister ist für Erasmus ein Greuel; das Amt selbst ist ihm heilig und verehrungswürdig. Sogleich von Geburt an soll die Erziehung beginnen. Wahrscheinlich maß Erasmus hier wie anderswo der klassischen Bildung zu großen Wert bei: der Freund Peter Gilles soll seinem zweijährigen Söhnchen schon die Keime der alten Sprachen einpflanzen, so daß es den Vater mit liebenswürdigem Stammeln auf griechisch und lateinisch begrüßen könne. Doch welche Milde und was für ein heller Sinn strahlt aus allem, was Erasmus über Unterricht und Erziehung sagt!

Dasselbe gilt von seinen Ansichten über die Ehe und die Frau. In der Frage der sexuellen Dinge steht er sehr entschieden auf ihrer Seite. Es liegt ein großes Maß von Zartheit und feinem Gefühl in seiner Auffassung von der Stellung des Mädchens und der Frau. Wenige Figuren in den *Colloquia* sind mit so viel Sympathie gezeichnet wie das Mädchen mit dem Freier und die gelehrte Frau im geistreichen Gespräch mit dem Abt. Das Eheideal des Erasmus ist echt sozial und hygienisch. Laß uns Kinder zeugen für den Staat und für Christus, sagt der Freier, Kinder, die von ihren rechtschaffenen Eltern ihre gute Anlage mitbekommen und zu Hause das gute Vorbild sehen, das ihnen zur Richtschnur wird. Immer wieder kommt Erasmus auf die Pflicht der Mutter zurück, das Kind selbst zu nähren. Er gibt an, wie das Haus eingerichtet sein müsse: einfach und reinlich; er vertieft sich in die Frage der praktischen Kinderkleidung. Wer setzte

---

[1] *Decl. de pueris inst.* LB. I. 490. *De studio bon. lit.* LB. I. 520. *De Pronunt.* LB. I. 929, 917, 921, LB. I. 510. A. 476, A. 298, 447, 941. 16, 237. 72, 364. 23, 500. 21, 715. 55, LB. I. 361 AF, 362 A, V. 712, A. 1211. 340.

sich in dieser Zeit schon, wie er es tat, für das gefallene Mädchen und für die aus Not Prostituierte ein[1]? Wer sah so deutlich die soziale Gefahr der Ehen mit solchen, die an der neuen Geißel Europas, an der Lues, krank waren, gegen die Erasmus einen so heftigen Abscheu empfand[2]? Er möchte, daß eine solche Ehe durch den Papst unverzüglich für geschieden erklärt würde. Erasmus macht die bequeme gesellschaftliche Lehre, die in der Literatur seiner Zeit noch so gebräuchlich war und die alle Schuld für Ehebruch und Unzucht auf die Frauen lädt, nicht mit. Bei den Wilden, die im Naturzustand leben, sagt er, wird der Ehebruch an den Männern bestraft, aber den Frauen verziehen[3].

Hier zeigt sich zugleich, daß Erasmus, vielleicht halb im Scherz, die Vorstellung kannte von der natürlichen Tugendhaftigkeit und dem Glück der nackten Inselbewohner im Zustand der Wildheit. Sie erscheint bald darauf wieder bei Montaigne und entwickelt sich in den folgenden Jahrhunderten zu einem literarischen Dogma.

---

1 *Coll.* LB. I. 808 C, *Ench.* LB. V. 46 D etc.
2 *Coll. Conjugium impar* LB. I. 818. *Inst. Matr.* Chr. LB. V. 614.
3 *Coll. Franciscani* LB. I. 743 B.

# 13. Der Geist des Erasmus: Intellektuelle Auffassungen

Einfachheit, Natürlichkeit, Reinheit und Vernunft, das sind für Erasmus die beherrschenden Forderungen, auch wenn wir von seinen ethischen und ästhetischen Auffassungen zu seinem intellektuellen Standpunkt übergehen. Dieser ist übrigens nicht ganz von den ersteren zu trennen.

Die Einfachheit der Wahrheit

Die Welt, sagt Erasmus, ist überladen mit menschlichen Satzungen, überladen mit Meinungen und scholastischen Dogmen, überladen mit der tyrannischen Autorität von Orden, und unter alldem ist die Kraft der Lehre des Evangeliums allmählich am Erschlaffen. Was der Glaube nötig hat, das ist Vereinfachung. Was würden die Türken wohl zu unserer Scholastik sagen[1]? ‹Erasmus›, schrieb ihm einst Colet, ‹an Büchern und Wissenschaft ist kein Ende. Laß uns darum alle Umwege verlassen und auf der nächsten Abkürzung auf die Wahrheit zugehen.[2]›

Die Wahrheit muß einfach sein. ‹Die Sprache der Wahrheit ist einfach, sagt Seneca, wohlan: nichts ist einfacher und wahrer als Christus.[3]› ‹Ich möchte›, heißt es anderswo[4], ‹daß der einfache und reine Christus tief dem Geist der Menschen eingeprägt würde, und das, glaube ich, ist auf diesem Weg am besten zu erreichen, daß wir, gestützt auf unsere Kenntnis der Grundsprachen, an den Quellen selbst philosophieren.›

1 A. 1033. 120, 858. 78.
2 A. 593. 15.
3 *Ratio* LB. V. 126 A.
4 A. 541. 141.

Zurück zu den Quellen!

Hier tritt eine neue Losung hervor: zurück zu den Quellen! Das ist nicht bloß eine verstandesmäßige, philologische Forderung, es ist auch ein ethisches und ästhetisches Lebensbedürfnis. Das Ursprüngliche und Reine, das noch nicht überwachsen oder durch manche Hände gegangen ist, übt diesen starken Zauber aus. Erasmus vergleicht es mit einem Apfel, den man selbst vom Baume pflückt[1]. Die Welt zurückzurufen zu der alten Einfachheit der Wissenschaft, sie zurückzuführen von trübe gewordenen Pfützen zu jenen lebendigen und allerreinsten Springadern, jenen allerklarsten Quellen der Evangelienlehre: so sieht Erasmus die Aufgabe der Theologie[2]. Das Bild vom klaren Wasser ist hier nicht ohne Bedeutung. Es verrät den psychologischen Hintergrund für sein tief im Gefühl verankertes Prinzip.

Wie kommt es, ruft er aus[3], daß man sich mit den Absonderlichkeiten allerlei abgelegener philosophischer Systeme zu schaffen macht und versäumt, zu den Quellen des Christentums selbst zu gehen! ‹Zumal da man diese Weisheit, die so unübertrefflich ist, daß sie einst die Weisheit der ganzen Welt als Torheit erwiesen hat, aus diesen wenigen Büchern wie aus kristallklaren Quellen schöpfen kann, mit wie viel geringerer Mühe als die Weisheit des Aristoteles aus so viel dornigen Büchern, und mit wieviel mehr Frucht!... Die Ausrüstung zu dieser Reise ist einfach und steht für jeden bereit. Diese Philosophie ist für jeden zugänglich. Christus will, daß seine Mysterien so weit wie möglich verbreitet werden. Ich möchte, daß alle Weiblein das Evangelium und die paulinischen Briefe läsen. Daß sie in alle Sprachen übersetzt würden! Daß doch der Bauer daraus sänge bei seinem Pflug und der Weber sich daraus vorsummte an seinem Webstuhl, daß mit solchen Geschichten der Wanderer sich den Weg kürzte... Diese Art Philosophie liegt mehr in einer Gesinnung als in Syllogismen, es ist mehr ein Leben als ein Standpunkt, mehr eine Beseelung als eine Belehrung, mehr eine Verwandlung als eine Vernunft... Was ist die Philosophie Chri-

---

1 A. 373. 163.
2 A. 1062. 35 ss.
3 *Paraclesis* LB. V. 138.

sti, die er selbst *renascentia* nennt, anderes als eine Wiederherstellung der gut erschaffenen Natur? – Schließlich, obschon niemand uns diese so unbedingt und so wirksam gelehrt hat wie Christus, sehr viel ist auch in den heidnischen Büchern zu finden, was damit übereinstimmt.›

Biblischer Humanismus

Das ist die Lebenslehre des biblischen Humanisten. Sooft Erasmus auf diese Dinge kommt, klingt seine Stimme am kräftigsten. ‹Möge niemand›, sagt er in der Vorrede zu den Anmerkungen zum *Neuen Testament*[1], ‹dieses Werk zur Hand nehmen, wie er des Gellius *Noctes Atticae* oder die *Miscellaneen* Polizians aufschlägt... Wir stehen unter heiligen Dingen, hier ist es nicht um Beredsamkeit zu tun; diese Dinge werden der Welt am besten empfohlen durch Einfachheit und Reinheit; es wäre lächerlich, hier menschliche Gelehrtheit ausbreiten zu wollen, gottlos, sich mit menschlicher Beredsamkeit zu brüsten.› Aber er war nie so beredt wie gerade hier.

Notwendigkeit der Bibeltextkritik

Was ihn hier über seine gewöhnliche Kraft und Glut erhebt, ist die Tatsache, daß er hier einen Kampf kämpft. Den Kampf für das gute Recht der Bibeltextkritik. Es ging ihm wider den Strich, daß man die Heilige Schrift studieren wolle, wo man wisse, daß in der *Vulgata* die Texte abweichen und verdorben sind, während man doch den griechischen Text besitze und somit auf die ursprüngliche Form und zum primären Sinn zurückgehen könne[2].

Man werfe ihm vor, daß er als bloßer Grammatiker den Text der Heiligen Schrift anzutasten wage auf Grund unbedeutender kleiner Versehen und Unebenheiten[3]. ‹Kleinigkeiten sind es, ja;

---

1 A. 373. 203.
2 A. 182. 181, 843. 25, 149. 42.
3 A. 1167. 212. 373. 76.

aber wegen dieser Kleinigkeiten sehen wir auch die größten Theologen manchmal übel stolpern und faseln.› Die philologische Wortklauberei sei notwendig. ‹Warum sind wir so peinlich in unsern Speisen, in unsern Kleidern, in unsern Geldsachen, und warum mißfällt uns die Gewissenhaftigkeit allein in der Theologie? – Er kriecht am Boden dahin, sagen sie, er quält sich mit Wörtchen und Silben! – Warum schätzen wir irgendein Wort gering von ihm, den wir selbst unter dem Namen des Wortes verehren und anbeten?› – ‹Aber gut; wer will, mag sich einbilden, daß ich nicht imstande sei, etwas Besseres als dies zu vollbringen, und daß ich aus Trägheit des Geistes und Kälte des Herzens oder aus Mangel an Gelehrsamkeit diese niedrigste Aufgabe auf mich genommen habe; es ziemt sich doch immer für den Christen, jede Arbeit gutzuheißen, die mit frommem Eifer verrichtet wird.› ‹Wir tragen Steine herzu, aber zum Bau des Tempels Gottes.[1]›

Er will nicht zu weit gehen. Möge man die *Vulgata* beibehalten für den Kultus, bei der Predigt, in der Schule; doch wer zu Hause meine Ausgabe liest, der wird daraus seine *Vulgata* um so besser verstehen. Erasmus ist bereit, Rechenschaft zu geben und als unrichtig anzuerkennen, wo man ihn von einem Irrtum überzeuge[2].

Erasmus ist vielleicht sich selbst nie völlig darüber klar gewesen, wie sehr seine philologisch-kritische Methode die Grundfesten des Baues der Kirche erschüttern mußte. Er verwunderte sich über seine Gegner, ‹die nichts anderes glauben können, als daß alle ihre Autorität mit einem Schlag untergehen würde, wenn die heiligen Bücher in gereinigter Form vorlägen und man sie aus den Quellen selbst zu verstehen suchte›[3]. Er fühlte nicht, was es hieß, ein heiliges Buch zu besitzen, mit dem eine unantastbare Autorität verbunden war. Er freut sich darüber, daß man der Heiligen Schrift soviel näher komme, daß dabei allerlei Nuancen auftauchen, wenn man nicht allein ins Auge fasse, was gesagt werde, sondern auch durch wen, für wen bestimmt, zu welcher Zeit, bei welcher Gelegenheit, was dabei vorangehe,

1 *Apologia* LB. VI** 2.
2 A. 373. 221.
3 A. 967. 57.

was darauf folge[1]. Kurz, indem man die Haltung der historisch-philologischen Kritik an die Stelle der knienden Verehrung setze. Falls etwas vorkam, das mit der göttlichen Natur wenig übereinstimmte oder der Lehre Christi zu widersprechen schien, so hielt er es gerade für eine fromme Pflicht, lieber anzunehmen, man begreife den Inhalt nicht oder der Codex sei verdorben[2]. Unvermerkt ging er vom Verbessern des Textes zum Korrigieren des Inhalts über. Die Briefe seien nicht alle von den Aposteln, denen sie zugeschrieben werden. Die Evangelisten selbst hätten sich bisweilen geirrt[3].

Das Fundament seines geistigen Lebens war für Erasmus nicht mehr einheitlich. Einerseits war es ein starkes Verlangen nach einem aufrichtigen, einfachen, reinen und im Gemüt ruhenden Glauben, der ernsthafte Wunsch, ein guter Christ zu sein. Andererseits war es das unwiderstehliche intellektuell-ästhetische Bedürfnis nach dem guten Geschmack, dem Ebenmaß, dem klaren und exakten Ausdruck der Alten, der Widerwille gegen das Umständliche und Verworrene. Erasmus meinte, die *bonae literae* könnten gute Dienste tun bei der notwendigen Reinigung des Glaubens und seiner Formen. Man müsse in den kirchlichen Hymnen das Metrum verbessern[4]. Das Unvereinbare von christlicher Ausdrucksweise und Klassizismus wurde ihm nie bewußt. Er, der bei den theologischen Studien jeden Schriftsteller nach der Beglaubigung seiner Autorität fragte, er fuhr fort, halb unbewußt die Autorität der Alten unbezweifelt anzuerkennen. Wie naiv beruft er sich nicht jedesmal, wenn er irgendeine kühne Stellung verteidigen will, auf die Antike! Er übe Kritik? Die Alten taten es ja auch! Er erlaube sich Abweichungen? Das taten die Alten auch! Er preise in leichtem Ton tadelnswerte Dinge? So manche klassischen Schriftsteller haben es vor ihm getan[5]!

1 LB. V. 85 EF.
2 LB. V. 77.
3 A. 769. 40, 1171.
4 *Coll. Conviv. poeticum* LB. I. 724 A.
5 A. 180, 182, 222, 269. 11, 292. 89, 337. 42, 531, *Moria, praefatio*.

Praxis wichtiger als Dogma

Mit dieser verehrten Antike fühlt sich Erasmus in tiefer Harmonie durch seine Überzeugung, daß es schließlich auf die Praxis des Lebens ankomme. Der große Philosoph ist nicht der, der die Lehrsätze der Stoiker und Peripatetiker gut auswendig kennt, sondern der, der den Sinn der Philosophie durch sein Leben und seine Sitten ausdrückt; denn das ist das Ziel der Philosophie[1]. Der ist in Wahrheit Theologe, der nicht durch künstliche Syllogismen, sondern durch seine Gesinnung, durch sein Antlitz und seine Augen, durch sein Leben selbst lehrt, daß man Schätze verschmähen solle[2]. Nach dieser Regel zu leben, das sei, was Christus selbst ‹renascentia› nenne[3]. Erasmus gebraucht dieses Wort nur im christlichen Sinn. Doch gerade in diesem Sinn steht es ganz dicht neben dem Begriff, den wir mit der Renaissance als historischer Erscheinung verbinden. Man hat lange die weltlichen und heidnischen Seiten der Renaissance überschätzt. Der Geist des sechzehnten Jahrhunderts ergötzte sich an heidnischen Formen; aber der Inhalt, den er verlangte, war christlich. Erasmus ist einer der vollkommensten Repräsentanten dieses Geistes. ‹Autorem cum renascentium literarum tum redeuntis pietatis›, preist ihn Capito[4]. Gerade in der ehrlichen Verbindung eines christlichen Strebens mit dem Geist der Antike liegt die Erklärung für den gewaltigen Erfolg des Erasmus.

Das Talent des Erasmus

Die Zielsetzung und der Inhalt des Geistes üben allein keinen Einfluß auf die Welt aus, wenn nicht die Form des Ausdrucks mitwirkt. Bei Erasmus ist die Feinheit seines Talentes ein sehr bedeutender Faktor. Seine vollkommene Klarheit und Leichtigkeit des Ausdrucks, seine Lebendigkeit, sein Witz, seine Phantasie, sein Schwung und seine Laune, sie haben allem, was er

---

1 A. 531. 225.
2 LB. V. 140 E.
3 LB. V. 141 F, IX. 1248 A.
4 A. 1368. 29.

schrieb, einen Zauber verliehen, der für den Zeitgenossen unwiderstehlich war und der uns noch packt, sobald wir eine Schrift vom ihm aufschlagen. Mit allem, was sein Talent ausmacht, ist Erasmus vollkommen und ganz ein Vertreter der Renaissance. Da ist erstens sein ewiges *à propos*. Was er schreibt, ist nie unbestimmt, nie unbegreiflich, immer plausibel. Es fließt alles scheinbar von selbst, wie ein Springbrunnen. Es ist immer vollkommen, im Ton, im Sinnfall und im Akzent. Es hat beinahe die helle Harmonie Ariosts. Und es ist wie bei Ariost nie tragisch, nie wirklich heroisch. Wohl mitreißend, nie selbst wahrhaft hingerissen.

Die mehr künstlerischen Seiten am Talent des Erasmus sprechen, wenn sie auch überall in die Augen springen, am stärksten in jenen beiden Erholungen von ernsthafter Arbeit, dem *Moriae Encomium* und den *Colloquia*. Doch gerade diese beiden sind für den Einfluß auf seine Zeit von ungeheurer Bedeutung gewesen. Denn wenn sein Hieronymus zu zehn Lesern und das *Neue Testament* zu Hunderten ging, so gingen *Moria* und *Colloquia* hinaus zu Tausenden. Und außerdem erhöht auch dies noch ihre Bedeutung, daß Erasmus sich nirgends sonst so spontan geäußert hat, nicht allein was die Form betrifft. In jedem der Gespräche, sogar in den ersten, rein formelhaften, steckt ein Entwurf zu einer Komödie, einer Novelle oder einer Satire. Es gibt beinah kein Sätzchen ohne Pointe, keinen Ausdruck ohne lebendige Vorstellung. Es gibt da Feinheiten, die unvergleichlich sind. Der Abt aus *Abbatis et Eruditae Colloquium* ist eine Molière-Figur. Man achte einmal darauf, wie gut Erasmus immer seine Zeichnung von Person und Schauplatz durchführt. Er sieht sie eben. In der ‹Kindbetterin› vergißt er keinen Augenblick, daß *Eutrapelus* ein Künstler ist. Wenn am Schluß des ‹Knöchelspiels›, nachdem die ganze Nomenklatur des lateinischen Knöchelspiels erläutert ist, die Unterredenden sich selbst zu einem Spielchen entschließen, sagt *Carolus*: ‹Aber schließt erst die Tür zu, damit uns die Küchenmagd nicht wie zwei Jungen sitzen und spielen sieht.[1]› Wie Holbein die *Moria* illustrierte, so möchte man wünschen, die *Colloquia* mit Illustrationen von Breughel zu besitzen. So dicht steht des Erasmus geistreiche

---

[1] LB. I. 744, 766, 838, 841 F.

und scharfe Vision der Vorgänge neben der jenes großen Meisters. Der Aufzug Betrunkener am Palmsonntag, die Rettung der Schiffbrüchigen, die alten Männer, die auf den Reisewagen warten, während die Fuhrleute noch sitzen und trinken: all das ist niederländische Genrekunst der besten Art.

Verschleierter Realismus

Man spricht gern vom Realismus der Renaissance. Erasmus ist zweifellos Realist im Sinn eines unersättlichen Hungers nach Kenntnis der *Realia*. Er will die Dinge und ihren Namen kennen: das Besondere an jedem Ding, liegt es auch noch so fern wie jene Spielausdrücke und Spielregeln der Römer. Man lese einmal genau die Beschreibung der Malereien in dem Landhaus des *Convivium religiosum*: alles Sachunterricht, alles Anschauung von Formen der Wirklichkeit. Mit ihrer Freude am Stoff und am geschmeidigen, biegsamen Wort ergötzt sich die Renaissance in einer Überfülle von Bildern und Ausdrücken. Die dröhnenden Aufzählungen von Namen und Dingen, wie Rabelais sie immer wieder gibt: auch Erasmus kennt sie, doch ohne das verwirrende Übermaß: geklärt und sinnvoll. In *De copia verborum ac rerum* folgt ein Kunststück variierter Ausdrucksweise auf das andere. Fünfzig Wendungen, um zu sagen: ‹dein Brief hat mir viel Vergnügen gemacht› oder ‹ich denke, daß es Regen gibt›[1]. Der ästhetische Impuls ist hier der eines Themas mit Variationen: das Bedürfnis, all den Reichtum und die Variabilität des Ausdrucks zur Schau zu stellen. Auch sonst gibt Erasmus dieser Neigung zum Anhäufen der Schätze seines Geistes nach: er und seine Zeitgenossen können es nie lassen, alle Beispiele auf einmal zu geben: in der *Ratio verae theologiae*, in *De pronuntiatione*, in *Lingua*, im *Ecclesiastes*[2]. Die Sammlung der *Adagia*, der *Parabolae* und der *Apophthegmata* beruhen ganz auf dieser Sucht der Renaissance (die sie übrigens aus dem Mittelalter selbst mitbrachte), im Reichtum der Realitäten zu schwelgen, in der Lust an den Worten und an den Dingen. Die Sinne stehen offen für die genaue Beobachtung von allem, was

---

1 LB. I. 23 ss.
2 LB V. 117. A, 134 B, I. 913, IV. 664–665, V. *Eccl. passim*.

merkwürdig scheint. Erasmus kennt den Durst der Renaissance nach den Schätzen der Welt nicht in der Form jener Begierde, in den Geheimnissen der Natur zu bohren, wie sie einen Leonardo da Vinci, einen Paracelsus, einen Vesalius beseelt. Sein naturwissenschaftliches Interesse geht nicht tief[1]. Was ihm Interesse einflößt, ist die Welt so, wie sie sich darstellt. Für das Besondere an Volkssitten und Gebräuchen hat er ein scharfes Auge. Er stellt fest, wie die schweizerischen Söldner absichtlich hinken, wie die Dandys sitzen, wie die Picarden das Französische aussprechen. Er bemerkt, daß man auf alten Malereien stets halb geschlossene Augen und straffe Lippen sehe als ein Zeichen von Ehrbarkeit, und wie für manche Spanier diese Haltung des Gesichts immer noch vorbildlich sei, während die deutsche Kunst Lippen vorziehe, die sich wie zu einem Kusse schürzen[2]. Sein lebendiger Sinn für die Anekdote, dem er in allen seinen Schriften die Zügel schließen läßt, ist hier zu Hause.

Trotz all diesem Wirklichkeitssinn ist die Welt, die Erasmus sieht und wiedergibt, nicht das volle sechzehnte Jahrhundert. Alles liegt unter dem Schleier des Lateins. Zwischen den Geist des Schriftstellers und die Wirklichkeit hat sich die antike Ausdrucksform gedrängt. Im Grunde ist seine Geisteswelt eine künstliche. Es ist ein gedämpftes und gewähltes sechzehntes Jahrhundert, das er widerspiegelt. Mit dem Rauhen fehlt ihm auch alles Heftige und Unmittelbare seiner Zeit. Verglichen mit den Malern, mit Luther und Calvin, mit den Staatsmännern, den Seefahrern, den Kriegern und den Männern der Wissenschaft, steht Erasmus der Welt als ein Zurückgezogener gegenüber. Ist das wohl allein der Einfluß des Lateins? Bei all seiner Empfänglichkeit und Empfindsamkeit steht Erasmus nie vollständig mit dem Leben in Berührung. Durch sein ganzes Werk hört man keinen Vogel singen und keinen Wind rauschen.

Doch diese Reserve, diese Scheu vor dem Unmittelbaren ist nicht allein eine negative Eigenschaft. Sie entspringt zugleich dem Bewußtsein der Unerforschlichkeit des Grundes aller

---

1 Siehe *Moria* c. 32, p. 59 und c. 52, p. 111; *Colloquium Amicitia*, LB. I. 873 ss., *Ecclesiastes* LB. V. 924 F.

2 LB. I. *De Civilitate* 1034 A, 1035 C, 1036 BE, *Adagia* p. 756, *Coll. Concio* LB. I. 853 AB.

Dinge, der Ehrfurcht vor der Vieldeutigkeit alles Bestehenden. Wenn Erasmus so oft auf der Grenze von Ernst und Spott zu schweben scheint, wenn er beinah nie ein abschließendes Urteil gibt, so ist das nicht allein Vorsicht und Furcht, sich zu kompromittieren. Er sieht überall die Nuance, das Ineinandergleiten der Wortbedeutungen[1]. Die Begriffe der Dinge sind für ihn nicht mehr wie für den Menschen des Mittelalters gleichsam in Gold gefaßte Kristalle oder Sterne am Firmament. ‹Ich schätze bestimmte Behauptungen so wenig, daß ich mich leicht zu den Skeptikern schlagen könnte, überall, wo es durch die unverletzliche Autorität der Heiligen Schrift und der kirchlichen Dekrete erlaubt ist.[2]› ‹Was gibt es, das frei wäre von Irrtum?[3]› All die subtilen Streitfragen der theologischen Spekulation entspringen einer gefährlichen Neugierde und führen zu einer gottlosen Vermessenheit. Was haben all die großen Kontroversen über die Dreieinigkeit und Maria geholfen? ‹Wir haben so vieles definiert, was man ohne Gefahr für unser Seelenheil hätte entweder ungewußt oder unentschieden lassen können... Die Hauptsache in unserer Religion ist Friede und Einmütigkeit. Diese können kaum bestehen, es sei denn, daß wir über so wenig Punkte wie möglich Definitionen aufstellen und in vielen Dingen jedermann sein Urteil frei lassen. Manche Streitpunkte werden jetzt auf das ökumenische Konzil aufgeschoben. Es wäre viel besser, derartige Fragen aufzuschieben bis auf jene Zeit, da Gleichnisse und Rätsel hinweggenommen sein werden und wir Gott schauen werden von Angesicht.[4]›

‹Es gibt in der Theologie unzugängliche Stellen, wo Gott nicht gewollt hat, daß wir näher herzu dringen sollen; und wenn wir vorzudringen suchen, so tasten wir, je tiefer wir hineingehen, um so mehr im Dunkeln, so daß wir auch so die unergründliche Majestät der göttlichen Weisheit und die Hilflosigkeit des menschlichen Verstandes erkennen.[5]›

---

1 Z. B. *Eccl.* LB. V. 1021–1022, *Coll. Concio* LB. I. 853 AB.
2 *De Libero Arbitrio* LB. IX. 1215 D, 1217 B.
3 A. 713. 18.
4 A. 1334. 142 ss., 217 ss., vgl. 1365. 104 ss.
5 LB. IX. 1216 C, vgl. A. 1255. 46 ss.

14. Der Charakter des Erasmus

Der mächtige Geist des Erasmus hat im Gemüt seiner Zeitgenossen einen gewaltigen Widerhall gefunden und einen langdauernden Einfluß ausgeübt auf die Entwicklung der Kultur. Doch einen der Heroen der Geschichte kann man ihn nicht nennen. Daß er nicht noch größer gewesen ist, liegt das nicht zum Teil daran, daß sein Charakter nicht ganz der Höhe seines Geistes entsprach? Dennoch wird dieser Charakter, der ein sehr komplizierter war, obwohl sich Erasmus selbst für den einfachsten Menschen von der Welt gehalten hat, von denselben Faktoren bestimmt, die die Struktur seines Geistes ausmachen. Immer wieder findet man die Korrelate seiner Überzeugungen in seinen Neigungen.

Bedürfnis nach Reinheit und Sauberkeit

Im tiefsten Grunde seines Wesens liegt, um mit dem Leichtesten zu beginnen, dasselbe innige Bedürfnis nach Reinheit, das ihn zu den Quellen der Theologie trieb. Reinheit im Materiellen und Moralischen will er für sich und für andere, immer und in allem. Nichts geht ihm so wider den Strich wie die Praxis der Weinpanscher und Verfälscher von Lebensmitteln[1]. Wenn er seine eigene Sprache und seinen Stil immer wieder reinigt oder sich freispricht von Fehlern, so ist es derselbe Impuls, der ihm auch ein leidenschaftliches Verlangen nach Sauberkeit und Reinheit im Haus und an seinem Körper einflößt. Er hat einen heftigen Widerwillen gegen unfrische Luft und schlechte Gerü-

---

1 LB. V. 164. 165 und an andern Orten.

che. Er macht regelmäßig einen Umweg, um ein Stinkgäßlein zu vermeiden; es ekelt ihn vor Schlächtereien und Fischläden[1]. Der Gestank übertrage Ansteckung, meint er[2]. Früher als die meisten andern hat Erasmus antiseptische Ideen gehabt in bezug auf die Ansteckungsgefahr der verdorbenen Luft überfüllter Wirtsstuben, den Atem der Beichtenden, das Taufwasser. Weg mit den gemeinschaftlichen Bechern; jeder solle sich doch selbst rasieren; man soll vorsichtig sein mit Bettlaken, einander zur Begrüßung nicht küssen[3]. Das Verlangen nach Reinlichkeit wird bei ihm noch erhöht durch die Furcht vor jener großen Seuche, die während seines Lebens ihren Einzug in Europa gehalten hatte, und deren ungehinderte Verbreitung Erasmus mit Besorgnis verfolgte: *scabies gallica* nennt er sie meistens. Es werde nicht genug dagegen getan, urteilt er mit Recht. Er warnt seine Knechte vor verdächtigen Herbergen; er wünscht Maßregeln gegen die Verheiratung Kranker[4]. In seiner Haltung gegen Hutten spielt eine physische und moralische Abscheu gegen das Übel dieses Mannes eine unverkennbare Rolle.

Konstitutionelle Zartheit und Empfindlichkeit

Erasmus ist von zarter Natur in all seinen Fasern. Beständig schont er sich selbst. Sein Körper zwingt ihn dazu. Er ist unter anderm besonders empfindlich gegen Erkältung, ‹die Krankheit der Gelehrten› nennt er sie[5]. Schon früh beginnt ihn sein schmerzhaftes Nierensteinleiden zu quälen, dem er so mutig widerstand, wenn es sein Werk galt. Er spricht immer etwas liebkosend von seinem Körperchen, das kein Fasten aushalten könne, das er durch etwelche Körperübungen, Reiten haupt-

---

1 A. 2147. 22. *Coll*. LB. I. 788, A. 867. 50.
2 A. 133. 27. 30.
3 *Coll*. LB. I. 689 C, 792, 715 ss., 830, LB. V. 154–155.
4 A. 916. 65, LB.IV. 656–657, A. 785. 47, 786–787, 790. 5, 895. 6, LBE. 1493 D, *Coll*. ῎Αγαμος γάμος, LB. I. 826 ss.
5 A. 671. 11.

sächlich, gesund erhalten müssen, für das er sorgfältig das passende Klima auszuwählen sucht[1]. Er ist bisweilen sehr ausführlich in der Beschreibung seiner Leiden. Mit besonderer Sorgfalt muß er auf seinen Schlaf achten. Einmal erwacht, schläft er nur mit Mühe wieder ein, und deshalb muß er oft den Morgen, die beste Arbeitszeit, die ihm so teuer ist, versäumen[2]. Er kann Kälte, Wind und Nebel nicht ertragen, aber noch weniger stark erwärmte Räume. Wie hat er die deutschen Kachelöfen verwünscht, welche beinahe das ganze Jahr geheizt wurden und ihm den Aufenthalt in Deutschland fast unerträglich machten[3]! Vor seiner Angst vor Krankheit wurde schon früher gesprochen. Nicht allein vor der Pest flieht er. Aus Angst vor Erkältung unterläßt er eine Reise von Löwen nach Antwerpen, wo sein Freund Peter Gilles in Trauer war[4]. Er weiß es selbst ganz gut: ‹Oft liegt ein großer Teil der Krankheit in der Einbildung›[5], aber nichtsdestoweniger läßt ihn diese Einbildung nicht in Ruhe. Ist er ernsthaft krank, dann empfindet er keine Furcht vor dem Tode.

Seine Gesundheitslehre heißt: Mäßigkeit, Reinlichkeit und frische Luft, die letztere mit Maß. Er hält die Nähe der See für ungesund und ist ängstlich vor Zugluft[6]. Seinem Freund Gilles rät er bei einer Krankheit: brauche nicht zu viel Medizinen, halte dich ruhig, und laß dich vor allem nicht aufregen[7]. Obschon unter seinen Werken ein ‹Lob der Arzneikunst[8]› vorkommt, hält er nicht viel von den Ärzten und verhechelt sie mehr als einmal in den *Colloquia*[9].

Auch in seiner äußeren Erscheinung gab es Züge, die Zartheit verrieten. Er war von mittlerer Größe, gut gebaut, von wei-

---

1 A. 447. 388, 55. 114, 274, 1111. 78, 301, 868. 21 etc.
2 A. 447. 397, 296. 18, 1002. 5, Coll. Diluculum LB. I. 844.
3 A. 360, 389. 6, 794. 62, 1169. 17, 1248. 10, 1302. 29, 1342. 189. 204, 1422. 26, 1553. 32.
4 A. 708. 10.
5 A. 867. 251.
6 A. 1489. 5–15, 1532. 6 ss., LB. IV. 656–657.
7 A. 818. 6
8 LB. I. 1533.
9 A. 285, 855. 18, Coll. Funus LB. I. 810 ss., 789 DE.

ßer Haut, blondem Haar und blauen Augen, ein aufgewecktes Gesicht, sehr artikulierte Sprache, aber eine dünne Stimme[1].

Verlangen nach Freundschaft und Eintracht

In den Dingen des Herzens und Gemüts zeigt sich die zarte Anlage des Erasmus in seinem großen Bedürfnis nach Freundschaft und Eintracht, seiner Abneigung gegen Zwiespalt. Friede und Einmütigkeit gehen ihm über alles, und er bekennt dies als Richtschnur seines Handelns[2]. Er hätte, wenn es möglich gewesen wäre, alle Sterblichen zu seinen Freunden haben wollen. ‹Ich kündige niemandem freiwillig die Freundschaft auf›, sagt er[3]. Und wenn er auch manchmal gegen seine Freunde launisch und anspruchsvoll war, ein wahrhaft großer Freund ist er gewesen. Das bezeugen die vielen, die ihn nie verließen, oder die er auch nach zeitweiliger Entfremdung immer wieder zurückgewann: More, Peter Gilles, Fisher, Ammonius, Budaeus, zu viele, um sie zu nennen. ‹Er war im Festhalten von Freundschaften äußerst standhaft›, rühmt ihn Beatus Rhenanus, dessen eigene Anhänglichkeit an Erasmus einen der besten Beweise darstellt, wie starke Zuneigungen er einzuflößen vermochte[4].

Diesem Verlangen nach Freundschaft liegt zugrunde ein großes und aufrichtiges Bedürfnis, geliebt zu werden[5]. Es zeigte sich in den Ergüssen von beinah weiblicher Zuneigung für Servatius aus der Klosterzeit des Erasmus. Aber es ist zugleich eine Art *Serenitas* des Gemüts, die ihn dazu treibt; eine Abneigung gegen das Störende, das Wirre, Unharmonische. Er nennt es selbst einen ‹gewissen geheimen Trieb seiner Natur›, der ihm Grauen einflöße vor dem Streit[6]. Er kann es nicht aushalten, mit

---

1 A. no. IV. 530, t. I. p. 70.
2 A. no. I, t. I. p. 36. 5, 988. 1.
3 A. no. I, t. I. p. 17. 36, 18. 4, 337. 107, 749. 8.
4 A. no. IV. 539, t. I. p. 70.
5 Über das sexuelle Leben des Erasmus ist so gut wie nichts bekannt. Er selbst hat, auch für seine jungen Jahre, keinen Anspruch erhoben, als vollkommen keusch zu gelten. Siehe A. 296. 53, 1347. 351, 1436. 150.
6 LB. X. 1258 F.

jemandem verfeindet zu sein. Es sei immer seine Hoffnung und sein Wille gewesen, seine Feder stets unblutig zu erhalten, niemanden anzufallen, niemanden zu provozieren, auch wenn er angegriffen werde[1]. Aber die Feinde hatten es nicht gewollt, und er geriet in seinen späteren Jahren nur allzu häufig in bittere Polemiken mit Lefèvre d'Etaples, mit Lee, mit Egmondan, mit Noël Beda, mit Hutten, mit Luther und noch vielen anderen. Anfänglich merkt man noch, wie er darunter leidet, wie der Zwist ihm eine Wunde ist, deren Schmerz er nicht in Ruhe tragen kann. ‹Laß uns doch wieder Freunde sein›, bittet er Lefèvre, dessen Antwort immer noch ausbleibt[2]. Die Zeit, die er an Streitschriften wenden muß, heißt er verloren[3]. ‹Ich fühle, wie ich täglich träger werde›, schreibt er 1520, ‹nicht so sehr durch das Alter als durch die rastlose Arbeit meiner Studien, noch mehr durch den Ärger der Streitigkeiten als durch die Arbeit, die an sich angenehm ist.[4]› Und wieviel Streit stand ihm damals noch bevor!

Bedürfnis nach Rechtfertigung vor anderen und vor sich selbst

Hätte sich doch Erasmus etwas weniger um das Urteil der Menschen gekümmert! Doch das konnte er nicht: man nenne es Menschenfurcht oder ein inneres Bedürfnis nach Rechtfertigung. Immer sieht er die Wirkung, die sein Wort oder seine Tat auf die Menschen ausüben werden, schon im voraus und meist übertrieben. Für ihn selbst stimmte es gewiß, was er einst schrieb, daß die Begierde nach Ruhm weniger scharfe Sporen habe als die Furcht vor Schmach[5]. Erasmus gehört mit Rousseau zu denjenigen, die sich nie irgendwie in Schuld fühlen können, aus einer Art geistiger Reinlichkeit heraus. Eine Wohltat nicht mit Zinsen zurückgeben zu können, macht ihn beschämt und

---

1 A. no. I, t. I. p. 21. 27, no. II. 152, p. 52, 337. 42. 84.
2 A. 778, 779, 780, 781, 814.
3 A. no. I, t. I. p. 22, LB. X. 1672 F.
4 A. 1060. 58.
5 A. 182. 60.

verdrießlich. Er kann ‹keinen mahnenden Gläubiger ertragen, keine unerfüllte Pflicht, keine vernachlässigte Not eines Freundes›[1]. Kann er selbst die Schuld nicht einlösen, dann räsoniert er sie weg. Sehr richtig hat Fruin bemerkt: ‹Was Erasmus je im Widerspruch zu seiner Pflicht oder zu seinem wohlverstandenen Interesse getan hat, daran tragen die Umstände oder verkehrte Ratschläge Schuld; ihn selbst trifft sie nie.[2]› Und was er selbst so gerechtfertigt hat, das wird ihm zum allgemeinen Gesetz: ‹Gott entbindet die Menschen von verderblichen Gelübden, wenn sie sie nur bereuen›, sagt er, der selbst ein Gelübde gebrochen hatte[3].

Es besteht bei Erasmus eine gefährliche Osmose zwischen Neigung und Überzeugung. Die Korrelationen zwischen seinen Idiosynkrasien und seinen Lehren sind unverkennbar. Dies gilt namentlich von seinem Standpunkt in der Frage des Fastens und der Enthaltung von Fleischspeisen. Allzuoft trägt er seinen eigenen Widerwillen gegen Fisch, seine Unfähigkeit, den Ausfall einer Mahlzeit zu ertragen, zur Schau, als daß nicht diese Verbindung für jedermann deutlich werden müßte. Ebenso geht seine persönliche Erfahrung im Kloster über in seine prinzipielle Mißbilligung des Klosterlebens[4].

Wie sich das Bild seiner Jugend in seiner Erinnerung verschob, haben wir schon früher erwähnt: auch dieser innere Vorgang beruhte auf jenem Bedürfnis nach Selbstrechtfertigung. All das ist unbewußte Interpretation der unleugbaren Tatsachen nach jenem Ideal, das Erasmus von sich selbst sieht und dem zu entsprechen er aufrichtig glaubt. Die Grundzüge dieses Idealbildes seiner selbst sind: wunderbar einfache Aufrichtigkeit und Offenherzigkeit, die es ihm unmöglich machen zu täuschen, Unerfahrenheit und Unachtsamkeit in den gewöhnlichen Dingen des Lebens und ein vollkommenes Fehlen von Ehrgeiz[5]. Dies alles ist in erster Instanz richtig, es gibt einen oberfläch-

---

1 A. 31. 10, no. I, t. I. p. 44. 38.
2 *Verspreide Geschriften* VIII. p. 277.
3 *Coll. Epicureus* LB. I. 888 F.
4 A. 296. 75.
5 A. no. II, t. I. p. 51, no. 107. 50, 119. 224, 113. 78, 115. 2, no. I. p. 5. 7., no. 447. 236, LB. X. 1663 F, A. 1347. 353.

lichen Erasmus, der diesem Bild entspricht, doch es ist nicht der ganze Erasmus. Es gibt einen tieferen, der von alldem beinah das Gegenteil ist und den er selbst nicht kennt, weil er ihn nicht kennen will. Vielleicht daß hinter diesem tieferen noch ein tiefstes Wesen lag, das wahrhaft gut war.

Erkennt er sich denn keine Schwächen zu? O gewiß. Er ist trotz seiner Selbstverhätschelung immer unbefriedigt von sich selbst und seinem Werk. Er nennt sich *ad vitium usque putidulus*, das heißt: übertrieben kritisch gegen sich selbst, gering denkend von sich selbst, schüchtern. Diese Eigenschaft bewirkt es, daß er, kaum ist ein Werk von ihm erschienen, schon wieder unzufrieden damit ist, so daß er immer von neuem durchsieht, ergänzt und feilt. Sie ist verwandt mit Wortklauberei und Kleinlichkeit. Er spricht Colet gegenüber, wie früher zu Servatius, von seinem *animus pusillus*. Doch er kann es nicht lassen, die Erkenntnis dieser Eigenschaft sich zur Tugend anzurechnen, ja diese Eigenschaft selbst in eine Tugend zu verwandeln. Es sei Bescheidenheit, das Gegenteil von Prahlerei und Eigenliebe[1].

Dieses Sich-seiner-selbst-Schämen ist der Grund, warum er sein eigenes Gesicht nicht liebt und warum er sich, nach seiner eigenen Erzählung, nur mit Mühe von seinen Freunden bereden läßt, sich malen zu lassen[2]. Er läßt sich von einem Maler, der ihm schmeichelt, nichts vormachen. ‹Oho›, ruft er, wie er Holbeins kleine Zeichnungen zu der *Moria* sieht, ‹wenn Erasmus noch so aussähe, so nähme er sich auf der Stelle eine Frau.[3]› Dieses tiefe Gefühl des Unbefriedigtseins gibt ihm auch die Beischrift zu seinen Porträts ein: ‹Ein besseres Bild werden euch seine Schriften zeigen.[4]›

In seinen Äußerungen von Bescheidenheit und Verachtung für den Ruhm, der ihm zuteil wurde, folgt Erasmus einerseits einer allgemeinen Sitte der Humanisten, andererseits geben sie seine tiefste Überzeugung wieder, was durchaus nicht ausschloß, daß er doch den Ruhm genoß und sich dessen für wür-

---

1 A. no. I, t. I. p. 35. 26, no. 26. 30, 45. 150, 51. 141, 107. 13, 113. 72, 384, 402. *Adagia* no. 292, LB. II. 147.
2 A. no. II, t. I. p. 51. 143.
3 A. 739. 9.
4 A. 875. 17, 943. 30, 981. 20, 1092, 1101. 7.

dig hielt. Seine Bücher, die er seine Kinder nennt, seien nicht glücklich ausgefallen. Er denkt nicht, daß sie am Leben bleiben werden. Auf seine Briefe gebe er nichts. Er lasse sie drucken, weil seine Freunde darauf dringen. Seine Verse schreibt er, um eine neue Feder zu probieren. Er hoffe, daß bald Geister aufstehen werden, die ihn in den Schatten stellen, so daß Erasmus als ein Stammler gelten werde. Was ist der Ruhm? Ein heidnisches Relikt! Er habe ihn bis zum Ekel satt und würde nichts lieber tun als ihn von sich werfen [1].

Egozentrisches Denken

Bisweilen entschlüpft ihm ein anderer Laut. Wenn Lee ihm bei seinem Streben helfen wolle, so werden ihn Erasmus unsterblich machen, hatte er bei seinem ersten Gespräch mit ihm gesagt. Und einem unbekannten Nörgler droht er: ‹Wenn du fortfährst, so unverschämt meinen guten Namen anzutasten, dann hüte dich, daß nicht auch meine Sanftmut zu Ende gehe und ich mache, daß du noch in tausend Jahren unter der Reihe der giftigen Sykophanten, der prahlerischen Windbeutel, der schlechten Ärzte bekannt bist...[2]›

Das Egozentrische an Erasmus mußte freilich zunehmen in dem Maße, als er wirklich allmählich Mittelpunkt und Leuchtturm für das Denken und die Kultur geworden war. Es gab eine Zeit, da es ihm wohl scheinen mußte, als drehe sich die Welt um ihn und erwarte von ihm das erlösende Wort. Einen wie weit verbreiteten, begeisterten Anhang hatte er, wie viele warme Freunde und Verehrer! Es liegt etwas Negatives in der Art, wie er meint, all seinen Freunden in einem offenen Brief die ausführliche, ziemlich unappetitliche Erzählung von der Krankheit auftischen zu müssen, die ihn auf der Rückreise von Basel nach Löwen befallen hatte [3]. Seine Rolle, seine Position, sein Name, das wird mehr und mehr der Aspekt, unter dem er die Welter-

---

1 A. no. I, t. I. p. 2. 13. 3. 8, 17. 24, no. 113, 417. 13. 531. 79, 905. 19, 337. 30, 531. 169, 928. 28.
2 A. 1061. 170, 1042. 19.
3 A. 867, 886–893.

eignisse sieht. Es kommen Jahre, da seine ganze enorme Korrespondenz wenig mehr ist als eine einzige lange Selbstverteidigung.

Einsamkeit

Dieser Mann, der so viele Freunde hat, ist nichtsdestoweniger in seinem Herzen allein. Und im Tiefsten seines Herzens will er allein sein. ‹Ein Bürger der Welt zu sein, begehre ich›, schreibt er an Zwingli[1], ‹allen gemeinsam, oder lieber für alle ein Fremdling.› Er wehrt ab und zieht sich zurück. ‹Ich habe immer allein sein wollen und hasse nichts so sehr wie geschworene Parteigänger.[2]› Erasmus ist einer von denen, die durch Berührung mit Menschen geschwächt werden. Je weniger er sich gegen andere oder nach andern Menschen, Freund oder Feind, zu richten hat, um so reiner äußert er sein Tiefstes. Die Berührung mit bestimmten Personen kostet ihn ständig kleine Ängste, absichtliche Freundlichkeiten, Koketterien, Verschweigungen, Reserven, Gehässigkeiten, Ausweichungen. Darum ist es verkehrt zu meinen, daß man ihn aus seinen Briefen ganz und bis auf den Grund kennenlerne. Naturen wie Erasmus, die jede Berührung mit Menschen aus der Fassung bringt, geben ihr Bestes und Tiefstes, wenn sie unpersönlich zu allen sprechen. Nach den frühen Ergüssen sentimentaler Zuneigung kennt er die wirkliche Hingabe an andere Menschen nicht mehr. Im Grund fühlt er sich von allen getrennt, allen gegenüber auf seiner Hut. Es lebt eine große Angst in ihm, andere könnten an seine Seele rühren oder das Bild zerstören, das er von sich selbst hat. Die abwehrende Haltung offenbart sich als Hochmut und als Scham. Budaeus hat gut gesehen, als er ihm scherzend zurief: *Fastidiosule!* oh, so die Nase zu rümpfen[3]! Erasmus selbst interpretiert den beherrschenden Zug seines Wesens als eine mädchenhafte Scham[4]. Die außerordentliche Empfindlichkeit für

[1] A. 1314. 2
[2] LB. X. 1252 A.
[3] A. 810. 370.
[4] A. 447. 440, 145. 134.

den Flecken, der auf seiner Geburt lag, hatte hier ihren Ursprung. Aber sein Freund Ammonius nennt es: *subrustica verecundia*, eine etwas bäurische Verlegenheit[1]. Tatsächlich ist manchmal an Erasmus etwas von dem kleinen Mann, der Größe und Ansehen nicht gut ertragen kann, weil er sie als seinem Wesen feindlich empfindet. Er weicht den Großen aus, doch sie lassen ihm keine Ruhe.

Abwehrstellung

Es klingt vielleicht zu hart, wenn man sagt, daß echte Loyalität und innige Dankbarkeit Erasmus fremd gewesen sind. In Charakteren wie dem seinen hält eine Art geistigen Krampfs das Ausströmen des Herzens zurück. Er fühlt sich einig mit dem *Adagium*: Liebe so, als solltest du vielleicht noch einmal hassen, und hasse so, als solltest du vielleicht noch einmal lieben[2]. Er kann nicht bitten, er kann nicht annehmen, er kann keine Wohltaten ertragen[3]. Im Tiefsten seines Herzens liegt eine dauernde Abwehr gegen jedermann. Er, der sich selbst für das Muster einfacher Arglosigkeit hält, ist tatsächlich in höchstem Maß mißtrauisch gegen all seine Freunde. Nicht einmal der verstorbene Ammonius, der ihm in den delikatesten Angelegenheiten so eifrig geholfen hatte, ist davor sicher[4]. ‹Du bist immer unbillig, mißtrauisch gegen mich›, klagt Budaeus. ‹Was›, sagt Erasmus, ‹du wirst wenig Leute finden, die in der Freundschaft so wenig mißtrauisch sind wie ich.[5]› Als Erasmus einmal wirklich die Augen der Welt dauernd auf alle seine Worte und Handlungen gerichtet sah, hatte er einigen Grund für ein gewisses Gefühl, dauernd belauscht und belauert zu werden. Doch schon in seinen Pariser Jahren, wo er noch ein unbekannter Literat ist, finden wir bei ihm ständig die Spuren eines Verdachts gegen seine Um-

---

1 A. 239. 28.
2 *Adag.* 1072, LB. II. 434, A. 83. 78.
3 A. 154. 7, 237. 41, 31. 5.
4 A. 828. 21.
5 A. 810. 205, 906. 538, 159. 16, *Adag.* 4401, LB. II. c. 1050 F.

gebung, der an der Grenze von Verfolgungswahn steht[1]. Im letzten Abschnitt seines Lebens hat sich dieser Wahn an zwei Feinde im besonderen geheftet: an Eppendorf und Aleander. Überall hat Eppendorf seine Lauscher, welche die Korrespondenz des Erasmus mit seinen Freunden belauern. Aleander hetzt dauernd andere, gegen ihn zu polemisieren, und stellt ihm nach, wo er kann. Die Art, wie er die Anschläge seiner Gegner auslegt und konstruiert, hat all jenes Scharfsinnig-Egozentrische, das über die Grenze von vollkommen gesundem Denken hinausweist. Er sieht die ganze Welt voll von Verleumdungen und Hinterhalten, die ihm drohen. Beinah alle, die einmal seine besten Freunde waren, seien seine erbittertsten Feinde geworden; sie rühren ihre giftigen Zungen bei Gastmählern, in Gesprächen, in der Beichte, in der Predigt, in Kollegien, am Hof, auf Fahrzeugen und Schiffen. Die kleineren Feinde treiben ihn wie ein lästiges Ungeziefer zur Lebensmüde, durch Schlaflosigkeit in den Tod. Er vergleicht seine Qualen mit dem Martyrium des von zahllosen Pfeilen durchbohrten *heiligen Sebastian*. Aber es sei noch schlimmer, denn für ihn gebe es kein Ende. Schon Jahre lang sterbe er täglich tausend Tode und in Einsamkeit; denn die Freunde, wenn er solche wirklich habe, schrecke der Neid zurück[2].

Ohne Rückhalt hat er seine Beschützer in ihrer Filzigkeit der Reihe nach an den Pranger gestellt[3]. Ganz selten schimmert sogar einmal ein Untergrund von Abneigung und Haß durch, den wir nicht vermuten würden. Wo hatte er mehr Gutes genossen als in England? Welches Land hatte er stets mehr gepriesen? Aber auf einmal entschlüpft ihm ein bitterer und unbegründeter Vorwurf: England trage die Schuld, daß er seinem Klostergelübde untreu geworden sei, ‹und aus keinem Grund hasse ich Britannien mehr als aus diesem, obschon es mir schon immer wie eine Pest gewesen ist.[4]›

---

1 LB. X. 1252 F, Brief an Goclenius, 2. April 1524, LB. I, liegt vor *Compendium vitae*, Allen V. 1437, A. 1008. 7, 83. 85, 119, 133, 135. 46, 138. 149, 447. 249, 778. 19, 902, 2356. 10, 1188. 35, 1195, LBE. 1755 B.
2 A. 2136. 55. LB. X. 1251 F.
3 A. no. I, p. 42. 24.
4 A. 899. 14.

Selten läßt er sich so gehen. Ab und zu ist er etwas boshaft, gegen Freund und Feind, aber meist kratzt er mit diesen Äußerungen nur wie die Katze im Spiel[1].

Zwei Dinge darf man bei der Beurteilung der weniger liebenswürdigen Eigenschaften des Erasmus nicht aus den Augen verlieren. Erstens, daß man an ihn nicht den Maßstab unserer Begriffe von Zartgefühl und Rücksichtnahme legen darf. Verglichen mit den meisten seiner Zeitgenossen, insbesondere mit den Humanisten, ist Erasmus maßvoll, bescheiden, wohlwollend, fein. Der zweite Punkt ist dieser: wir hören den Ton seiner Worte nicht, wir sehen sein Lächeln nicht mehr.

Erasmus hat sich nie glücklich oder befriedigt gefühlt. Das macht vielleicht einen Augenblick staunen, wenn man an seine aufgeweckte, nie erschlaffende Energie denkt, an seinen fröhlichen Scherz und seinen Humor. Aber, genau besehen, stimmt das Unglücksgefühl zu seinem ganzen Charakter. Auch dies ist ein Ausdruck seiner allgemeinen Abwehrstellung. Auch wenn er in *high spirits* ist, hält er sich selbst für in jeder Hinsicht unglücklich. Den unglücklichsten aller Menschen, den dreimal elenden Erasmus, nennt er sich in wohlklingenden griechischen Ausdrücken. Sein Leben sei eine *Ilias* von Unheil, eine Kette von Mißgeschicken. Wie kann jemand mich beneiden! Niemandem sei das Schicksal so beständig feindlich gewesen wie ihm. Es habe sein Verderben geschworen, so sang er schon in einer dichterischen Klage an Gaguin: von der Mutterbrust weg verfolge ihn dauernd dasselbe traurige und harte Los. Die ganze Büchse der *Pandora* scheine über ihn ausgeschüttet[2]. Es ist vielleicht etwas Rhetorik dabei; doch er erwähnt sein Unglück etwas zu oft, als daß man sich immer ein Lächeln dazu denken dürfte.

Dieses Unglücksgefühl nimmt die spezielle Form an, es sei ihm von ungünstigen Sternen eine Herkulesarbeit aufgeladen, ohne Nutzen oder Befriedigung für ihn selbst[3]. Mühsale und

---

1 A. 58. 7, 61. 93, 88. 48, 194. 22, 292, 289. 4, 906, 448, 2136. 150.
2 A. 83. 87, 31. 5, 145. 55, 296. 27, 412. 23, 421. 5, 551. 3. 15, 552. 11, 512. 10, 893. 1, 1102. 6, 1136. 19, 1347. 48. 192, 1437, *De fatis suis querela*, LB. I. 1218 D.
3 Ad. 2001, LB. II. 717 B, id. 77, c. 58 A. Auf dem Buch, das Erasmus auf Holbeins Porträt in Longford Castle in der Hand hält, steht auf Griechisch: ‹Die Werke des Herakles›.

Verdrießlichkeit ohne Ende. Er hätte es soviel leichter haben können, wenn er bei allerlei Gelegenheiten seinen Vorteil besser gewahrt hätte. Er hätte Italien nicht verlassen, er hätte in England bleiben sollen, wäre er doch nach Frankreich gegangen, hätte er doch Deutschland nie gesehen[1]! ‹Aber eine unmäßige Liebe zur Freiheit hatte bewirkt, daß ich lange Zeit mit treulosen Freunden und einer hartnäckigen Armut gerungen habe.[2]› Anderswo sagt er gelassener: ‹Aber das Verhängnis treibt uns fort.[3]›

Freiheitsdrang und Rastlosigkeit

Dieser maßlose Freiheitssinn war ihm Verhängnis gewesen. Er war immer der großer Sucher nach Ruhe und Freiheit geblieben, der schließlich Freiheit und Ruhe nie fand. Sich vor allem doch ja nie zu binden, keine Verpflichtungen einzugehen, die ihm eine Fessel werden könnten – wiederum die Furcht vor Verwicklungen mit dem Leben[4]. Er war nie mit irgend etwas wahrhaft zufrieden gewesen, am wenigsten mit dem, was er selbst vollbrachte. ‹Warum überschüttest du uns denn mit soviel Büchern›, hielt ihm in Löwen jemand vor, ‹wenn du nichts davon wirklich billigst?› Und Erasmus antwortete mit dem Wort des Horaz: Vor allem, weil ich nicht schlafen kann[5].

Eine schlaflose Energie, das ist es in der Tat. Er kann nicht ausruhen. Noch halb seekrank und mit seinen Koffern beschäftigt, denkt er schon an die Antwort auf van Dorps Brief gegen die *Moria*, den er eben bekommen hat[6]. Man gebe sich genau Rechenschaft davon, was es heißt, daß Erasmus, dessen Natur eigentlich ruheliebend, furchtsam, auf Bequemlichkeit, Reinlichkeit und gutes Essen angelegt ist, beschwerliche und gefahr-

---

1 A. 1335. 1–5, 296. 231, 800. 11, 240. 29, 1032. 17, 1342. 565 ss., 1386. 12, 1415. 96.
2 *Adag.* 4401, LB. II. 1050 F.
3 A. 794. 84, 800. 13.
4 A. 1002. 32, 536, 530. 30, 784, 785, 756.
5 A. 531. 145. 147.
6 A. 337. 20.

volle Reisen, eine um die andere unternimmt – auch Seereisen, die er verabscheute[1] –, einzig im Dienst seines Werks und aus keinem anderen Grund. Hier zeigt er wahrhaft Mut, und dieses Mutes rühmt er sich nie.

Er ist nicht nur ruhelos, sondern auch überhastet. Gestützt auf ein unvergleichlich zähes und weites Gedächtnis, schreibt er, wie sich's gerade trifft. Er verfällt nie in Anakoluthe[2], dazu ist seine Begabung zu fein und zu sicher, freilich aber in Wiederholungen und unnötige Ausführlichkeit. ‹Ich schütte alles mehr aus, als daß ich schreibe›, sagt er. Er vergleicht seine Veröffentlichung mit einem Gebären, ja mit unzeitigen Geburten, ‹die Bürde der Schwangerschaft kann ich nicht ertragen›. Er wählt seine Gegenstände nicht aus, er verfällt auf sie, und wenn er einmal etwas in Angriff genommen hat, so führt er es in einem Anlauf durch. Seit Jahren liest er nicht mehr anders als *tumultuarie*, vorwärts und rückwärts durch alle Autoren; er kommt nicht mehr dazu, seinen Geist durch Lektüre wirklich zu erfrischen und nach eigener Wahl zu arbeiten. Er beneidet Budaeus[3], daß er das könne[4]. (‹Publiziere doch nicht so hastig›, warnt ihn More. ‹Man lauert darauf, dich auf Unrichtigkeiten zu ertappen.[5]›) Erasmus weiß es wohl: er werde alles noch verbessern; er müsse alles ständig durchsehen und ergänzen[6]. Er haßt diese Arbeit des Nachsehens und Korrigierens, aber er unterwirft sich ihr mit unermüdlicher Ausdauer; er arbeitet mit Leidenschaft ‹in den Basler Tretmühlen› und vollbringt in acht Monaten, sagt er, die Arbeit von sechs Jahren[7].

---

1 A. 194. 6.
2 Anakoluth (griech.) bedeutet die Unterbrechung oder andersartige Fortsetzung einer Satzkonstruktion. (Anm. d. Red.)
3 Eigentlich Guillaume Budé (1467–1540), französischer Humanist und Diplomat unter Ludwig XII. und Franz I. Geistiger Urheber des Collége de France, bester Gräzist seiner Zeit, s. a. S. 121f, 124f (Anm. d. Red.)
4 A. no. I, t. I. p. 33. 20, vgl. p. 17. 34, 935. 32, 1248. 6, 1365. 1–8. 25 ss., LB. I. 1013 DE, A. no. I, t. I. p. 3. 2. 6, p. 18. 5. A. I. p. 17. 2, 704. 10, 952. 5, 531. 388.
5 A. 481. 33.
6 A. I. p. 3. 6, p. 16. 1, p. 37.
7 A. 411, 412, 414. 11, 416. 8, 417. 10, 752. 6, 755. 6, 756. 16, 757. 21, 853. 25, 855. 14, 935. 32.

Es liegt in dieser Unbedenklichkeit und Überstürzung, mit der Erasmus arbeitet, wieder einer der unaufgelösten Widersprüche seines Wesens. Er will behutsam und vorsichtig sein, er ist draufgängerisch und unachtsam. Sein Gemüt verlangt das erste, aber sein Geist treibt ihn fort, und das Wort ist aus der Feder und im Druck, ehe er es überdacht hat. Das Resultat ist ein dauerndes Auf und Ab zwischen Herausschwatzen und Reserve.

Meister der Reserve und des Vorbehalts

Die Art, wie Erasmus sich immer gedeckt hält, wirkt auf uns irritierend. Wie sorgfältig sucht er andauernd die *Colloquia*, in denen er spontan so viel von seiner innersten Überzeugung aufgedeckt hatte, darzustellen als lauter Kleinkram, den er seinen Freunden zuliebe aufgeschrieben habe. Sie haben ja den einzigen Zweck, gutes Latein zu lehren! Und wenn darin etwas über Glaubenssachen gesagt wird, so bin ich es doch nicht, der das sagt[1]! – Sooft er in den *Adagia* Stände oder Ämter tadelt, die Fürsten besonders, warnt er den Leser, dies doch nicht als gegen bestimmte Personen gerichtet aufzufassen[2].

Erasmus war ein Meister des Vorbehalts. Er verstand es, sogar wo sein Standpunkt feststand, offene Entscheidungen zu vermeiden. Doch es geschah nicht allein aus Vorsicht, wenn er sie vermied. Seine Zurückhaltung beruht nicht auf Furcht allein. Sie entspringt seinem tiefsten Wesen. In allen Fragen des menschlichen Geistes erkannte er die ewige Ambiguität.

Erasmus erkannte sich selbst eine außergewöhnliche Abscheu vor der Lüge zu. Der Anblick eines Lügners, sagt er, mache ihm physisch übel. Schon als Knabe hatte er einen heftigen Widerwillen gegen lügnerische Jungen wie den kleinen Aufschneider, von dem er in den *Colloquia* erzählt[3]. Der Echtheit dieser Reaktion des Ekels wird nicht widersprochen durch die Tatsache, daß wir Erasmus selbst bei Unwahrheiten ertappen.

---

1 LB. I. 896, 897, LB. V. 234 C, IX. 928.

2 *Adag.* 2201, LB. II. 772 F, 773 F, 774 BC.

3 *Spongia* LB. X. 1663 F, *Comp. vitae* A. no. II. 137, p. 51, *Coll. Amicitia* LB. I. 878 DE.

Inkonsequenzen, Schmeicheleien, kleine Schlauheiten, Notlügen, bedenkliche Verschweigungen, geheuchelte Gefühle der Achtung oder Trauer, man kann sie alle in seinen Briefen nachweisen. Er hat seine Seele verleugnet für ein Trinkgeld der Anna van Borselen, indem er ihrer Bigotterie zuschmeichelte. Er hat seinen besten Freund, Battus, gebeten, in seinem Interesse zu lügen[1]. Er hat die Autorschaft des Julius-Dialogs aus Furcht vor den Folgen aufs allersorgfältigste verleugnet, sogar More gegenüber[2], und immer so, daß er vermied, ausdrücklich zu sagen: ich habe es nicht geschrieben. Wer andere Humanisten kennt und weiß, wie viel und ohne Scham sie logen, der wird vielleicht über die Sünden des Erasmus etwas milder denken.

Er ist übrigens schon zu seinen Lebzeiten der Strafe für seine ewige Reserve, seine Meisterschaft in halben Entscheidungen und verhüllten Wahrheiten, Verdächtigungen und Insinuationen nicht entgangen. Der Vorwurf der Perfidie ist ihm mehrmals gemacht worden, einige Male aus ernsthafter Entrüstung. ‹Immer bist du bemüht, andere zu verdächtigen›, ruft ihm Edward Lee zu, ‹was maßest du dir die allgemeine Zensur an und verurteilst auch das, was du kaum je geprüft hast? Was verachtest du alle außer dir selbst? Falsch und beleidigend stellst du deine Gegner in den *Colloquia* an den Pranger.› Lee zitiert die gehässige, auf ihn gemünzte Stelle[3] und ruft dann aus: ‹Nun mag die Welt aus diesen Worten ihren Theologen, ihren Zensor, ihren bescheidenen Mann erkennen, jene schlichte Ehrlichkeit, jene erasmische Scham, den Ernst, den Anstand und die Redlichkeit! Erasmische Bescheidenheit ist schon lange sprichwörtlich. Immer führst du das Wort ‚falsche Beschuldigungen' im Mund. Du sagst: ‚wenn ich mich des kleinsten Teils all seiner (Lees) falschen Anklagen schuldig fühlte, würde ich nicht zum Tisch des Herrn zu gehen wagen!' – O Mensch, wer bist du, daß du über einen andern urteilst, einen Knecht, der für seinen Herrn steht und fällt![4]›

---

1 A. 139. 37.
2 A. 908. 2.
3 Erasmus hatte sie in die Ausgabe der *Colloquiorum Formulae* bei Dirk Maertens 1519 eingefügt; bei der folgenden Durchsicht strich er sie.
4 A. 1061. 330. 361. 429 etc.

Dies war der erste heftige Angriff von konservativer Seite. Anfang 1520, als der große Kampf, den Luthers Auftreten entfesselt hatte, die Welt in immer steigendem Maße in Spannung hielt. Ein halbes Jahr später folgten die ersten ernsthaften Vorwürfe von seiten der radikalen Vertreter der Reformation. Ulrich von Hutten, der ungestüme und etwas aufgeregte Ritter, der Luthers Sache als die nationale Sache Deutschlands ansah und ihren Triumph zu erleben hoffte, wandte sich an Erasmus, dem er einmal leidenschaftlich als dem Mann des neuen Heils zugejauchzt hatte, mit einer dringenden und flehentlichen Bitte, er möge die Sache der Reformation nicht im Stich lassen oder kompromittieren. ‹In der Angelegenheit Reuchlins hast du dich ängstlich gezeigt; nun tust du in der Sache Luthers dein Möglichstes, um seine Gegner zu überzeugen, daß du gar nichts damit zu tun habest, obschon wir es etwas besser wissen. Verleugne uns doch nicht! Du weißt, mit welchem Triumph man gewisse Briefe von dir herumzeigt, in denen du, um dich selbst vor Verdächtigung zu sichern, dies ziemlich gehässig andern auf den Hals lädst... Wenn du nun fürchtest, um meinetwillen dir irgendeine Feindschaft auf den Hals zu laden, so tu mir doch wenigstens dies zu Gefallen, daß du dich nicht aus Furcht vor einem anderen verleiten lässest, mich zu verleugnen; schweige lieber ganz über mich.[1]›

Das waren bittere Vorwürfe. In dem Mann, der sie zu hören bekam, lebte ein kleiner Erasmus, der diese Vorwürfe verdiente, der sie übel, aber nicht zu Herzen nahm, der fortfuhr, Rücksicht auf seine Stellung zu nehmen, bis die Freundschaft Huttens in Haß verkehrt war. In ihm lebte auch ein großer Erasmus, der wußte, wie durch die Leidenschaft und die Verblendung, mit der die Parteien einander bekämpften, die Wahrheit, die er suchte, und die Liebe, deren Sieg in der Welt er zu sehen sich sehnte, verdunkelt wurden. Der den Gott, zu dem er sich bekannte, zu hoch wußte, um Partei zu sein. Suchen wir diesen großen Erasmus immer zu sehen, soviel der kleine es uns erlaubt.

1 A. 1135.

15. Am Vorabend der Reformation

Erasmus in Löwen

Als sich Erasmus im Sommer 1517 in Löwen niederließ, da hatte er ein unbestimmtes Vorgefühl von großen Veränderungen, die im Anzuge seien. ‹Ich fürchte›, schreibt er im September, ‹daß hier eine große Wendung der Dinge eintrete, wenn nicht Gottes Gunst und die Frömmigkeit und Weisheit der Fürsten sich der menschlichen Dinge annehmen.›[1] In welcher Form diese große Veränderung vor sich gehen werde, das hat er am allerwenigsten geahnt.

Auch diesmal betrachtete er den Wechsel seines Aufenthaltes nicht als einen definitiven. Er war nur geplant ‹bis daß wir sehen werden, welcher Wohnort am geeignetsten ist für das Alter, das bereits kommt und an die Türe klopft›[2]. Es liegt etwas Trauriges darin, wie dieser Mann, der nichts als Ruhe und Freiheit sucht, durch seine eigene Rastlosigkeit und seine Unfähigkeit, sich nicht um andere Menschen zu kümmern, nie einen wirklich festen Aufenthalt noch eine rechte Unabhängigkeit findet. Erasmus gehört zu den Menschen, bei denen es stets heißt: morgen, morgen! erst noch hier beschließen und dann... Sobald er mit der neuen Ausgabe des *Neuen Testaments* fertig sein und sich von den schwierigen und unangenehmen theologischen Kontroversen, in die er sich gegen seinen Willen verwickelt sehe, befreit haben werde, dann wolle er schlafen, sich verstecken und ‹für sich und die Musen singen›[3]. Doch diese Zeit kam nie.

---

1 A. 658. 49, vgl. 545. 10.
2 A. 596. 2.
3 A. 726. 6, 731. 37, 784. 17, 785. 9, 826. 2, 812. 28.

Wo dann wohnen, wenn er einst frei sein wird? Spanien, wohin ihn der Kardinal Ximenes rief, lockte ihn nicht. Von Deutschland, sagte er, schrecken ihn die Kachelöfen und die Unsicherheit ab. In England sei ihm die Dienstbarkeit, die dort von ihm verlangt würde, zuwider. Doch in den Niederlanden selbst fühle er sich ebensowenig an seinem Platz. ‹Hier gibt es viel Ankläfferei und keine Belohnung, auch wenn ich es noch so gern wollte, ich würde es hier nicht lange aushalten.[1]› Und doch hat er es vier Jahre ausgehalten.

Erasmus hatte an der Universität Löwen gute Freunde. Anfänglich nahm er Wohnung bei seinem alten Gastfreund Johannes Paludanus, Rhetor der Universität, dessen Haus er noch im Sommer mit einem Aufenthalt im Collegium der Lilie vertauschte. Maarten van Dorp, ein Holländer wie er selbst, hatte sich durch die Polemik über die *Moria* ihm nicht entfremden lassen; seine freundschaftliche Gesinnung war für ihn viel wert, denn van Dorp nahm in der theologischen Fakultät eine bedeutende Stellung ein. Und endlich: wenn auch sein alter Beschützer, Adrian von Utrecht, der spätere Papst, damals von Löwen, dem er so lange und innig verbunden gewesen war, zu höheren Würden weggerufen wurde, so war doch sein Einfluß damit nicht gesunken, sondern eher gestiegen; gerade in diesen Tagen wurde Adrian zum Kardinal erhoben.

Erasmus wurde von den Löwener Theologen sehr wohlwollend empfangen. Ihr Führer, der Vizekanzler der Universität, Jean Briard von Ath, ließ sich zur großen Genugtuung des Erasmus wiederholt zustimmend über die Ausgabe des *Neuen Testaments* aus. Bald sah sich Erasmus sogar in die theologische Fakultät aufgenommen.

Doch er fühlte sich unter den Löwener Theologen nicht recht wohl. Ihre Atmosphäre war entschieden weniger nach seinem Herzen als die in den Kreisen der englischen Gelehrten. Er spürte hier einen Geist, den er nicht begriff und dem er deshalb mißtraute.

---

1 A. 597. 47 ss.

Reform der Kirche und des Glaubens durch klassische Bildung?

Erasmus ist in den Jahren, in welchen die Reformation begann, das Opfer eines großen Mißverständnisses geworden infolge der Tatsache, daß er mit seinem feinen, ästhetischen, schwebenden Geist weder die tiefsten Tiefen des Glaubens noch die harten Notwendigkeiten des menschlichen Zusammenlebens begriff. Er war weder Mystiker noch Realist. Luther war beides. Für Erasmus war das große Problem von Kirche, Staat und Gesellschaft so einfach. Durch eine Rückkehr zu den alten, ursprünglichen, unverdorbenen Quellen des Christentums war es gelöst: Wiederherstellung und Reinigung tat not. Mit einer Anzahl von Auswüchsen des Glaubens, die mehr lächerlich als empörend seien, müßte aufgeräumt werden. Zum Kern des Glaubens, zu Christus und dem Evangelium, müßte alles zurückkehren. Formen, Zeremonien, Spekulationen müßten weichen vor der Betätigung der wahren Frömmigkeit. Das Evangelium sollte für jeden da sein, leicht verständlich und für alle erreichbar. Und das Mittel zu alledem war echte Bildung, *bonae literae*. Hatte nicht er selbst durch seine Herausgabe des *Neuen Testaments* und des Hieronymus und schon früher mit seinem jetzt so berühmten *Enchiridion* das meiste, was zu tun war, bereits getan? ‹Ich hoffe, daß das, was jetzt den Aufrichtigen gefällt, bald allen gefallen wird.[1]› Schon Anfang 1517 hatte Erasmus an Wolfgang Fabricius Capito im Ton eines Mannes, der das große Werk vollbracht hat, geschrieben: ‹Wohlan, übernimm du die Fackel von uns! Die Arbeit wird von jetzt an sehr viel leichter sein und viel weniger Haß und Neid eintragen. Wir haben den ersten Ansturm ausgehalten.[2]›

Budaeus schreibt im Mai 1517 an Tunstall[3]: ‹Gibt es denn jemand, bei dessen Geburt die Grazien so ungnädig geblickt hätten, daß ihn jene dumpfe und finstere Wissenschaft (der Scholastik) nicht verdrösse, seit gar die heiligen Schriften, blank gerieben durch den Fleiß des Erasmus, ihre alte Reinheit und

---

1 A. 507. 23, 456. 253.
2 A. 541. 96. 125.
3 A. 583. 252.

ihren Glanz wieder erhalten haben? Doch noch viel größer ist jenes andere, das er mit derselben Arbeit erreicht hat: daß die heilige Wahrheit selbst aus jenen kimmerischen Finsternissen aufgetaucht ist, mag sich auch die Theologie aus dem Schmutz der sophistischen Schule noch nicht ganz befreit und gereinigt haben. Ist das einmal geschehen, dann wird auch dies den ersten Anfängen in unserer Zeit zu danken sein.› Der Philologe Budaeus meinte noch bestimmter als Erasmus, der Glaube sei eine Sache der Gelehrsamkeit.

Es mußte Erasmus ärgern, daß nicht jedermann die reingewaschene Wahrheit sofort sich zu eigen machte. Wie konnte man sich länger gegen das sträuben, was ihm so sonnenklar und einfach schien! Er, der so aufrichtig gern mit jedermann Frieden gehalten hätte, sah sich in eine Kette von Polemiken verwickelt. Die Angriffe seiner Gegner einfach an sich abprallen zu lassen, das verbot ihm nicht allein seine Natur, die immer nach Rechtfertigung vor den Menschen strebte, sondern auch die Sitte seiner zanklustigen Zeit.

Kontroverse mit Lefèvre d'Etaples

Das war zuerst seine Polemik mit Jacques Lefèvre d'Etaples oder in der lateinischen Form Jacobus Faber Stapulensis, dem Pariser Theologen, der als Vorbereiter der Reformation mehr als irgendein anderer mit Erasmus zu vergleichen ist. Im Augenblick, da Erasmus in Antwerpen den Reisewagen bestieg, der ihn nach Löwen bringen sollte, macht ihn ein Freund auf eine Stelle in der neuen Ausgabe von Fabers Kommentar zu den Briefen des Paulus aufmerksam, in der er die Annotation des Erasmus zu *Hebräerbrief* II, 7 bestritt. Erasmus kaufte unverzüglich Fabers Buch und gab alsbald eine Apologie heraus. Es betraf das Verhältnis von Christus zu Gott und den Engeln; doch die dogmatische Streitfrage kam schließlich auf eine philologische Interpretation des Erasmus heraus[1].

Erasmus, der noch wenig an offenen Streit gewöhnt war, fühlte sich von dem Vorfall sehr betroffen, um so mehr, als er

1 LB. IX. 17, A. 616. 4. 11.

Faber hochschätzte und ihn als seinen Geistesverwandten betrachtete: ‹was ist dem Manne in den Sinn gekommen? Haben ihn andere gegen mich aufgehetzt? Alle Theologen geben mir recht›, versichert er. Es regt ihn auf, daß Faber nicht sofort wieder antwortet. Badius habe Peter Gilles erzählt, Faber bereue es. Erasmus beruft sich in einem würdigen Schreiben auf ihre Freundschaft, er werde sich belehren und tadeln lassen. Dann wieder brummt er: ‹er soll sich hüten!› Und er meint, daß sein Streit mit Faber die Welt in Spannung halte; es gebe keine Mahlzeit, wo man sich nicht für und gegen die beiden Parteien entscheide. Der Streit kam schließlich zur Ruhe, und die Freundschaft blieb unversehrt[1].

Zweite Reise nach Basel – Neuausgabe des Neuen Testaments

Gegen Ostern 1518 hatte Erasmus eine neue Reise nach Basel vor, um dort in einer angestrengten Arbeit von einigen Monaten die verbesserte Ausgabe des *Neuen Testaments* in Druck zu geben. Er unterließ es nicht, vorher die Häupter der konservativen Theologie in Löwen inständig zu bitten, ihn ihre Beschwerden gegen sein Werk wissen zu lassen. Briard von Ath erklärte, er habe nichts Anstößiges darin gefunden, nachdem man ihm anfänglich von allerlei Schlechtem darin erzählt habe. ‹Dann wird dir die neue Ausgabe noch viel besser gefallen›, hatte Erasmus gesagt[2]. Sein Freund van Dorp und Jacobus Latomus, ebenfalls einer der bedeutendsten Theologen, hatten sich im gleichen Sinn geäußert, und der Karmeliter Nikolaus von Egmond hatte gesagt, er habe das Werk des Erasmus nie gelesen. Einzig ein junger Engländer, Edward Lee, der in Löwen Griechisch studierte, hatte im Hinblick auf die erneute Bearbeitung des Erasmus eine Anzahl kritischer Einwände in zehn Konklusionen zusammengefaßt. Erasmus hatte sich die Angelegenheit vom Halse geschafft, indem er Lee schrieb, er habe seine Konklusio-

---

1 A. 597. 32, 607. 2, 608. 22, 616, 637, 651–653, 659, 695. 21, 707. 23, 719. 7, 730. 29, 766. 9, 768. 16, 778. 54, 849. 15, 855. 48, 814. 10.
2 A. 1225.

nen nicht in die Hände bekommen und deshalb nicht benützen können. Doch sein jugendlicher Widerpart ließ es nicht dabei bewenden, auf diese Weise mißachtet zu werden, und entwickelte seine Einwände in einer ausführlichen Schrift[1].

So zog Erasmus im Mai 1518 von neuem nach Basel. Er hatte sich gezwungen gesehen, all seine englischen Freunde (Ammonius war ihm 1517 durch den Tod entrissen worden) um Unterstützung für die Reise anzugehen. Er spiegelte ihnen immer noch vor, er werde nach getaner Arbeit nach England zurückkehren. Während er den Rhein hinauffuhr, beantwortete er in einem Brief an Martinus Lypsius Lees Kritik, die ihn besonders ärgerte. Bei der Durchsicht seiner Ausgabe trug er ihr nicht allein wenig Rechnung, sondern er wagte es überdies nun, seine eigene Übersetzung des *Neuen Testaments* von 1506 unverändert aufzunehmen. Zugleich verschaffte er sich für die neue Ausgabe ein zustimmendes Schreiben des Papstes, eine machtvolle Waffe gegen seine Tadler[2].

In Basel arbeitete er wieder wie ein Pferd in einer Mühle. Eigentlich war das sein Element. Noch vor der zweiten Ausgabe des *Neuen Testaments* verließen das *Enchiridion* und die *Institutio principis christiani* Frobens Presse in neuen Auflagen. Auf der Rückreise wurde Erasmus, der bereits den ganzen Sommer über durch Unpäßlichkeiten in seiner Arbeit gehindert worden war und sie deshalb nicht hatte beendigen können, ernstlich krank. Mit Mühe erreichte er Löwen (21. September 1518). Vielleicht war es die Pest, und Erasmus, der selbst vor Ansteckung immer so ängstlich gewesen war, traf nun auch alle Vorsorgen, um seine Freunde ihr nicht auszusetzen. Er verzichtete auf seinen Aufenthalt im Collegium der Lilie und suchte ein Unterkommen bei seinem vertrautesten Freund, dem Drucker Dirk Maertens. Doch trotz der Pestgerüchte und seiner Warnungen kam erst van Dorp und danach auch Ath ihn sofort besuchen[3]. Man meinte es doch offenbar nicht schlecht mit ihm in Löwen.

---

1 A. 750, 765, 843, 781–787, 867, 964.
2 A. 832, 860, 864.
3 A. 867.

Kontroversen mit Latomus,
Briard von Ath und Lee

Aber die Gegensätze zwischen Erasmus und der Löwener Fakultät lagen tief. Lee, der durch die geringe Aufmerksamkeit, die Erasmus seinen Einwänden geschenkt hatte, beleidigt war, bereitete eine neue Kritik vor, hielt sie aber vorläufig vor Erasmus geheim, was diesen reizte und nervös machte. Inzwischen stand ein neuer Widersacher auf. Sofort nach seiner Ankunft in Löwen hatte sich Erasmus viel Mühe gegeben, um das Zustandekommen des *Collegium trilingue* zu befördern, das Hieronymus Busleiden testamentarisch der Universität gestiftet hatte. Die drei Bibelsprachen, Hebräisch, Griechisch und Latein, sollten hier unterrichtet werden. Es war also eine Schöpfung ganz im Geiste des Erasmus. Als nun Jacobus Latomus, ein Mitglied der theologischen Fakultät, welches er hochschätzte[1], in einem Dialog über das Studium der drei Sprachen und der Theologie den Nutzen der ersteren für die Theologie in Zweifel zog, da hielt Erasmus sich selbst für angegriffen und antwortete Latomus in einer Apologie[2]. In derselben Zeit (Frühling 1519) gab es eine Unannehmlichkeit mit dem Vizekanzler Ath. Erasmus meinte, dieser habe ihn in bezug auf sein eben erschienenes ‹Lob der Ehe› öffentlich getadelt[3]. Obwohl Ath sich sofort zurückzog, konnte Erasmus sich einer Apologie, so gemäßigt sie auch sein mochte, nicht enthalten[4]. Und inzwischen nahm der glimmende Streit mit Lee immer gehässigere Formen an[5]. Vergeblich suchten die englischen Freunde des Erasmus ihren jungen Landsmann zurückzuhalten. Erasmus seinerseits reizte ihn auf eine hinterhältige Art. Er verrät in diesem ganzen Streit einen Mangel an Selbstbeherrschung und Würde, der seine

---

1 A. 934.
2 LB. IX. 79.
3 *Encomium matrimonii*, in der Pariser Zeit für Mountjoy geschrieben, zuerst gedruckt von Maertens 1517 und im folgenden Jahr neu gedruckt von Froben. Siehe A. t. III. p. 14. 10 Anm., 17. 10 Anm. Es kommt vor in *De conscribendis epistolis*, LB. I. 414.
4 LB. IX. 105.
5 A. 1037. 1061.

schwächste Seite zeigt. Er, der gewöhnlich so ängstlich auf das Decorum achtet, verfällt nun auf Schimpfworte wie: die britische Viper, der Satan; selbst der alte Schimpf, der den Engländern einen Schwanz andichtete, muß ihm mehr als einmal seine Dienste tun. Die Streitfragen, um die es ging, verschwinden ganz hinter den bitteren gegenseitigen Vorwürfen. In seiner maßlosen Erbostheit greift Erasmus zu den bedenklichsten Waffen. Er fordert seine deutschen Freunde auf, gegen Lee zu schreiben und ihn in all seiner Torheit und Prahlerei lächerlich zu machen, und versichert dann all seinen englischen Freunden: Ganz Deutschland ist buchstäblich rasend auf Lee, ich habe die größte Mühe, sie zurückzuhalten [1].

Deutschland hatte freilich andere Gründe, sich aufzuregen: es ist 1520! Die drei großen Streitschriften Luthers stecken die Welt in Brand.

Mißverstehen des Widerstandes der konservativen Theologie

Auch wenn man geneigt ist, die Heftigkeit und die kleinen Bosheiten des Erasmus in diesem Streit als Ausflüsse eines überempfindlichen Gemüts, das nun einmal an echt männlichen Eigenschaften etwas zu kurz gekommen war, zu entschuldigen, so kann man doch schwerlich in Abrede stellen, daß er sowohl die Gründe seiner Gegner als die große Bewegung seiner Zeit nicht recht begriffen hat. Erasmus hatte es leicht, über die Beschränktheit der konservativen Theologen zu spotten, welche meinten, daß es um den Glauben an die Heilige Schrift geschehen sei, sobald man ihren Text zu reinigen versuche. ‹Sie verbessern das heilige Evangelium, ja sogar das Unser Vater! ruft man in der Predigt entrüstet in die Ohren der erstaunten Menge. Als ob ich *Matthäus* und *Lukas* bemäkelte und nicht vielmehr diejenigen, die sie aus Unwissenheit oder Unachtsamkeit verdorben haben! Was wünscht man denn: daß die Kirche den Text der Heiligen Schrift so rein als möglich besitze oder nicht?[2]›

---

[1] A. 1088, 1089, 1129, 1139.
[2] A. 541. 83, 1126.

– Damit schien für Erasmus mit seinem leidenschaftlichen Bedürfnis nach Reinheit alles abgetan. Aber der Instinkt betrog seine Gegner nicht, wenn er ihnen sagte, daß das Dogma selbst in Gefahr komme, falls das sprachenkundige Urteil eines einzelnen Gelehrten über die richtige Lesung eines Textes zu entscheiden habe. Erasmus aber wollte die Konsequenz, die das Dogma antastete, vermeiden. Es war ihm nicht bewußt, daß seine Begriffe von der Kirche, von den Sakramenten, von der Dogmatik nicht mehr rein katholisch waren, weil er sie seiner philologischen Einsicht unterordnete. Er konnte sich dessen nicht bewußt sein, weil er bei all seiner natürlichen Frömmigkeit und seinem warmen und liebevollen ethischen Empfinden die mystische Einsicht, die die Grundlage jedes Glaubens ist, nicht besaß. Und dieser Mangel an ihm selbst brachte es mit sich, daß er den Widerstand der katholischen Orthodoxie nicht seinem wahren Grunde nach begreifen konnte. Wie war es möglich, daß so viele und darunter hochstehende Männer das nicht annehmen wollten, was ihm so klar und unwidersprechlich schien? Er erklärte es stark egozentrisch. Auf ihn selbst und sein Ideal müsse der Widerstand gemünzt sein. Er, der Mann, der so gerne mit jedermann Frieden hielt, der sich so nach Sympathie und Anerkennung sehnte und Feindschaft so schwer ertrug, sah rings um sich die Schar der Hasser und Widersacher anwachsen. Er begriff es nicht, wie sehr sie seine spottende Schärfe fürchteten, wie viele von ihnen eine Narbe trugen, zu der die *Moria* die Wunde geschlagen hatte. Dieser Haß, der wirkliche und der vermeintliche, bedrückt Erasmus schwer. Er sieht seine Feinde als eine Sekte. Es sind vor allem die Dominikaner und die Karmeliter, die es auf die neue wissenschaftliche Theologie abgesehen haben. Eben war in Löwen in seinem Landsmann [1] Nikolaus von Egmond, Prior der Karmeliter, ein neuer Widersacher gegen ihn aufgestanden, gegen den er immer einen besonderen Abscheu behalten hat.

Die Verfolgung nimmt zu: das Gift der Verleumdung breitet

---

[1] Es ist auffallend, daß Erasmus in Löwen gerade unter Landsleuten im engeren Sinn seine lästigsten Gegner fand. Zu dem maßvollen van Dorp und dem heftigen Egmondan kamen alsbald Vincent Dirks aus Haarlem, Wilhelm von Vianen und Ruud Tapper.

sich täglich mehr aus und wird tödlicher; man predigt ohne Scham die größten Lügen über ihn; er ruft die Hilfe Aths, des Vizekanzlers, an. Aber es hilft nichts. Die Verfolger lachen: mag er nur für die Gelehrten schreiben, die wenige sind; wir werden vor dem Volke bellen. Seit 1520 heißt es oft: ich werde jeden Tag gesteinigt[1]. Doch so sehr sich auch Erasmus – und mit Recht – im Mittelpunkt sah, er konnte 1519 und 1520 nicht mehr blind sein für die Tatsache, daß der große Kampf nicht allein seiner Person galt. Auf allen Seiten wütete der Streit. Was ist es nur, dieser große Aufruhr in den Dingen des Geistes und des Glaubens?

Die Antwort, welche Erasmus sich selbst gab, lautete: es ist eine große und absichtliche Verschwörung auf seiten der Konservativen, um die echte Bildung, das heißt die klassische Gelehrsamkeit, zu ersticken und die alte Unwissenheit triumphieren zu lassen. Unzählige Male kehrt diese Vorstellung ungefähr seit Ende 1518 in seinen Briefen wieder[2]. ‹Ich weiß ganz sicher›, schreibt er am 21. März 1519 an einen seiner deutschen Freunde, ‹daß die Barbaren auf allen Seiten sich untereinander verschworen haben, nichts unversucht zu lassen, um die *bonae literae* zu unterdrücken.[3]› ‹Hier streiten wir immer noch gegen die Verteidiger der alten Unwissenheit.› Ob Wolsey den Papst nicht bewegen könne, daß er all diesem Treiben hier ein Ende mache? Alles, was zu der alten und gebildeten Literatur gehört, nennen diese Beschränkten ‹Poesie›. Mit diesem Wort bezeichnen sie alles, was nach eleganter Bildung aussieht, das heißt alles, was sie selbst nicht gelernt haben. Der ganze Tumult, die gesamte Tragödie (mit diesen Worten spricht er gewöhnlich von dem großen Kirchenstreit) hat seinen Ursprung in dem Haß gegen die *bonae literae*[4]. ‹Dies ist die Quelle und die Brutstelle dieser ganzen Tragödie: ein unverbesserlicher Haß gegen das

---

1 A. 531. 515, 522. 154, 597, 809, 826. 4, 878. 13, 941. 6, 946, 1166. 35, 1176. 12, 1182. 9, 1185. 9, 1203, 1216. 75.

2 A. 903. 4.

3 A. 931. 5.

4 A. 947. 18, 948. 15, 961. 14, 991. 37. 1007. 51, 1016. 7, 1032. 13, 1060. 37, 1063. 1, 1066. 1110. 15, 1111. 23, 1126. 335, 1134. 11, 1141. 25, 1156. 42, 1167. 72, 1168. 30.

Sprachstudium und die *bonae literae*.› ‹Luther provoziert die Feinde, deren man, mag auch ihre Sache eine schlechte sein, doch nicht Meister wird. Und inzwischen fällt der Neid über die *bonae literae* her; auf sie stürzen sich durch sein (Luthers) Zutun diese Hornissen, die schon kaum zu ertragen sind, wenn es mit ihrer Sache schlecht steht; aber wer soll sie noch ausstehen, wenn sie triumphieren? Entweder bin ich blind, oder sie zielen auf etwas anderes als auf Luther. Sie machen sich auf, um die Schlachtreihe der Musen zu vernichten.[1]›

Dies schrieb Erasmus an einen Universitätsmann in Leipzig im Dezember 1520.

Diese einseitige und akademische Auffassung des großen Geschehens, die im Studierzimmer über den Büchern entstanden ist, hat Erasmus mehr als irgend etwas gehindert, das wahre Wesen und die Tragweite der Reformation zu begreifen.

---

1 A. 1168.

16. Erasmus und Luther

Erste Stellungnahme Luthers

Ende 1516 hatte Erasmus einen Brief vom Bibliothekar und Sekretär Friedrichs, des Kurfürsten von Sachsen, von Georg Spalatin, bekommen[1], der in jenem ehrerbietigen und huldigenden Ton gehalten war, mit dem man sich jetzt dem großen Mann näherte. ‹Wir alle verehren dich hier aufs tiefste, der Kurfürst hat alle deine Werke in seiner Bibliothek, und er beabsichtigt, alles zu kaufen, was du noch herausgibst.› Doch der Zweck von Spalatins Schreiben war, den Auftrag eines Freundes zu erfüllen. Ein Augustiner-Geistlicher, ein großer Bewunderer des Erasmus, habe ihn gebeten, diesen darauf aufmerksam zu machen, daß er bei der Erklärung des Paulus, namentlich des *Briefes an die Römer*, den Begriff der *Justitia* nicht gut erfaßt, die Erbsünde zu wenig berücksichtigt habe und durch die Lektüre Augustins besser belehrt werden könnte.

Der ungenannte Augustinermönch war Luther, den man außerhalb des Kreises der Wittenberger Universität, wo er Professor war, damals noch kaum kannte, und die Kritik betraf den entscheidenden Punkt seiner mühsam gewonnenen Glaubensüberzeugung: die Rechtfertigung durch den Glauben.

Erasmus hatte diesem Brief wenig Aufmerksamkeit geschenkt; er bekam so viele dieser Art mit noch mehr Lob und ohne Kritik. Falls er ihn beantwortete, hat diese Antwort Spalatin nicht erreicht, und später hatte Erasmus den ganzen Brief vergessen.

1 A. 501.

Erzbischof Albrecht von Mainz

Drei Vierteljahre später, im September 1517, als Erasmus also seit kurzem in Löwen war, erreichte ihn ein ehrenvolles Gesuch, eigenhändig geschrieben vom ersten Kirchenfürsten des Reichs, dem jungen Erzbischof von Mainz, Albrecht von Brandenburg[1]. Der Erzbischof möchte ihn bei Gelegenheit gerne einmal sehen; er bewundere sein Werk außerordentlich (er kannte es so wenig, daß er von der Berichtigung des *Alten* statt des *Neuen Testaments* sprach) und hoffe, daß Erasmus einmal ein paar Heiligenleben in gewähltem Stil schreiben werde. Der jungendliche Hohenzoller, ein Verfechter des neuen Lichts der klassischen Studien und wahrscheinlich von Hutten und Capito, die sich an seinem Hof aufhielten, auf Erasmus aufmerksam gemacht, war seit kurzem an einer der verwegensten politischen und finanziellen Transaktionen seiner Zeit beteiligt. Seine Ernennung zum Erzbischof von Mainz im Alter von vierundzwanzig Jahren hatte eine päpstliche Dispensation erfordert, da er auch das Erzbistum Magdeburg und den Stuhl von Halberstadt zu behalten wünschte. Diese Kumulation kirchlicher Macht sollte der brandenburgischen Konkurrenzpolitik gegen das sächsische Haus dienen. Der Papst verlieh die Dispensation gegen schwere Bezahlung; aber um diese dem Erzbischof zu erleichtern, gestand er einen sehr freigebigen Ablaß zu für das ganze Erzbistum Mainz, Magdeburg und die brandenburgischen Lande. Albrecht, dem stillschweigend die Hälfte des Ertrages überlassen wurde, nahm eine Anleihe beim Haus der Fugger auf, und dieses übernahm den Vertrieb des Ablasses. Als Erasmus im Dezember 1517 dem Erzbischof antwortete[2], waren Luthers Sätze gegen den Ablaß, die durch die Kolportage-Instruktion des Erzbischofs von Mainz veranlaßt waren, bereits angeschlagen (31. Oktober 1517); sie durchliefen ganz Deutschland und brachten die gesamte Kirche in Aufregung. Sie richteten sich gegen dasselbe, was Erasmus bekämpfte: die mechanische, atomistische und juristische Auffassung des Glaubens. Doch wie anders haben sie als Tat gewirkt, verglichen

---

1 A. 661.
2 A. 745.

mit dem friedlichen Streben des Erasmus nach einer Reinigung der Kirche mit sanften Mitteln!

‹Heiligenleben?› antwortete Erasmus dem Erzbischof. ‹Ich für meinen Teil habe getan, was in meinen Kräften lag, um auf den Fürsten der Heiligen selbst etwas mehr Licht zu bringen. Übrigens ist mitten unter so viel beschwerlichen Regierungsgeschäften und in so jungem Alter dein Streben, die Heiligenleben von Ammenmärchen und schlechtem Stil gereinigt zu sehen, über die Maßen zu loben. Denn man darf in der Kirche nichts dulden, was nicht jedermann, auch der Gelehrteste und Strengste, billigen muß.› Und er schließt mit einer mächtigen Lobpreisung des vortrefflichen Kirchenfürsten.

Fortgang der Reformation

Während des größten Teils des Jahres 1518 nahmen seine eigenen Angelegenheiten Erasmus zu sehr in Anspruch, als daß er sich viel um die Sache Luthers hätte kümmern können: die Reise nach Basel und seine rastlose Arbeit dort, dann seine ernstliche Krankheit. Im März sendet er Luthers Thesen an More, ohne Kommentar, und klagt beiläufig Colet, mit welcher Schamlosigkeit Rom den Ablaß propagiere [1]. Luther ist zum Ketzer erklärt und vorgeladen worden; er steht zu Augsburg vor dem Legaten Cajetan und weigert sich, zu widerrufen. Eine brausende Begeisterung umgibt ihn. Gerade in diesen Tagen schreibt Erasmus an einen von Luthers Anhängern, Johannes Lang, sehr günstig über dessen Werk [2]. Die Thesen habe jedermann gebilligt. ‹Ich sehe, daß die Monarchie des Papstes zu Rom, so wie sie jetzt ist, die Pest des Christentums ist... aber ich weiß nicht, ob es nützlich ist, offen an dies Geschwür zu rühren. Das wäre eher Sache der Fürsten; aber ich fürchte, sie stecken mit dem Papst unter einer Decke, um einen Teil der Beute für sich zu gewinnen. Ich begreife nicht, was Eck in den Sinn gekommen ist, mit Luther anzubinden.› Der Brief gelangte in keine der Ausgaben.

1 A. 785. 38, 786. 24.
2 A. 872.

Das Jahr 1519 brachte, nachdem der alte Maximilian im Januar gestorben war, die Verwicklungen der Kaiserwahl und die Bemühungen der Kurie, mit Milde Terrain zu gewinnen. Deutschland stand in Erwartung der lange geplanten Disputation zwischen Johannes Eck und Andreas Karlstadt, die in Wirklichkeit Luther galt. Wie hätte Erasmus, der in diesem Jahr selbst in so viele Polemiken verwickelt war, voraussehen können, daß die Leipziger Disputation, die Luther zur Konsequenz treiben sollte, die höchste kirchliche Autorität zu verleugnen, eine welthistorische Bedeutung bekommen und sein eigener Streit mit Lee vergessen werden sollte?

Luther sucht Erasmus zu gewinnen

Am 28. März 1519 wandte sich Luther zum ersten Male selbst an Erasmus[1]. ‹Ich spreche so oft mit dir und du mit mir, Erasmus, unsere Zierde und unsere Hoffnung, und wir kennen einander noch nicht.› Es freue ihn, daß Erasmus vielen mißfalle; denn dies betrachte er als ein Zeichen, daß ihn Gott gesegnet habe. Da nun auch sein, Luthers, Name bekannt zu werden beginne, würde ein längeres Stillschweigen zwischen ihnen falsch ausgelegt werden. ‹Darum, mein Erasmus, du liebenswürdiger Mann, anerkenne, wenn es dir gefällt, auch diesen kleinen Bruder in Christo, der dich sicherlich bewundert und dir zugetan ist, der im übrigen um seiner Unwissenheit willen nichts verdiente, als unbekannt in einem Winkel begraben zu liegen.› Es lag eine bewußte Absicht in diesem etwas bäurisch schlauen und halb ironischen Brief. Luther wollte Erasmus wenn möglich aus seinem Bau locken, um ihn, die mächtige Autorität, den Prüfstein für Wissenschaft und Bildung, für die große Sache zu gewinnen, die er vertrat.

In seinem Herzen war sich Luther der großen Kluft, die ihn von Erasmus trennte, schon lange bewußt. Schon im März 1517, ein halbes Jahr vor seinem öffentlichen Auftreten, schrieb er über Erasmus an den eben genannten Johannes Lang: ‹Die menschlichen Dinge bedeuten ihm mehr als die

1 A. 933.

göttlichen.› Das ist das Urteil, das so viele Luther nachgesprochen haben, das jedem auf der Zunge liegt und das doch unbillig ist.

Die zweideutige Haltung des Erasmus

Der Annäherungsversuch von seiten Luthers war für Erasmus Grund genug, sich augenblicklich zurückzuziehen. Jetzt beginne jene äußerst zweideutige Politik, durch die Erasmus kraft seiner Autorität als ein ‹Licht der Welt› den Frieden bewahren und selbst die Mitte einhalten wollte, ohne sich zu kompromittieren. In dieser Haltung gehen die großen und kleinen Linien seiner Persönlichkeit unentwirrbar durcheinander. Der Fehler, infolge dessen die meisten Historiker Erasmus in seiner Haltung zur Reformation entweder viel zu ungünstig gesehen haben oder, wie zum Beispiel der deutsche Historiker Kalkoff, viel zu heldenhaft und zu weitblickend, liegt darin, daß sie ihn zu Unrecht als eine psychologische Einheit betrachteten. Denn gerade dies ist er nicht. Die Doppeldeutigkeit geht bis ins Tiefste seines Wesens. Viele seiner Äußerungen im Kampf sind der direkte Ausfluß von Ängstlichkeit und Mangel an Charakter, auch von seiner eingewurzelten Abneigung, sich mit irgendeiner Person oder Sache zu verbinden; aber dahinter steht immer seine tiefe und innerste Überzeugung, daß keine der streitenden Meinungen die Wahrheit vollkommen ausdrücken könne, daß menschlicher Haß und Kurzsichtigkeit die Geister verblenden. Und zu dieser Überzeugung gesellt sich seine edle Illusion, daß es möglich sei, durch Mäßigung, Einsicht und Wohlwollen den Frieden noch zu retten.

Eine Gelegenheit, seine Stellung Luther gegenüber darzulegen, fand Erasmus in einem Brief, den er im April 1519 an Luthers Beschützer, Friedrich den Weisen, den Kurfürsten von Sachsen, richtete[1], veranlaßt durch eine Sueton-Ausgabe, die er ihm früher gewidmet hatte. ‹Luthers Schriften›, sagt er, ‹haben den Löwener Finsterlingen reichen Stoff gegeben, um gegen die *bonae literae* loszuziehen, um alle Gelehrten zu verketzern.› Was

---

[1] A. 939

ihn betreffe, so kenne er Luther nicht, in seine Schriften habe er nur erst flüchtig hineingesehen, aber jedermann preise seinen Lebenswandel. Wie wenig stimme es mit theologischer Sanftmut überein, ihn so mir nichts dir nichts und dazu noch vor dem urteilslosen Volk zu verdammen! Er habe ja eine Disputation vorgeschlagen, sich dem Urteil von jedermann unterworfen. Noch niemand habe ihn ermahnt, belehrt, überzeugt. Nicht jeder Irrtum sei gleich eine Ketzerei. Das Beste am Christentum sei ein Christi würdiges Leben. Wo dieses vorhanden sei, da dürfe man jemand nicht leichtfertig der Ketzerei verdächtigen. Warum verfolgen wir so unbarmherzig die Fehler anderer, wo doch keiner von uns frei ist von Irrtümern! Warum wollen wir lieber vernichten als heilen, lieber unterdrücken als belehren? Er schließt mit einem Wort, das Luthers Freunden, die so sehr auf seine Unterstützung hofften, willkommen sein mußte: ‹Der Herzog möge nicht zulassen, daß irgendein Unschuldiger unter dem Vorwand der Frömmigkeit der Unfrömmigkeit einiger Leute ausgeliefert werde. Dasselbe wünsche auch Papst Leo, dem nichts so sehr am Herzen liege, wie daß man die Unschuld schütze.› Der Brief wurde alsbald im Druck verbreitet.

Erasmus distanziert sich

Gleichzeitig tut Erasmus sein möglichstes, um Froben von der Publikation von Luthers Schriften zurückzuhalten, ‹damit sie nicht den Haß gegen die *bonae literae* noch anfachen›[1]. Und ständig wiederholt er: ich kenne Luther nicht, ich habe seine Schriften nicht gelesen[2]. Das versichert er Luther selbst in der Antwort auf seinen Brief vom 28. März. Man muß diesen vom 30. Mai 1519 datierten Brief als einen Leitartikel betrachten, um das Publikum mit seiner Stellung zur Luther-Frage bekannt zu machen. Luther wisse nicht, welche Tragödien[3] seine Schriften in Löwen verursacht hätten. Manche glauben hier, daß er, Eras-

---

[1] A. 904, 938, 967, t. IV. p. XXIX.
[2] A. 947. 33, 961. 30, 967. 77.
[3] Das Wort Tragödie hat bei Erasmus meistens keine schwerere Bedeutung als Tumult, Zank, Spektakel.

mus, ihm dabei geholfen habe und nennen ihn den Bannerträger seiner Partei. Das scheine ihnen eine geeignete Handhabe, um die *bonae literae* zu unterdrücken. ‹Ich habe erklärt, daß du mir ganz unbekannt seiest, daß ich deine Bücher noch nicht gelesen habe und also nichts billige und nichts verwerfe.› – ‹Ich suche nach Kräften, mich zu erhalten, um für die wiederaufblühenden Studien von Nutzen zu sein. Mir scheint, durch gewinnende Bescheidenheit werde mehr erreicht als durch Ungestüm. So hat Christus die Welt unterworfen.[1]› An demselben Tag schrieb er an Johannes Lang, einen von Luthers Freunden und Anhängern, ein kurzes Briefchen, das nicht für die Öffentlichkeit bestimmt war: ‹Ich hoffe, daß deine und der Deinigen Bemühungen Erfolg haben. Hier rasen die Papisten heftig... Jeder wirklich Gute hat Freude an Luthers Freimut; doch er mag sich hüten, daß es nicht auf einen Parteistreit hinauslaufe. Mit Personen zu streiten hilft nichts, solange man nicht die Tyrannei des römischen Stuhls und seiner Satelliten, der Dominikaner, Franziskaner und Karmeliter, aufheben kann. Doch dies könnte niemand ohne ernsten Tumult versuchen.[2]›

In dem Maße, als sich die große Kluft erweitert, werden die Versicherungen des Erasmus häufiger, er habe nichts mit Luther zu tun. Die Verhältnisse in Löwen werden immer unangenehmer, die Stimmung gegen ihn immer unfreundlicher. Im August 1519 wendet er sich an den Papst selbst um Schutz vor seinen Gegnern[3]. Er sieht immer noch nicht, wie groß der Bruch ist, hält noch immer alles für Gelehrtenzank. König Heinrich von England und König Franz von Frankreich haben in ihren Ländern zur rechten Zeit den Zänkern und Verleumdern Stillschweigen auferlegt; möchte das der Papst auch für das deutsche Reich tun! Im Oktober kam es noch einmal zu einer Versöhnung mit der Löwener Fakultät. Gerade in diesen Tagen geschah es, daß Colet in England starb. Er war der Mann gewesen, der vielleicht besser als irgend jemand den Standpunkt des Erasmus begriffen hatte. Geistesverwandte in Deutschland sahen noch nach Erasmus aus als nach dem großen Mann, der den

1 A. 980.
2 A. 983.
3 A. 1007.

Augenblick abwarte, um mit seinem mächtigen Wort einzugreifen, der Mäßigung als Parole empfohlen habe, bis der Zeitpunkt gekommen sei, den Freunden das Zeichen zu geben[1].

Doch mitten unter dem anschwellenden Getöse des Streites klang dieses Wort schon nicht mehr so mächtig wie zuvor. Erasmus beherrschte den Kampf nicht; man gebrauchte seine Autorität als ein Kampfmittel. Ein Brief an Kardinal Albrecht von Mainz vom 19. Oktober 1519[2], in ungefähr demselben Sinne wie jener an Friedrich von Sachsen vom Frühling, wurde von Luthers Freunden sofort verbreitet und von den Verteidigern des Alten trotz der gewohnten Proteste: ich kenne Luther nicht, gegen Erasmus ausgespielt. Es wurde mehr und mehr deutlich, daß die vermittelnde und versöhnende Stellung, die Erasmus einzunehmen wünschte, bald ganz unmöglich sein werde. Der Inquisitor Jakob von Hochstraten war von Köln, wo er der Universität angehörte, nach Löwen gekommen, um hier gegen Luther zu wirken, wie er früher gegen Reuchlin gewirkt hatte. Am 7. November 1519 ging die Löwener Fakultät nach dem Vorbild der kölnischen zu dem entscheidenden Schritt über: der feierlichen Verurteilung einer Anzahl von Luthers Ansichten. Fortan war Erasmus nirgends weniger an seinem Platz als in Löwen, dem Brennpunkt der Aktion gegen die Neuerer. Es ist erstaunlich, daß er es doch noch zwei Jahre dort ausgehalten hat.

Der Wahn, daß er das versöhnende Wort werde sprechen können, nimmt ab. Er sieht übrigens immer noch nicht die wahren Proportionen. In den ersten Monaten von 1520 wird seine Aufmerksamkeit von seiner eigenen Polemik mit Lee, einer nichtigen Einzelheit in der großen Umwälzung, fast ganz in Beschlag genommen. Das Streben, sich außerhalb zu halten, behält mehr und mehr die Oberhand. Im Juni schreibt er an Melanchthon[3]: ‹Ich sehe, daß die Sache zu einem Aufruhr hindrängt. Es ist vielleicht nötig, daß Ärgernisse kommen; aber ich will lieber nicht ihr Anstifter sein.› Er habe, meint er, Wolsey bewogen, die befohlene Verbrennung von Luthers Bü-

1 A. 1029. 19 Anm.
2 A. 1033.
3 A. 1113.

chern in England zu verhindern[1]. Aber er irrte sich. Schon am 12. Mai hatte die Verbrennung in London stattgefunden.

Der beste Beweis, daß Erasmus seine Hoffnung, die versöhnende Rolle zu spielen, faktisch aufgegeben hatte, liegt vielleicht im folgenden. Im Sommer 1520 fand die berühmte Zusammenkunft der drei Monarchen, Heinrichs VIII., Franz' I. und Karls V., bei Calais statt. Erasmus beabsichtigte, im Gefolge seines Fürsten auch hinzugehen. Wie hätte ein solcher Fürstenkongreß, wo im Frieden die Interessen Frankreichs, Englands, Spaniens, das deutsche Reich und ein großer Teil von Italien gleichzeitig vertreten waren, auf die Phantasie des Erasmus wirken müssen, wenn sein Ideal noch unerschüttert gewesen wäre. Doch davon keine Spur! Erasmus ist im Juli 1520 in Calais gewesen, hat dort mit Heinrich VIII. gesprochen und More begrüßt; aber es weist nichts darauf hin, daß er dieser Reise ein anderes Gewicht beigemessen hätte als das einer Gelegenheit, noch einmal – es sollte das letzte sein – seine englischen Freunde zu begrüßen[2].

Es war lästig für Erasmus, daß gerade jetzt, wo die Glaubensfrage so viel schärfere Formen annahm, ihn seine Verpflichtungen als Rat des jungen Karl, der soeben aus Spanien zurückgekehrt war, um sich zum Kaiser krönen zu lassen, stärker gebunden hielten als vorher. Im Sommer 1520 erschien, basierend auf dem belastenden Material, das die Löwener Fakultät geliefert hatte, die päpstliche Bulle, die Luther zum Ketzer erklärte und ihn, schleunige Retraktation vorbehalten, in den Bann tat. ‹Ich fürchte das Schlimmste für den unglücklichen Luther›, schreibt Erasmus am 9. September 1520, ‹so wütet überall die Verschwörung, so sind auf allen Seiten die Fürsten über ihn erzürnt und vor allem Papst Leo. Hätte Luther doch nur meinen Rat befolgt und sich dieser feindseligen und aufrührerischen Taten enthalten!... Man wird nicht ruhen, bevor man das Sprachenstudium und die guten Wissenschaften ganz ausgerottet hat... Aus dem Haß gegen diese und der Dummheit der Mönche ist diese Tragödie zuerst entstanden... Ich menge mich nicht darein, obwohl ein Bistum für mich bereit läge, falls ich gegen Luther schreiben wollte.[3]›

1 A. 1102, 1113.
2 A. 1087. 607, 1096. 190, 1101. 5, 1102. 12, 1106. 94, 1107. 13, 1118.
3 A. 1141.

Zwischen den Parteien

Tatsächlich war Erasmus kraft seiner erstaunlichen Berühmtheit unter solchen Umständen mehr und mehr zu einer wertvollen Figur in der großen Politik von Kaiser und Papst geworden. Man wollte sich seines Namens bedienen, er sollte Partei nehmen. Und gerade dies wollte Erasmus um keinen Preis. Wie ausweichend und beschönigend schreibt er an den Papst über seine Beziehungen zu Luther, ohne diesen ganz und gar zu verleugnen[1]. Wie eifrig verwahrt er sich gegen den Verdacht, er stehe auf Luthers Seite, wie es die lärmenden Mönche in ihren Predigten darstellten, die sie beide in ihrer schimpfenden Verketzerung kurzweg zusammenkoppelten[2]. Doch auch von der andern Seite zwingt man ihn geradezu zum Parteiergreifen und Sichaussprechen. Ende Oktober fand zu Aachen die Kaiserkrönung statt. Erasmus war vielleicht dabei zugegen; jedenfalls begleitete er den Kaiser darauf nach Köln. Dort hatte er am 5. November eine Unterredung mit dem Kurfürsten Friedrich von Sachsen über Luther. Man bewog ihn, das Resultat der Besprechung in der Form von ‹22 Axiomata für die Sache Martin Luthers› niederzuschreiben, welche er Spalatin in die Hand gab. Sie wurden, entgegen seiner Absicht, unverzüglich gedruckt[3].

Das Schwanken des Erasmus zwischen Verleugnung und Billigung Luthers in dieser Zeit gereicht ihm nicht zur Unehre. Es ist der tragische Mangel, der sich durch seine ganze Persönlichkeit zieht: nie die letzten Konsequenzen ziehen zu wollen oder zu können. Wäre er nichts als eine berechnende und selbstsüchtige Natur gewesen, der um ihr bißchen Leben bange war, so hätte er die Sache Luthers schon lange vorher verleugnet. Für das Urteil der Geschichte ist es sein Unglück, daß er all seine Schwächen andauernd zeigt, während das Große in ihm tief liegt.

---

1 A. 1143.
2 A. 1144.
3 Siehe A. 1155 intr.

Begegnung mit Aleander

In Köln begegnete Erasmus auch dem Mann, mit dem er seinerzeit in Venedig als mit einem vielversprechenden jungen Humanisten – er war vierzehn Jahre jünger als Erasmus – die Kammer und das Haus des Schwiegervaters von Aldus für einige Monate geteilt hatte: Hieronymus Aleander, der jetzt als Nuntius des Papstes zum Kaiser gekommen war, um zu erwirken, daß dieser die Reichspolitik in bezug auf die große kirchliche Frage nach der des Papstes richte und den päpstlichen Bann gegen Luther durch die Reichsacht verstärke. Es muß für Erasmus etwas schmerzlich gewesen sein, daß gerade dieser Freund ihn an Macht und Stellung so weit überholt hatte und nun berufen war, mit diplomatischen Mitteln die Lösung zu bringen, die er selbst so gerne durch ideale Einmütigkeit, Wohlwollen und Verträglichkeit erreicht gesehen hätte. Er hatte Aleander nie getraut und war mehr als je auf seiner Hut. Als Humanist war jener trotz seiner glänzenden Gaben Erasmus weit unterlegen und hatte sich nie ernsthaft theologischen Studien hingegeben; er hatte einfach im Dienst von kirchlichen Großen, den Erasmus so bald aufgegeben hatte, Karriere gemacht. Und dieser Mann war nun mit der höchsten Vermittler-Macht bekleidet.

Zu welchem Maß von Erbitterung die heftigsten Gegner des Erasmus in Löwen jetzt gelangt waren, spricht aus der geistreichen und ein wenig boshaften Erzählung in einem Brief an Thomas More[1] von seiner Zusammenkunft mit Egmondan, bei welcher der Rektor der Universität zugegen war, um die beiden zu versöhnen. Doch so schlimm war es noch nicht, wie Ulrich von Hutten meinte, als er Erasmus schrieb[2]: ‹Glaubst du, daß du noch sicher seiest, wo man Luthers Bücher verbrennt? Fliehe und erhalte dich für uns!›

Immer eindringlicher werden die Beteuerungen des Erasmus, er habe nichts mit Luther zu tun. Er hat ihn schon längst bitten lassen, seinen Namen lieber nicht mehr zu nennen, und Luther verspricht es: ‹Gut, deinen Namen werde ich nicht mehr erwähnen und andere gute Freunde ebensowenig, da es dich be-

---
1 A. 1162, cf. 1173.
2 A. 1161.

schwert.[1]› Immer lauter werden auch die Klagen des Erasmus über das Rasen der Mönche gegen ihn und seine Wünsche, man möge doch den Bettelorden das Recht des Predigens entziehen[2].

Der Reichstag von Worms

Im April 1521 kommt der welthistorische Moment, nach dem die Christenheit ausgeschaut hat: Luther steht auf dem Reichstag zu Worms fest zu seinen Überzeugungen, auch vor der höchsten Autorität im Reich. So groß ist der Jubel in Deutschland, daß es einen Augenblick scheinen kann, als sei eher die kaiserliche Macht in Gefahr als der Mönch und sein Anhang. ‹Wenn ich dabei gewesen wäre›, schreibt Erasmus[3], ‹hätte ich mein möglichstes getan, daß diese Tragödie durch maßvolles Verfahren so beigelegt worden wäre, daß sie nicht später noch einmal zu noch größerem Schaden der Welt neu ausbrechen kann.›

Der kaiserliche Spruch ist gefallen: man soll im Reich (wie schon vorher in den burgundischen Niederlanden) Luthers Bücher verbrennen, seine Anhänger verhaften und sie ihres Gutes verlustig erklären, während Luther selbst ausgeliefert werden soll.

Erasmus hofft, nun werde der Umschlag kommen. ‹Die Luther-Tragödie ist hier bei uns zu Ende; ach, daß sie nie auf der Bühne erschienen wäre.[4]› In diesen Tagen schrieb Albrecht Dürer auf das falsche Gerücht von Luthers Tod hin in sein Reisetagebuch jenen leidenschaftlichen Ausruf: ‹Oh, Erasme Roteradame, wo willt du bleiben? Hör, du Ritter Christi, reit hervor neben den Herrn Christum, beschütz die Wahrheit, erlang der Martärer Kron; du bist doch sonst ein altes Männiken, ich hab von dir gehört, daß du dir selbst noch zwei Jahr zugeben hast, die du noch taugest, etwas zu thun. Dieselben leg wol an, dem

---

1 A. 1166. 90, 1167. 100, 1186. 7.
2 A. 1185. 15, 1192.
3 A. 1202.
4 A. 1216. 77, vgl. 1203.

Evangelio und dem wahren christlichen Glauben zu gut... Oh, Erasme, halt dich hie, daß sich Gott dein rühme...› Es spricht Vertrauen in das Können des Erasmus aus diesen Worten, aber in der Tiefe liegt doch die Erwartung, daß er dies alles nicht tun werde. Dürer hatte Erasmus gut begriffen.

Entscheidung für die geistige Unabhängigkeit

Der Kampf legte sich keineswegs, am wenigsten in Löwen. Latomus, der würdevollste und tüchtigste der Löwener Theologen, war nun zu einem der ernsthaftesten Gegner Luthers geworden und traf dabei von der Seite auch Erasmus. Zu dem Karmeliter Nikolaus von Egmond hatte sich als heftiger Widersacher noch ein anderer Landsmann des Erasmus gesellt: Vincent Dirks aus Haarlem, ein Dominikaner. Erasmus wendet sich an die Fakultät, um sich gegen die neuen Angriffe zu verteidigen und eine Erklärung zu geben, warum er nie etwas gegen Luther geschrieben habe. Er werde nun daran gehen, ihn zu lesen, und bald etwas in Arbeit nehmen, um den Lärm zu beschwichtigen[1]. Er weiß es zu bewerkstelligen, daß Aleander, der im Juni nach Löwen gekommen war, das Predigen gegen Erasmus verbietet. Der Papst hofft noch, daß es Aleander gelingen werde, Erasmus, mit dem er wieder freundschaftlich verkehrt, auf den rechten Weg zu bringen. Doch Erasmus begann, den einzigen Ausweg, der ihm allmählich übrigblieb, zu erwägen: Löwen und die Niederlande zu verlassen und seine bedrohte Unabhängigkeit zurückzugewinnen. Der Anlaß zur Abreise war schon lange gegeben: die dritte Auflage seines *Neuen Testaments* rief ihn von neuem nach Basel. Es sollte keine Abreise für immer sein, und er dachte, bestimmt nach Löwen zurückzukehren[2]. Am 28. Oktober 1521, seinem Geburtstag, verließ er die Stadt, wo er vier so mühselige Jahre durchlebt hatte. Seine Zimmer im Lilienkollegium standen weiter für ihn offen, und seine Bücher ließ er dort zurück. Am 15. November erreichte er Basel.

Alsbald verbreitete sich das Gerücht, er habe sich aus Angst

---

1 A. 1217. 137, 1225. 239. 306. 1219. 115, 1226. 93, 1228. 48.
2 A. 1209. 4, 1257. 10, 1233. 188, 1239. 19.

vor Aleander durch die Flucht in Sicherheit gebracht. Doch die Vorstellung, welche in unserer Zeit, trotz der eifrigen Leugnung durch Erasmus selbst[1], wieder aufgenommen worden ist, als hätte ihn Aleander listig und absichtlich aus den Niederlanden vertrieben, leidet an innerer Unwahrscheinlichkeit. Erasmus wäre für die Kirche überall gefährlicher gewesen als gerade in Löwen, im Hauptquartier des Konservatismus, unter der Aufsicht des strengen burgundischen Regimes, wo er früher oder später in den Dienst der antilutherischen Politik schien gedrängt werden zu können. Dieses letztere war es, wie es Allen mit Recht in den Vordergrund stellt[2], was er fürchtete, und dem er auswich. Nicht um seiner körperlichen Sicherheit willen hat er das Land verlassen. Man hätte Erasmus nicht leicht angetastet; dazu war er eine viel zu kostbare Figur im Schach. Seine geistige Unabhängigkeit, die ihm so über alles teuer war, hat er bedroht gesehen, und um diese zu wahren, ist er nicht nach Löwen zurückgekehrt.

---

[1] A. 1342. 17 bis 155, *Spongia* LB. X. 1645.
[2] A. t. IV. p. 599, LB. X. 1612 c.

17. Erasmus als politischer Denker: Der Polemiker

Erasmus in Basel

Gegen den Abend seines Lebens erst bekommt die Gestalt des Erasmus jene Züge, mit denen sie für die Nachwelt weiterleben sollte. Erst in Basel, befreit von dem lästigen Drängen der Parteien, die ihn zu sich herüberziehen wollten, befreit aus dem Milieu voll Hasser und Widersacher, das ihn in Löwen umgeben hatte, und mitten in einen Kreis von Freunden, Geistesverwandten, Helfern und Verehrern versetzt, frei von Fürstenhöfen, unabhängig von dem Schutz der Großen, unermüdlich seine riesige Arbeitskraft dem Werk widmend, das ihm lieb war – so wird er Holbeins Erasmus. In diesen späten Jahren kommt er am nächsten an das Ideal seines persönlichen Lebens heran.

Er selbst dachte nicht, daß noch fünfzehn Jahre vor ihm lägen. Bereits lange vorher, eigentlich schon seit seinem siebenunddreißigsten Jahre, 1506, hatte sich Erasmus in Altersstimmungen bewegt. ‹Der letzte Akt des Spieles hat begonnen›, wiederholt er seit 1517[1].

Er fühlte sich jetzt finanziell so gut wie unabhängig[2]. Es hatte lange genug gedauert, bis er das sagen konnte! Doch die innere Ruhe war damit noch nicht gekommen. Wahrhaft ruhig und heiter, wie Holbein ihn uns vermuten lassen möchte, ist er nicht geworden. Er kümmert sich immer noch zu viel um das, was die Menschen von ihm sagen oder denken. Auch Basel empfindet er nicht als seine bleibende Stätte. Immer wieder spricht er von einem bevorstehenden Aufenthaltswechsel: nach Rom, nach

---

1 A. 531. 370, 742. 21, 756. 52, 952. 28.
2 A. 1236. 30.

Frankreich, nach England, zurück nach den Niederlanden[1]. Die physische Ruhe, die nicht in ihm war, brachten ihm die Umstände. Beinahe ununterbrochene acht Jahre bleibt er in Basel; dann hält Freiburg ihn sechs Jahre fest.

Erasmus in Basel ist ein Mann, den seine Ideale von Welt und Gesellschaft betrogen haben. Was ist noch übriggeblieben von der frohen Erwartung eines goldenen Zeitalters des Friedens und des Lichts, in der er noch 1517 gelebt hatte? Was von dem Vertrauen in den guten Willen und die verständige Einsicht, mit der er die *Institutio principis christiani* für den jungen Karl V. geschrieben hatte? Für Erasmus war alles Heil von Staat und Gesellschaft immer nur eine Frage der persönlichen Moral und der intellektuellen Aufklärung gewesen. Indem er diese beiden anpreise und verbreite – so hatte er einst geglaubt –, habe er selbst die große Erneuerung eingeleitet. Von dem Augenblick an, da er sah, daß der Konflikt zu bitterem Streit führen werde, hat er nur noch Zuschauer sein wollen. Als handelnde Person im großen Kirchenstreit hat Erasmus selbst freiwillig die Bühne verlassen.

Ein Gegner des Krieges

Aber sein Ideal gibt er nicht preis. ‹Führen wir unsere Verteidigung›, schließt er eine Epistel über die Philosophie des Evangeliums, ‹nicht mit Schimpf und Drohungen, nicht mit Waffen und Unrecht, sondern mit einfacher Verständigkeit, mit Wohltaten, mit Sanftmut und Verträglichkeit.›[2] Noch am Ende seines Lebens betet er: ‹Wenn du, o Gott, den heiligen Geist in aller Herzen erneuern willst, dann werden auch die äußern Widerwärtigkeiten aufhören... Ordne dieses Chaos, Herr Jesus, laß deinen Geist sich ausbreiten über diese Wasser der böse wogenden Dogmen.›[3]

Eintracht, Friede, Pflichtbewußtsein und Wohlwollen: sie standen Erasmus so hoch, und er sah sie so wenig in der Welt verwirklicht! Er ist enttäuscht. Nach der kurzen Stimmung von

---

1 A. 1236. 176, 1319. 15.
2 LB. VI*. 5.
3 *Precatio pro pace ecclesiae*, LB. IV. 655.

politischem Optimismus spricht er von seiner Zeit nie mehr anders als in bittern Ausdrücken, ‹ein allerfrevelhaftestes Jahrhundert, das unglücklichste und verdorbenste, das man sich denken kann›[1]. Vergeblich hatte er ständig für den Frieden geschrieben: *Querela pacis*, die Klage des Friedens, das Adagium *Dulce bellum inexpertis*, *Oratio de pace et discordia* und noch anderes mehr. Erasmus dachte über diese seine pazifistische Wirksamkeit nicht gering: ‹Jener Vielschreiber, der nicht aufhört, mit seiner Feder den Krieg zu verfolgen›, nennt ihn Charon, der befürchtet, die zahlreichen Schatten könnten ihm entgehen[2]. Nach einer Überlieferung, die von Melanchthon aufgezeichnet wurde, soll ihn Papst Julius, veranlaßt durch die Äußerungen des Erasmus über den Krieg[3], zu sich gerufen und ihn gemahnt haben, er solle es lassen, über die Angelegenheiten der Fürsten zu schreiben: Du begreifst diese Dinge nicht!

Ein unpolitischer Geist

Erasmus war trotz einer gewissen angeborenen Mäßigung ein vollkommen unpolitischer Geist. Er stand zu sehr außerhalb der praktischen Wirklichkeit und dachte zu naiv über die Verbesserungsfähigkeit der Menschen, als daß er die Schwierigkeiten und Notwendigkeiten des Staatslebens hätte einsehen können. Seine Ideen über gute Staatsregierung waren höchst primitiv, und wie es bei stark ethisch gerichteten Gelehrten häufig der Fall ist, im Grunde sehr revolutionär, obwohl er nicht daran dachte, die Konsequenzen zu ziehen. Seine Freundschaft mit politischen und juristischen Denkern wie More, Budaeus, Zasius hat ihn nicht verändert. Fragen der Staatsform, des Gesetzes oder des Rechts bestehen für ihn kaum. Die wirtschaftlichen

---

1 A. 784. 58, 786. 17, 1139. 115, 1248. 27, 2143. 46, LB. V. 347, X. 1251 A, 1671 D.
2 *Coll. Charon*, LB. I. 823 A.
3 Melanchthon, *Opera, Corpus Reformatorum* XII. 266: dort, als wäre es von der *Querela pacis* veranlaßt worden, diese ist aber erst von 1517 datiert: siehe A. 603 und I. p. 37. 10. Vgl. des Verfassers Aufsatz: *Ce qué Erasme ne comprenait pas*, in Grotius, *Annuaire international*, 1936.

Probleme sieht er in idyllischer Einfachheit. Der Fürst soll ohne Entgelt regieren und so wenig Lasten auflegen als möglich. ‹Der gute Fürst hat alles, was die ihn liebenden Bürger besitzen.› Arbeitslose kann man einfach wegjagen. Realer mutet es uns an, wenn er dem Fürsten die Werke des Friedens aufzählt: Reinigung der Städte, Bau von Brücken, Hallen, Straßen, das Trockenlegen von Sümpfen, Verlegung von Strombetten, Eindeichen und Urbarmachen. Der Niederländer ist es, der hier in ihm spricht, und zugleich erkennt man wieder jenes Bedürfnis des Reinigens, Aufräumens, das seinem Charakter zugrunde liegt.

Verurteilung der Fürsten

Vage Politiker wie Erasmus sind geneigt, sehr streng über die Fürsten zu urteilen, denn sie machen sie für alles verantwortlich, was verkehrt ist. Zuweilen ist Erasmus etwas befangen, wenn es sich um die Fürsten handelt. Er schont sie und weicht ihnen aus; er lobt sie persönlich, aber verurteilt sie im allgemeinen. Von den Königen seiner Zeit hatte er lange den Frieden in Kirche und Staat erwartet. Sie hatten ihn enttäuscht. Doch sein strenges Urteil über den Fürsten beruhte eher auf der Lektüre der Klassiker als auf der politischen Erfahrung seiner Zeit. Besonders in den späteren Ausgaben der *Adagia* kommt er andauernd auf die Herrscher, ihre Aufgabe und ihre Pflichtvergessenheit zurück, immer ohne bestimmte Personen zu nennen. ‹Es gibt Fürsten, welche Uneinigkeiten zwischen ihren Städten säen, um desto ungehinderter das arme Volk zu melken und mit dem Hunger der unschuldigen Bürger ihre Gefräßigkeit zu befriedigen.[1]› Im Adagium *Scarabaeus aquilam quaerit*[2] stellt er den Fürsten unter dem Bild des Adlers als den großen grausamen Räuber und Verfolger dar. In einem andern *Aut regem aut fatuum nasci oportere* und im *Dulce bellum inexpertis* äußert er die oft von ihm zitierten Worte: ‹Das Volk gründet und baut die Städte; die Torheit der Fürsten verwüstet sie wieder.[3]› ‹Die Fürsten ver-

---

1 *Adag.* 2379 *Anguillas captare*, LB. II. 864 C; A. 825. 5.
2 *Adag.* 2601. LB. II. 869.
3 *Adag.* 201. LB. II. 106, A. 288. 60, *Adag.* 3001. LB. II. 951.

schwören sich mit dem Papst und vielleicht mit dem Türken gegen das Glück des Volkes›, schreibt er 1518 an Colet[1]. Es ist ein akademisches Tadeln aus dem Studierzimmer. Eine revolutionäre Absicht lag Erasmus ebenso fern wie More beim Schreiben der *Utopia*. ‹Auch die schlechten Fürsten muß man in manchen Fällen vielleicht ertragen. Das Heilmittel darf man nicht versuchen.[2]› Es ist zu bezweifeln, ob Erasmus mit seinen Aperçus gegen die Fürsten viel realen Einfluß auf seine Zeitgenossen ausgeübt habe. Man möchte gern glauben, daß sein ehrlicher Friedenswille und seine bitteren Anklagen gegen den Wahnsinn des Krieges etwas gewirkt hätten. Zweifellos haben sie in den breiten Kreisen der Intellektuellen, die Erasmus lasen, friedliebende Gefühle verbreitet, aber die Geschichte des sechzehnten Jahrhunderts zeigt wenig Spuren davon, daß solche Gefühle wirksame Frucht getragen hätten. Sei dem, wie ihm wolle, in diesen politischen Deklamationen lag nicht die Stärke des Erasmus. Ein Führer der Menschen mit ihren Leidenschaften und ihren harten Interessen konnte er nie sein.

Neue theologische Schriften und Ausgaben

Sein Lebenswerk lag anderswo. Jetzt in Basel kam er, obschon er immer mehr von dem schmerzhaften Leiden gequält wurde, das er schon so viele Jahre mit sich trug, erst recht zu der großen Aufgabe, die er sich gestellt hatte: die reinen Quellen des Christentums zu erschließen, die Wahrheit des Evangeliums aufzudecken, in all der einfachen Verständlichkeit, in der er sie sah. In einem breiten Strom flossen die Ausgaben von Kirchenvätern, klassischen Schriftstellern, die neuen Auflagen des *Neuen Testaments*, der *Adagia*, seiner eigenen Briefe, daneben die Paraphrasen zum *Neuen Testament*, die Kommentare zu den *Psalmen* und eine Anzahl neuer theologischer, moralischer und philologischer Traktate. 1522 war er monatelang krank; trotzdem folgte in diesem Jahr auf Cyprian, den er schon in Löwen bearbeitet

---

1 A. 891. 31, vgl. A. 1273. 22.
2 *Adag.* 2201. LB. II. 781 D; vgl. auch die Vorrede zu der Paraphrase zum *Evangelium Markus*, an Franz I., A. 1400.

und 1520 herausgegeben hatte, Arnobius und daneben die dritte Auflage des *Neuen Testaments*; ihr folgte auf dem Fuß Hilarius, dann eine neue Auflage von Hieronymus, 1524. Später kamen Irenäus 1526, Ambrosius 1527, Augustin 1528–1529, Chrysostomus in lateinischer Übersetzung 1530. Die schnelle Aufeinanderfolge dieser umfangreichen Werke beweist, daß die Arbeit so getan wurde, wie Erasmus immer arbeitete: hastig, mit einem enormen Konzentrationsvermögen und einer erstaunlich leichten Handhabung des wunderbaren Apparates seines Gedächtnisses, aber ohne die strenge Kritik und die peinliche Gewissenhaftigkeit, die der moderne Philologe von derartigen Ausgaben verlangt.

Weder der polemische Erasmus noch der geistreiche Humorist waren in dem gelehrten Theologen, dem enttäuschten Reformator untergegangen. Den Federkämpfer hätten wir im weiteren ohne Bedauern vermißt, den Humoristen nicht für viele Schätze der Literatur. Doch diese beiden hängen unzertrennlich zusammen. Das bezeugen die *Colloquia*.

Die ‹Colloquia›

Man möchte hier wiederholen, was schon in Beziehung auf die *Moria* gesagt wurde: wenn von all den Werken des Erasmus in der Weltliteratur neben der *Moria* einzig die *Colloquia* wirklich am Leben geblieben sind, so ist diese Wahl der Geschichte gerecht gewesen. Nicht in dem Sinn, daß für die Literatur allein das Angenehmste, das Leichteste und Lesbarste bestehenblieb, während die schwere theologische Gelehrsamkeit schweigend auf den Brettern der Bibliotheken ihre Ruhe fand. Nein, wahrhaftig, es war das Beste von Erasmus, das im ‹Lob der Narrheit› und in den Gesprächen am Leben blieb. Durch sie hat sein sprühender Geist die Welt bezaubert und an sich gefesselt. Es wäre eine anziehende Aufgabe, die Gespräche hier ausführlich als literarisches Kunstwerk zu betrachten, um dem Erasmus der *Colloquia* seinen richtigen und hohen Platz zu geben in jenem leuchtenden Sternbild der Demokrite des sechzehnten Jahrhunderts: Rabelais, Ariost, Montaigne, Cervantes und Ben Jonson.

Die *Colloquia* hatten, als Erasmus ihnen in Basel ihre definitive

Form gab, schon eine lange Entstehungsgeschichte hinter sich. Lange Zeit waren sie nicht mehr gewesen als *Familiarium Colloquiorum Formulae*, Modelle vertraulicher lateinischer Konversation, die er in Paris noch vor 1500 für seine Schüler niedergeschrieben hatte. Augustin Caminade, der ärmliche Freund, welcher so gern vom Geist des jungen Erasmus zehrte, hatte sie gesammelt und im beschränkten Kreis seinen Vorteil daraus gezogen. Er war längst gestorben, als ein gewisser Lambert Hollonius aus Lüttich die Handschrift, die er von Caminade bekommen hatte, Froben in Basel verkaufte. Beatus Rhenanus ließ sie, obwohl er damals schon der vertraute Freund des Erasmus war, ohne diesen vorher zu informieren, sofort drucken. Das war 1518. Erasmus war mit Recht darüber verstimmt, um so mehr, als das Büchlein voll Flüchtigkeiten und Sprachfehler steckte. Er besorgte deshalb sofort selbst eine bessere Ausgabe bei Dirk Maertens in Löwen, 1519. Das Werk enthielt damals eigentlich erst einen einzigen echten Dialog: den Kern des späteren *Convivium profanum*. Das übrige waren Höflichkeitsformeln und kleine Konversationen. Doch schon in dieser Form war es, abgesehen von seiner Nützlichkeit für die Latinisten, so voll geistreichen Geschmacks und feinen Witzes, daß es den größten Beifall fand. Schon vor 1522 war es in 25 Ausgaben, meist Nachdrucken, erschienen: in Antwerpen, Paris, Straßburg, Köln, Krakau, Deventer, Leipzig, London, Wien, Mainz. In Basel sah Erasmus selbst eine Ausgabe durch, die im März 1522 bei Froben erschien und seinem sechsjährigen Sohn, dem Patenkind des Verfassers, gewidmet war: Johannes Erasmius Froben. Bald darauf ging er über das bloße Durchsehen hinaus. 1523 und 1524 wurden zuerst zehn neue Gespräche, darauf vier und nochmals sechs den *Formulae* beigefügt, und schließlich wurde 1526 der Titel verändert in *Familiarium Colloquiorum Opus*. Das Werk blieb weiter dem kleinen Froben gewidmet und schwoll mit jeder neuen Ausgabe an: eine reiche und bunte Sammlung von Gesprächen, jedes ein Meisterstück der literarischen Form, abgerundet, spontan, überzeugend, ebenso unübertroffen in der Ungezwungenheit und Lebendigkeit als in der Gewandtheit der Latinität, jedes ein vollendeter Einakter. Von diesem Jahr an floß der Strom der Ausgaben und Übersetzungen fast ununterbrochen durch zwei Jahrhunderte.

Der Geist des Erasmus hatte von seiner Schärfe und Frische noch nichts verloren, als er, so viele Jahre nach der *Moria,* das Feld der Satire von neuem betrat. Der Form nach sind die *Colloquia* weniger ausgesprochen satirisch als die *Moria.* Mit ihrem sprechenden Thema, dem Lob der Narrheit, kündigt sich die letztere sofort als Satire an, während die *Colloquia* auf den ersten Blick vielleicht wie bloße unschuldige Genrebilder aussehen. Dem Inhalt nach sind sie freilich noch stärker satirisch, wenigstens sind sie es direkter. Die *Moria* ist als Satire philosophisch und betrifft das Allgemeine, die *Colloquia* sind aktuell und betreffen das Besondere. Zugleich haben sie neben der negativen Tendenz, die sie mit der *Moria* teilen, auch positiven Gehalt. In der *Moria* liegt das eigene Ideal des Erasmus unausgesprochen hinter der Darstellung; in den *Colloquia* stellt er es dauernd deutlich in den Vordergrund. Deshalb bilden sie bei allem Scherz und Spott doch gleichzeitig einen tiefernsten moralistischen Traktat und sind am nächsten verwandt mit dem *Enchiridion militis christiani.* Was Erasmus in Wirklichkeit von der Welt und den Menschen wünschte, wie er es sich dachte, jenes so heftig verlangte, gereinigte christliche Zusammenleben in guten Sitten, warmem Glauben, in Einfachheit und Mäßigung, Wohlwollen, Verträglichkeit und Frieden: das steht nirgends so deutlich und gut geschrieben wie in den *Colloquia.* In diesen letzten fünfzehn Jahren seines Lebens knüpft Erasmus mit einer Reihe moraldogmatischer Abhandlungen wieder dort an, wo er mit dem *Enchiridion* begonnen hatte: bei der Erörterung der einfachen, allgemeinen christlichen Lebensführung, einer ungezwungenen Ethik. Das ist seine erlösende Botschaft. Sie wurde von vielen vernommen aus *Exomologesis, De esu carnium, Lingua, Institutio christiani matrimonii, Vidua christiana, Ecclesiastes;* aber von zahllosen aus den *Colloquia.*

Neue Kontroversen auf Grund der ‹Colloquia›

Die Gespräche in den *Colloquia* haben viel mehr Haß und Gegnerschaft geweckt als Lob, und das begreiflicherweise; denn Erasmus griff nun auch Personen an. Er gönnte sich das Vergnügen, seine Löwener Gegner lächerlich zu machen. Lee wurde als

Sykophant und Aufschneider schon in die Ausgabe von 1519 eingefügt, und als der Streit beigelegt wurde, 1522 wieder gestrichen. Vincent Dirks wurde im ‹Begräbnis› als begehrlicher Bettelmönch karikiert, der den Sterbenden Verfügungen zugunsten seines Ordens abzwingt. Und so blieb er stehen. Später kamen Seitenhiebe auf Noël Beda und manche andere dazu. Die Anhänger von Oecolampad glaubten, in einer Figur mit einer langen Nase ihren Führer lächerlich gemacht zu sehen. ‹Gar nicht›, antwortete Erasmus, ‹es ist jemand ganz anderes.› Wer fortan mit Erasmus Händel bekam, und das waren viele, hatte Aussicht, in die *Colloquia* zu kommen. Es war kein Wunder, daß dieses Werk mit seinem geißelnden Spott über die Mönchsorden mehr als irgendein anderes das besondere Objekt der Angriffe wurde.

Erasmus kam nie mehr aus dem Polemisieren heraus. Er meinte es zweifellos ernst, wenn er sagte, daß er es in seinem Herzen verabscheue und nie gewünscht habe; aber sein scharfer Geist war häufig stärker als sein Herz, und war er einmal im Streit drin, so hatte er ohne Zweifel doch seinen Genuß daran, seinem Spott die Zügel schießen zu lassen und mit seinen Argumenten geschickt zu operieren.

Es ist für die Kenntnis seiner Person unnötig, hier all die Federkämpfe ausführlich zu behandeln. Nur die bedeutendsten unter ihnen sollen erwähnt werden. Schon seit 1516 war ihm ein Tränklein gebraut von einem spanischen Theologen an der Universität Alcalá, Diego Lopez Zuñiga oder lateinisch Stunica. Es handelt sich um Bemerkungen zu der Herausgabe des *Neuen Testaments*; ‹ein zweiter Lee›, sagte Erasmus. Anfänglich hatte der Kardinal Ximenes die Veröffentlichung verboten; aber nach dessen Tod, 1520, brach die Polemik los. Einige Jahre lang hörte Stunica nicht auf, Erasmus mit seiner Kritik zu verfolgen, zu dessen großem Ärger; schließlich kam es, wahrscheinlich in dem Maße, als Erasmus konservativer wurde, zu einer Annäherung und zu einer wohlwollenden Haltung von seiten Stunicas[1]. Nicht weniger lang und heftig war der Streit mit dem Syndicus der Sorbonne, Noël Bedier oder Beda, der 1522 begann.

---

1 A. t. IV. App. 15, p. 620 ss., LB. IX. 283–401.

Die Sorbonne wurde 1526 veranlaßt, verschiedene Aussprüche des Erasmus als ketzerisch zu verurteilen. Der Versuch Bedas, Erasmus in den Prozeß gegen de Berquin hereinzuziehen, der die verurteilten Schriften übersetzt hatte, und der schließlich um seines Glaubens willen verbrannt worden ist (1529), machte die Angelegenheit für Erasmus noch unangenehmer[1].

Es ist deutlich genug, daß sowohl in Paris als auch in Löwen für die Kreise der theologischen Fakultäten die Hauptgründe des Anstoßes in den *Colloquia* lagen. Egmondan und Vincent Dirks verziehen es Erasmus nicht, daß er ihren Stand und ihre Person so bissig zerzaust hatte. Höflicher als die genannten Polemiken blieb der Streit mit einem vornehmen Italiener, Alberto Pio, dem Fürsten von Carpi (1525–1529); scharf und erbittert war der gegen eine Gruppe spanischer Mönche, die die Inquisition gegen ihn in Bewegung brachten (1528)[2]. In Spanien wurde ‹Erasmistas› der Name derjenigen, die zu freieren Auffassungen des Glaubens neigten. So wuchs der Stoff für jenen Band seiner Werke, der seiner eigenen Verfügung gemäß mit Apologien gefüllt wurde; das solle nicht heißen Entschuldigungen, sondern Abwehrschriften. ‹Ich Unglücklicher! sie machen gerade einen Band aus›, klagt Erasmus[3].

Streit mit Ulrich von Hutten

Zwei seiner Polemiken verdienen etwas nähere Besprechung: die mit Ulrich von Hutten und die mit Luther.

Hutten, der Ritter und Humanist, der begeisterte Herold einer national-deutschen Erhebung, der feurige Hasser des Papsttums und Parteigänger Luthers, war gewiß ein Hitzkopf und vielleicht einigermaßen ein Wirrkopf. Er hatte Erasmus

---

1 LB. IX. 442–737, 813–955.
2 LB. 1094–1196, 1015–1094.
3 A. no. I, t. I. p. 41.

zugejubelt, als dieser noch der kommende Mann zu sein schien, und ihn dann angefleht, doch für Luthers Sache Partei zu ergreifen. Erasmus hatte bald gemerkt, daß dieser tobende Anhänger kompromittierend werden könne. Hatte man ihm, Erasmus, nicht bereits eine von Huttens unüberlegten Satiren zugeschrieben? – Es kam eine Zeit, da Hutten Erasmus nicht mehr ausstehen konnte. Sein ritterlicher Instinkt reagierte gerade auf die schwächsten Seiten im Charakter des Erasmus: seine Furcht, sich zu exponieren, und seine Neigung, in der Gefahr einen Parteigenossen zu verleugnen. Erasmus kannte diese Schwäche selbst: ‹Nicht alle haben Kraft genug zum Martyrium› – schreibt er 1521 an Richard Pace. ‹Ich fürchte, daß, sollte ein Tumult ausbrechen, ich *Petrus* nachfolgen werde.[1]› Doch diese Erkenntnis befreit ihn nicht ganz von der Last der Vorwürfe, welche Hutten ihm 1523 in grimmigen Ausdrücken entgegenschleuderte. Es ist wahr: Hutten sah nur noch eine Karikatur von Erasmus, und dieser durfte mit einigem Recht die Verteidigungsschrift, mit der er ihm antwortete, einen ‹Schwamm gegen die Anspritzungen Huttens› nennen. Aber doch: der Ton, die Haltung dieser *Spongia*, die Hutten nicht mehr zu Gesicht bekommen sollte, ist kleinlich und unfrei, von Haß und Rachsucht bestimmt. In der Hand des Erasmus traf die Waffe des Hasses unter den Gürtel. Doch von dem Vorwurf, die Schrift noch nach Huttens Tod herausgegeben zu haben, ist Erasmus wohl freizusprechen; sie war ganz oder größtenteils gedruckt, bevor Hutten starb, und es wäre für Erasmus sehr schwierig gewesen, die Herausgabe noch zu verhindern[2].

Hutten wurde übrigens schon am lebenden Erasmus gerächt. Einer seiner Anhänger, ein gewisser Heinrich von Eppendorf, erbte Huttens Abneigung gegen Erasmus und hat ihn jahrelang verfolgt. Er bekam einen Brief von Erasmus in die Hände, in dem dieser ihn anschwärzte, und hielt ihm auf Grund dessen

---

1 A. 1218. 32.
2 Die Beurteilung der Haltung des Erasmus ist hier gemildert im Sinne der Studie von Werner Kaegi, Hutten und Erasmus, ihre Freundschaft und ihr Streit. Historische Vierteljahrschrift XXII. S. 200, 461.

eine Anklage wegen Verleumdung dauernd als Drohung entgegen. Eppendorfs Feindschaft reizte Erasmus so, daß er überall dessen Machinationen und Spione sah, sogar nachdem die wirkliche Verfolgung aufgehört hatte[3].

---

3 A. 1122, p. 303, 1934 intr. – Dieser lange Brief vom 1. Februar 1528, in dem Erasmus Joh. Botzheim Bericht erstattet über die Zusammenkunft mit Eppendorf zur Schlichtung des Haders, zeigt Erasmus ebenso kleinlich wie lebhaft. Manche Stellen daraus kehren wörtlich wieder im *Colloquium* ͤἹππεὺς ἄνιππος, mit dem dieser sich aufs neue an Eppendorf rächte.

18. Endgültige Auseinandersetzung mit Luther

Erzwungener Kampf gegen Luther

Schließlich kam es doch zu dem, was Erasmus immer zu vermeiden gesucht hatte: einer Polemik mit Luther. Doch sie hatte nun nichts mehr von jener Geste, für die sich Erasmus einst die Gelegenheit herbeigewünscht hatte: im Interesse des christlichen Friedens und der Einheit des Glaubens dem ungestümen Luther ein Halt zurufen zu können, das die Welt zur Besinnung gebracht hätte. Im großen Schauspiel der Reformation war ihre Polemik nur ein Nachspiel. Nicht allein Erasmus war enttäuscht und müde, auch für Luther waren seine heroischen Jahre vorbei: den Umständen unterworfen, zu Kompromissen gezwungen, war er in seinen Erwartungen betrogen.

Erasmus hätte gern bei seinem Entschluß ausgeharrt, im großen Trauerspiel Zuschauer zu bleiben. ‹Wenn Gott, wie es aus dem mächtigen Aufstieg der Sache Luthers hervorgeht, dies alles so will› – so überlegte er – ‹und er vielleicht für die Verdorbenheit dieser Zeiten einen so rauhen Wundarzt wie Luther nötig erachtet hat, dann ist es nicht meine Sache, ihm zu widerstreben.[1]› – Doch dabei hatte man ihn nicht in Ruhe gelassen. Während er fortfuhr zu protestieren, er habe nichts mit Luther zu tun und weiche himmelweit von ihm ab[2], blieben die Verteidiger der alten Kirche ihrem Standpunkt treu, den Nikolaus von Egmond schon 1520 dem Rektor von Löwen vorgehalten hatte: So lange er sich weigert, gegen Luther zu schreiben, halten wir ihn

---

1 *Hyperaspistes* LB. X. 1251 AB.
2 LB. IX. 365 F, A. 1274, 1276, 1294.

für einen Lutheraner¹. Dabei blieb es. ‹Daß du hier für einen Lutheraner gehalten wirst, ist gewiß›, schreibt ihm Vives 1522 aus den Niederlanden².

Immer stärker wurde das Drängen, er solle gegen Luther schreiben. Die Aufforderungen kamen von verschiedenen Seiten: von Heinrich VIII. durch den Mund Tunstalls, des alten Freundes des Erasmus³, von Georg von Sachsen, aus Rom selbst von seinem alten Beschützer, dem Papst Hadrian VI. noch kurz vor dessen Tod. Erasmus glaubte, sich nicht länger weigern zu können. Er versuchte ein paar Dialoge in der Art der *Colloquia*, aber es floß ihm nicht recht⁴, und diese Art hätte diejenigen, die ihn im Kampf zu verwenden wünschten, wahrscheinlich auch nicht befriedigt. Zwischen Luther und Erasmus selbst waren keine Briefe mehr gewechselt worden, seit jener 1520 ihm versprochen hatte: ‹Gut, Erasmus, ich werde deinen Namen nicht wieder nennen.› Nun aber, da Erasmus selbst im Begriffe war, Luther anzugreifen, kam von diesem ein am 15. April 1524 geschriebener Brief⁵, in dem der Reformator ihn nun seinerseits mit seinen eigenen Worten bittet: ‹Bleibe nun, wenn es dir beliebt, was du immer behauptetest sein zu wollen: ein bloßer Zuschauer unserer Tragödie.› Es klingt eine ironische Geringschätzung aus Luthers Worten; aber Erasmus nannte den Brief ‹ziemlich freundlich; ich habe nicht mit gleicher Freundlichkeit zu antworten gewagt, um der Sykophanten willen›⁶.

Um Luther mit gutem Gewissen bekämpfen zu können, mußte Erasmus natürlich einen Punkt wählen, über den er im Tiefsten seines Herzens mit Luther uneinig war. Es durfte also nicht einer der äußeren Teile am Bau der Kirche sein, die er entweder gemeinsam mit Luther von Herzen verwarf, wie Zeremonien, Bußwerke, Fasten etc., oder die er, freilich mit mehr Mäßigung als Luther, in seinem Herzen bezweifelte, wie die Sa-

---

1 A. 1162.
2 A. 1256. 10.
3 A. 1367.
4 A. no. I, t. I. p. 34, vgl. 1275. 20.
5 A. 1443.
6 A. 1466. 17.

kramente oder den Primat *Sankt Peters*. So kam er von selbst auf jenen Punkt, wo die tiefste Scheidung ihrer beiden Naturen lag: in ihrem Bewußtsein vom Wesen des Glaubens, also auf das zentrale und ewige Problem von Gut und Böse, Schuld und Zwang, Freiheit oder Gebundenheit, Gott und Mensch. Luther bestätigte es in seiner Antwort, daß hier tatsächlich der vitale Punkt berührt worden sei.[1]

Angriff des Erasmus: ‹De libero arbitrio›

De libero arbitrio diatribe[2], d. h. Abhandlung über den freien Willen, erschien im September 1524. War Erasmus je der Mann gewesen, um über einen Gegenstand wie diesen zu schreiben? Seiner Methode getreu und mit dem deutlichen Vorsatz, diesmal Autorität und Tradition hochzuhalten, entwickelte Erasmus den Beweis, wie die Bibel lehre, die Doktoren bekräftigen, die Philosophen beweisen und die menschliche Vernunft bestätige, daß des Menschen Wille frei sei. Ohne die Anerkennung der Willensfreiheit bleiben die Begriffe von Gottes Gerechtigkeit und Gottes Barmherzigkeit ohne Sinn. Wozu braucht die Schrift zu lehren[3], zu tadeln, zu ermahnen, wenn alles in bloßer und unentrinnbarer Notwendigkeit geschieht? Wozu wird der Gehorsam gepriesen, wenn wir gleicherweise in guten und schlechten Werken für Gott nur ein Werkzeug sind wie die Axt für den Zimmermann? Und wenn dieses letztere auch stimmte, so wäre es gefährlich, eine solche Lehre der Menge bekanntzugeben; denn die Moral hängt vom Bewußtsein der Freiheit ab.

Antwort Luthers: ‹De servo arbitrio›

Luther empfing die Schrift seines Gegners mit Widerwillen und Geringschätzung. Diese bezwang er zwar äußerlich, als er seine Antwort schrieb, und er achtete auf eine anständige Form. Doch

---

1 *De servo arbitrio*, Luthers Werke, Weimar ed. XVIII. 614.
2 LB. IX. 1215, neu herausgegeben von J. Walter, 1910.
3 *Timotheus* III.

im Inhalt selbst des *De servo arbitrio,* über den unfreien Willen, brach der Sturm seines Zornes durch. Denn hier tat er wirklich, was ihm Erasmus eben vorgeworfen hatte: er wolle einen ausgerenkten Arm heilen, indem er ihn auf die entgegengesetzte Seite ausrenke[1]. Schärfer, als er es je zuvor getan hatte, zog hier sein gewaltiger Bauerngeist die erstaunlichen Konsequenzen seines brennenden Glaubens. Ohne irgendeine Reserve nahm er jetzt alle Extreme eines unbedingten Determinismus in Kauf. Um den Indeterminismus mit deutlichen Worten zu erschlagen, mußte er nun freilich nach den primitiven Metaphern eines hochgespannten Glaubens greifen, der ausdrükken will, was nicht ausgedrückt werden kann: Gottes zwei Willen, die nicht zusammenfallen, Gottes ‹ewiger Haß gegen die Menschen, nicht allein ein Haß gegen das Versagen oder die Tätigkeit eines freien Willens, sondern ein Haß, der bestand, sogar bevor die Welt geschaffen wurde›, und jenes Bild vom menschlichen Willen, der als ein Reittier zwischen Gott und dem Teufel steht, um vom einen oder andern bestiegen zu werden, ohne selbst zu einem der beiden feindlichen Reiter gehen zu können.

Wenn irgendwo, so bedeutet Luthers Lehre in *De servo arbitrio* ein Zurückfallen in rohere Glaubensformen und eine Überspannung der religiösen Begriffe.

Aber... es war Luther, der hier auf dem felsigen Grund eines absoluten mystischen Durchdrungenseins vom Ewigen stand, für den alle niedrigeren Begriffe wie Stroh verbrannten in der Glut von Gottes Majestät, für den jede menschliche Mitwirkung am Heil eine Schändung war an Gottes Ruhm. Der Geist des Erasmus aber lebte nicht in den Begriffen, um die es hier ging: von Sünde und Gnade, von Erlösung und von der Ehre Gottes, die in allem das erste ist.

War denn Erasmus in diesem Streit in allen Teilen der Schwächere? Hatte Luther im tiefsten Grunde recht? Vielleicht. R. H. Murray[2] erinnert hier mit Recht an das Wort Hegels, die Tragödie bedeute nicht einen Konflikt zwischen Recht und Unrecht, sondern denjenigen zwischen Recht und Recht. Der

---

[1] LB. IX. 1247 D.
[2] R. H. Murray, *Erasmus and Luther,* p. 226.

Streit zwischen Luther und Erasmus bewegte sich jenseits der Grenze, an der unser hinfälliges Urteil haltzumachen und die Gleichwertigkeit, ja, die Möglichkeit des Nebeneinanderbestehens von Ja und Nein anzuerkennen hat. Und gerade dies: daß man hier mit Worten und Bildern jenseits des Erkennbaren und Ausdrückbaren streite, das begriff Erasmus: Erasmus, der Mann der Nuance, für den die Begriffe ewig ineinanderflossen und wechselten, der von Luther ein *Proteus* genannt wurde; Luther, der Mann des übermäßigen Akzents auf allen Dingen; der Niederländer, der die See wogen sieht, gegenüber dem Deutschen, der Berggipfel ragen sieht.

‹Die ist sehr wahr, daß wir von Gott nur in uneigentlichen Ausdrücken sprechen können.[1]› ‹Viele Fragen sollte man – noch lieber als bis zum ökumenischen Konzil – bis auf jene Zeit aufschieben, da die Gleichnisse und Rätsel weggenommen sein und wir Gott von Angesicht schauen werden.› ‹Was gibt es, das von Irrtum frei wäre?› ‹Es gibt in der Theologie gewisse unzugängliche Stellen, wo Gott nicht gewollt hat, daß wir weiter vordringen sollen.[2]›

Die katholische Kirche hatte sich in der Frage der Willensfreiheit eine Spur von Vorbehalt gewahrt; sie hatte dem Bewußtsein der menschlichen Freiheit unter der Gnade einen ganz kleinen Spielraum gelassen. Erasmus sah diese Freiheit bedeutend größer. Luther leugnete sie vollkommen. Das Urteil der Zeitgenossen wurde anfänglich zu sehr von ihrer Parteistellung im großen Streit als solchem beherrscht, als daß es hätte klar sein können. Sie spendeten Erasmus Beifall, weil er Luther ein Bein stellte, oder umgekehrt, je nach der Richtung ihrer Sympathie. Nicht allein Vives, auch treuere Katholiken wie Sadolet stimmten Erasmus bei. Die deutschen Humanisten, die meist wenig geneigt waren, mit der alten Kirche zu brechen, kehrten sich unter dem Eindruck vom Wort des Erasmus deutlicher von Luther ab: Mutian, Zasius, Pirkheimer. Sogar bei Melanchthon sprach das Gefühl für den Standpunkt des Erasmus. Für andere wie Capito, der einst ein so eifriger Anhänger gewesen war, war Erasmus jetzt abgetan.

---

1 *De colloquiorum utilitate.* LB. I. 908 E.
2 A. 1334. 231, 713. 18, LB. IX. 1216 C.

Bald sollte Calvin kommen, um sich mit den eisernen Zwingen seines Beweises völlig an Luthers Seite zu stellen.

Es ist wohl der Mühe wert, die Meinung eines heutigen katholischen Gelehrten über das Verhältnis von Erasmus und Luther heranzuziehen. ‹Erasmus›, sagt F. X. Kiefl[1], ‹stand mit seiner Weltansicht von der freien, unverdorbenen Menschennatur der Kirche innerlich weit fremder gegenüber als Luther, bekämpfte sie aber nur mit vornehmer Skepsis, weshalb Luther mit feiner Psychologie ihm vorhielt, er (Erasmus) liebe es, über die Fehler und das Elend der Kirche Christi so zu sprechen, daß die Leser zum Lachen gezwungen würden, statt mit tiefen Seufzern, wie es vor Gott sein sollte, Klage zu führen.›

Der *Hyperaspistes*[2], ein dickleibiger Traktat, in dem Erasmus von neuem gegen Luther das Wort ergriff, war nichts als ein Epilog und braucht hier nicht ausführlich besprochen zu werden.

Parteinahme des Erasmus für die katholische Kirche

So hatte nun also Erasmus endlich offen Partei genommen. Denn, abgesehen vom dogmatischen Streitpunkt selbst, war dies das bedeutsamste am *De libero arbitrio*, daß er sich darin ausdrücklich gegen die besonderen Glaubensauffassungen der Reformatoren gewandt und sich zugunsten der Autorität und Tradition der Kirche ausgesprochen hatte. Er allein, meint er, habe mehr getan, um die Kraft der Lutherei zu brechen als Aleander mit all seinen Machinationen[3]. ‹Mich wird weder der Tod noch das Leben von der Gemeinschaft der katholischen Kirche scheiden›, schreibt er 1522, und im *Hyperaspistes* 1526: ‹Von der katholischen Kirche bin ich nie abgefallen. Ich weiß, daß es in dieser Kirche, die ihr die pfäffische nennt, viele gibt, die mir mißfallen; aber solche sehe ich auch in eurer Kirche. Man trägt die Übel leichter, an die man gewohnt ist. Darum ertrage ich

---

1 Luthers religiöse Psyche, Hochland XV. 1917, p. 21.
2 LB. X. 1249.
3 A. 1412. 28, 1415. 47.

diese Kirche, bis ich eine bessere sehen werde, und sie ist wohl genötigt, auch mich zu ertragen, bis ich selbst besser geworden bin. Und der fährt nicht unglücklich, der zwischen zwei verschiedenen Übeln den Mittelkurs hält.[1]›

Doch war es möglich, diesen Kurs weiter einzuhalten? Auf beiden Seiten wandte man sich von ihm ab. ‹Ich, der ich früher in zahllosen Briefen angeredet wurde als ‚Dreimal größter Held, Fürst der Wissenschaften, Sonne der Studien, Beschützer der ehrlichen Theologie', werde nun entweder totgeschwiegen oder in ganz andern Farben gemalt.[2]› Wie viele der alten Freunde und Geistesverwandten waren schon tot[3]!

Doch es gab deren noch genug, die dachten und hofften wie Erasmus. Noch ging andauernd durch sein unermüdliches Wort, vor allem durch seine Briefe, die mäßigende und reinigende Wirkung seines Geistes aus nach allen Ländern Europas: Gelehrte, hohe Geistliche, Edelleute, Studenten, bürgerliche Magistraten waren seine Korrespondenten. Der Bischof von Basel selbst, Christoph von Utenheim, war ein Mann nach dem Herzen des Erasmus. Als eifriger Verfechter einer innerkirchlichen Reform hatte er schon 1503 versucht, die Geistlichkeit seines Bistums durch synodale Statuten zu reformieren, ohne viel Erfolg. Später hatte er Gelehrte wie Oecolampad, Capito und Wimpfeling nach Basel gerufen. Das war, bevor der große Streit begann, der alsbald Oecolampad und Capito viel weiter mitreißen sollte, als es der Bischof von Basel oder Erasmus für gut hielten. 1522 richtete Erasmus einen Traktat an den Bischof: *De interdicto esu carnium*[4], über das Verbot des Fleischessens. Das war eines der letzten Male, daß er offen gegen das Alte auftrat.

---

1 A. 1273. 26, 1275. 28, LB. X. 1257 F.
2 A. 1352. 34 (1523).
3 A. 1347. 277 (1523).
4 LB. IX. 1197–1214.

Die Reformation in Basel.
Johannes Oecolampad

Der Bischof hatte bald die Bewegung nicht mehr in der Hand. Ein ansehnlicher Teil der Basler Bürgerschaft und die Mehrheit des Rates standen bereits auf der Seite der radikalen Reformation. Ungefähr ein Jahr nach Erasmus kehrte Johannes Oecolampad, dessen erster Aufenthalt in Basel ebenfalls mit dem seinen zusammengefallen war (er hatte damals Erasmus bei der Herausgabe des *Neuen Testaments* im Hebräischen unterstützt), in die Stadt zurück mit dem Vorsatz, dort den Widerstand gegen das Alte zu organisieren. 1523 wurde er durch den Rat zum Professor der heiligen Schrift an der Universität ernannt, während vier katholische Professoren ihr Amt verloren. Er wußte es zu erwirken, daß das Predigen frei erklärt wurde. Alsbald erschien ein viel hitzköpfigerer Agitator, der ungestüme Guillaume Farel, um ebenfalls in Basel und seiner Umgebung zu wirken. Er ist der Mann, der später Genf reformieren und Calvin dazu bewegen wird, dort zu bleiben.

Unklarer dogmatischer Standpunkt des Erasmus

Obwohl Oecolampad vorläufig nur mit Vorsicht begann, Neuerungen im Gottesdienst einzuführen, sah Erasmus diese Dinge doch mit Beunruhigung. Vor allem das Treiben Farels, den er bitter haßte[1]. Diese Männer waren es, die das verhinderten, was er immer noch wünschte und für möglich hielt: einen Kompromiß. Sein schwankender Geist, der sich nie vorbehaltlos für ein eindeutiges Urteil entschied, hatte sich in den meisten der umstrittenen Gebiete allmählich auf einen halb konservativen Mittelstandpunkt festgelegt, mit dem er, ohne seine tiefste Überzeugung zu verleugnen, der Kirche treu zu bleiben suchte. 1524 hatte er seine Meinungen über den Wert der Beichte in dem Traktat *Exomologesis*[2] oder die Art zu beichten niedergelegt. Er

---

1 A. 1410. 19, 1534. 22, 1522. 65, 1523. 125, 1510, 1548. 8, 1640. 21, 1644. 19.
2 LB. V. 145.

anerkennt die Beichte halb und halb: wenn sie nicht von Christus oder den Aposteln eingesetzt sei, so doch von den Kirchenvätern. Man müsse sie fromm bewahren. Die Beichte sei von hervorragendem Nutzen, wenn auch zuweilen ein großer Schaden. So suchte er ‹beide Parteien zu ermahnen›, den Leugnern ‹weder beizustimmen, noch sie zu bestreiten, wenn auch hinneigend zu der Seite, die glaubt›.

In der langen Reihe seiner Polemiken findet er nach und nach Gelegenheit, seine Ansichten einigermaßen zu definieren. Er tut dies zum Beispiel ausführlich in den Antworten an Alberto Pio von 1525 und 1529.[1] Immer wählt er die Form einer Verteidigung, sei es, daß man ihn wegen der *Colloquia* angriff oder wegen der *Moria*, wegen des Hieronymus, der Paraphrasen oder aus irgendeinem andern Grund. Schließlich gibt er eine gewisse Zusammenfassung seiner Ansichten in *De amabili ecclesiae concordia*, über die liebliche Eintracht der Kirche von 1533. Doch diese Schrift ist kaum noch als ein Versuch zu positiver Aktion zu betrachten. Daran dachte er nun nicht mehr.

In den meisten Punkten gelingt es Erasmus, eine gemäßigte und konservative Formel zu finden. Sogar in bezug auf die Zeremonien verhält er sich nicht mehr ganz ablehnend. Er findet ein gutes Wort sogar für das Fasten, das er immer verabscheut hatte[2], für die Verehrung der Reliquien, für die kirchlichen Feste. 1523 schreibt er auf Ersuchen eines Freundes eine Messe für den Kirchendienst Unsrer Lieben Frau von Loretto[3]. Doch das Wunder des heiligen Hauses erwähnt er darin mit keinem Wort, und das begleitende Briefchen an den Freund beginnt: ‹Nun geh und paß auf: Erasmus wird auf deinen Befehl nun auch auf offenem Markt noch tanzen gehen.› Die Heiligenverehrung will er nicht abschaffen: Gefahr der Abgötterei enthalte sie nicht mehr. Sogar die Bilder will er zulassen: ‹Wer die Abbildungen aus dem Leben hinwegnimmt, der nimmt ihm seinen höchsten Genuß; oft sehen wir mehr in Bildern, als wir aus dem Geschriebenen erkennen können.› In bezug auf Christi substantielle Gegenwart im Altarsakrament hält er sich an den katholischen

1 LB. IX. 1094.
2 LB. VIII. 535.
3 A. 1391.

Standpunkt; doch ohne Leidenschaft, einzig auf Grund des Consensus der Kirche, und weil er nicht glauben könne, daß Christus, der die Wahrheit und die Liebe sei, zugelassen hätte, daß seine Braut so lange in einem so abscheulichen Irrtum befangen bliebe, eine Brotkrume anzubeten, als sei er es selbst. Diese Gründe vorbehalten, würde er nötigenfalls der Anschauungsweise Oecolampads beipflichten können[1].

Aus der Basler Zeit stammt eine der reinsten und wohltuendsten moralischen Abhandlungen von Erasmus, die *Institutio christiani matrimonii*, Über die christliche Ehe, von 1526[2], für Katharina von Aragon, die Königin von England. Sie ist ganz im Geist des *Enchiridion* gehalten, abgesehen von einer gewissen Weitschweifigkeit, die das Alter verrät. Später folgt ein *De vidua christiana*, Über die christliche Witwe, für Maria von Ungarn, das ebenso einwandfrei wenn auch weniger bedeutend ist[3].

Mißtrauen orthodoxer Kreise

Durch all dies wurden die Verteidiger der alten Kirche nicht entwaffnet. Sie hielten sich an das klare Bild vom Glauben des Erasmus, wie es aus den *Colloquia* sprach, und das nicht rein katholisch genannt werden konnte. Dort zeigte es sich allzu deutlich, daß Erasmus, so sehr er auch den Buchstaben unangetastet lassen wollte, in seinem Herzen nicht zu den Überzeugungen stand, die für die katholische Kirche vital waren. Die *Colloquia* sind denn auch später beim Expurgieren der Werke des Erasmus als Ganzes auf den Index gesetzt worden, zusammen mit der *Moria* und einzelnen anderen Werken. Der Rest ist *caute legenda*, vorsichtig zu lesen. Vieles aus den Annotationen zum *Neuen Testament* wird verworfen, manches aus den Paraphrasen und Apologien, ganz weniges aus dem *Enchiridion*, aus der *Ratio verae theologiae* und sogar aus der *Exomologesis*. Doch dies ge-

---

1 LB. X. 1610 ABC, vgl. LB. V. 501, IX. 1143 etc., LBE. 1270 D, LB. X. 1580 DE, 1560 A, A. 2175. 22, 2136. 214.

2 LB. V. 614.

3 LB. V. 723.

schah, nachdem der Kampf gegen den lebenden Erasmus ausgetobt hatte.

Solange er dort in Basel oder sonstwo saß als der Mittelpunkt einer großen, geistigen Gruppe, deren Kraft man nicht abschätzen konnte, gerade weil sie als Partei nicht hervortrat, so lange wußte man nicht, welchen geistigen Weg er noch nehmen, welchen Einfluß sein Geist noch auf die Kirche bekommen werde. Er blieb in seinem stillen Studierzimmer ein König der Geister. Die Art, wie man ihn haßte, wie man all seine Worte und sein Benehmen belauerte, war so, wie sie nur einem anerkannt Großen zuteil wird. Der Chor der Feinde, die Erasmus die Schuld an der ganzen Reformation zuschrieben, kam nicht zum Schweigen. Er hat die Eier gelegt, die Luther und Zwingli ausgebrütet haben[1]. Mit Ärger deckte Erasmus immer wieder neue Müsterchen von kleinlicher, bösartiger und dummer Kampfweise auf[2]. In Konstanz gab es einen Doktor, der das Porträt des Erasmus an der Wand hängen hatte, einzig um es, sooft er daran vorbeiging, zu bespeien. Scherzend vergleicht Erasmus sein Schicksal mit dem des *heiligen Cassianus*, der von seinen Schülern mit Schreibstiften durchbohrt wurde. ‹Werde er nicht seit vielen Jahren mit Federn und Zungen unzähliger Menschen bis ins Herz gestochen, und lebe er nicht in einer Folterung, ohne daß der Tod ein Ende bringe?› – Die scharfe Empfindlichkeit für Angriffe saß bei Erasmus tief. Und nie konnte er es lassen, andere zum Angriff zu reizen.

---

1 A. 1528. 11, LBE. 1490 E.
2 A. 2045, LBE. 1269, 1387–1388.

19. Streit mit den Humanisten

Gegen Paganismus und übertriebenen Klassizismus

Für die Unabhängigkeit, die sich Erasmus allen Bewegungen seiner Zeit gegenüber vorbehielt, ist nichts charakteristischer als die Tatsache, daß er auch im Lager der Humanisten Streit bekam. 1528 verließen zwei Dialoge aus der Feder des Erasmus gemeinsam Frobens Druckerei (der Leiter der Firma, Johannes Froben, war kurz vorher gestorben); der eine: Über die richtige Aussprache des Lateins und des Griechischen, der andere mit dem Titel *Ciceronianus* oder: Über die beste Art des Redens, das heißt, lateinisch zu schreiben und zu sprechen. Beide waren ein Beweis, daß Erasmus noch nichts von seiner Lebendigkeit und seinem Witz verloren hatte. Der erste Traktat war rein philologisch und hat als solcher großen Einfluß ausgeübt, der zweite war zugleich satirisch. Er hat eine lange Vorgeschichte.

Erasmus hatte das Heil für die Kultur immer in den klassischen Studien erblickt; doch sie sollten im Dienst eines reinen Christentums stehen. Es graute ihm in seinem aufrichtig ethischen Gefühl vor der Obszönität eines Poggio und der Sittenlosigkeit der frühen italienischen Humanisten[1]. Zugleich sagte ihm sein feiner und natürlicher Geschmack, daß das Heil nicht in einer pedantischen und sklavischen Nachahmung der antiken Vorbilder liegen könne. Erasmus konnte zu gut Latein, als daß er streng klassisch hätte schreiben können; sein Latein lebte und brauchte Freiheit. Schon früh findet man bei ihm Seitenhiebe auf die übertriebenen lateinischen Puristen: einer von ih-

---

1 A. 182. 87. 967. 126, 540. 31, LB. IX. 92 E.

nen habe ein neu entdecktes Cicero-Fragment für durch und durch barbarisch erklärt; ‹unter allen Arten von Schriftstellern sind mir keine so unausstehlich wie die Affen Ciceros›¹.

Bei den großen Erwartungen, die er für die Reinigung des Christentums auf die klassischen Studien setzte, sah er die eine Gefahr: ‹Daß unter dem Deckmantel der wiederauflebenden (*renascentis*) antiken Literatur der Paganismus das Haupt zu erheben sucht, wie es ja unter den Christen Leute gibt, die einzig dem Namen nach Christus anerkennen, inwendig aber das Heidentum atmen.› Das schreibt er 1517 an Capito². In Italien werfe man sich allzu ausschließlich und allzu heidnisch auf die *bonae literae*. Er betrachtete es als seine Aufgabe, daran mitzuwirken, daß die *bonae literae*, ‹die bei den Italienern bisher allzu sehr fast heidnisch gewesen sind, sich daran gewöhnen, von Christus zu sprechen›³. Wie mußte es Erasmus ärgern, daß man ihm nun gleichzeitig und im selben Atem gerade in Italien Ketzerei vorwarf und seine Integrität als Gelehrter in Zweifel zog: ihn des Plagiats und der gewinnsüchtigen Pfuscherei beschuldigte. Er beklagte sich darüber bei Aleander, der seiner Meinung nach die Hand dabei im Spiele hatte⁴.

‹Ciceronianus›

In einem Brief vom 13. Oktober 1527 an einen Professor in Alcalá⁵ findet man den Entwurf zum *Ciceronianus*. Neben denen, welche die klassischen Studien um des rechten Glaubens willen hassen, schreibt Erasmus, ‹ist nun seit kurzem noch eine neue Art von Feinden aus ihrem Hinterhalt hervorgebrochen. Diese verdrießt es, daß die *bonae literae* von Christus reden, als ob nichts elegant sein könnte, was nicht heidnisch ist. Für ihre Ohren klingt *Jupiter optimus maximus* hübscher als Jesus Christus, *redemptor mundi*, und *patres conscripti* angenehmer als *sancti*

---

1 A. 326. 55, 531. 445, 1013. 80, vgl. A. no. IV, t. I. p. 69.
2 A. 541. 133.
3 A. 1111. 17, 1581. 115, 1753. 21, 1479. 119.
4 A. 1479. 29, 1482.
5 A. 1885.

apostoli... Sie halten es für eine größere Schande, kein Ciceronianer als kein Christ zu sein, als ob nicht Cicero, wenn er jetzt wiedergeboren würde, über die christlichen Dinge mit andern Worten spräche, als er in seiner Zeit über seine Religion gesprochen hat. Was soll doch dieses häßliche Prahlen mit dem Namen Ciceronianer? Ich will es dir bündig und gleichsam ins Ohr sagen: Mit dieser Schminke bedecken sie den Paganismus, der ihnen mehr gilt als der Ruhm Christi.› Für Erasmus ist Ciceros Stil keineswegs das Ideal. Er möchte lieber etwas, das solider, gedrungener, gespannter, weniger geputzt, männlicher wäre. Er, der manchmal in einem einzigen Tag ein Buch schreiben müsse, habe keine Zeit, seinen Stil auszufeilen, oft nicht einmal, das Geschriebene durchzulesen... ‹Was gebe ich um ein Gericht leerer Worte, um zehn Worte, die da und dort bei Cicero zusammengebettelt sind! Ich will die ganze Seele Ciceros.› Affen sind es, über die man lachen mag. – Denn viel ernsthafter als diese Dinge sind die Tumulte des sogenannten neuen Evangeliums, zu denen er in diesem Brief sodann übergeht.

So gönnte er sich das Vergnügen, mitten in all seinen Polemiken und bittern Verteidigungen noch einmal seiner Spottlust die Zügel schießen zu lassen; aber ebenso wie in der *Moria* und in den *Colloquia* war sie veredelt von einem beinah leidenschaftlichen Ernst des christlichen Sinnes und des natürlichen Gefühls für edles Maß. Der *Ciceronianus*[1] ist ein Meisterstück von schlagfertigem, vielseitigem Wissen, von überzeugender Beredsamkeit, von bequemem Hantieren mit einem Schatz von Argumenten. In einer ruhigen und doch lebendigen Breite fließt die lange Unterredung dahin zwischen *Bulephorus*, der die Meinungen des Erasmus wiedergibt, *Hypologus*, dem interessierten Frager, und *Nosoponus*, dem eifrigen Ciceronianer, der, um seinen Geist ganz klar zu halten, zehn Korinthen frühstückt. Vielleicht weniger glücklich war es, daß Erasmus mit der Figur von *Nosoponus* deutlich auf jemand hinzielte, der nicht mehr antworten konnte: auf Christoph Longolius, der schon 1522 gestorben war.

Der Kernpunkt des *Ciceronianus* liegt dort, wo Erasmus auf die Gefahr hinweist, die ein allzu eifriger Klassizismus für den christlichen Glauben bedeute. Schon im Titel liegt das ausge-

[1] LB. I. 972.

drückt. Erasmus entlehnte ja den Gegensatz Ciceronianus – Christianus seinem geliebten Hieronymus, der sich auch schon vor die Wahl gestellt gesehen hatte[1]. Eindringlich tönt es: ‹Heidentum ist es, glaub mir, *Nosoponus*, Heidentum ist es, was unser Ohr und unser Gemüt daran bezaubert. Nur dem Namen nach sind wir noch Christen.› Warum klingt für uns ein klassischer Spruch besser als ein Zitat aus der Bibel: ‹*Corchorum inter olera*›, ‹Unkraut unter dem Gemüse›, besser als ‹*Saul* unter den Propheten›? Als Probe für die Absurdität des Ciceronianismus gibt er die Übersetzung eines dogmatischen Satzes in klassisches Latein. ‹*Optimi maximique Jovis interpres ac filius, servator, rex, juxta vatum responsa, ex Olympo devolavit in terras*› statt ‹Jesus Christus, das Wort und der Sohn des ewigen Vaters, ist nach der Weissagung der Propheten in die Welt gekommen›. In dieser Art schrieben tatsächlich die meisten Humanisten.

War sich Erasmus bewußt, daß er hier gegen seine eigene Vergangenheit zu Felde zog? Wenn er selbst *Logos* durch *Sermo* anstatt durch *Verbum* übersetzt hatte, wie ihm seine Gegner vorwarfen – war er damit nicht selbst der Ciceronianus gewesen? Auch dies hieß ja einen lebendigen christlichen Begriff antasten und ein klassisches Wort an seine Stelle setzen. Hatte er nicht selbst gewünscht, daß man in den kirchlichen Hymnen das Metrum verbessere[2]? Ganz zu schweigen von seinen eigenen klassizistischen Oden und Päanen auf Maria und die Heiligen. Und konnte seine Mißbilligung der Vorliebe für klassische Sprüche und Wendungen irgend etwas stärker treffen als seine eigenen Adagia?

Wir sehen hier den bejahrten Erasmus auf einem Weg der Reaktion, der ihn schließlich weit vom Humanismus hätte wegführen können. In seiner Bekämpfung des humanistischen Purismus ist er der Vorbote eines christlichen Puritanismus.

---

[1] Vgl. *Hieronymi Stridonensis vita*. Neu herausgegeben von W. K. Ferguson, *Erasmi Opuscula*, p. 183 ss.
[2] *Convivium poeticum, Coll.* LB. I. 724.

Neue Feinde

Wie immer trug ihm sein Spott einen neuen Strom von Schmähungen ein. Bembo und Sadolet, neben Erasmus die gefeiertsten Meister der reinen Latinität, verstanden darüber zu lächeln; aber der heißblütige Julius Cäsar Scaliger fuhr heftig zu, vor allem, um das Andenken des Longolius zu rächen. Die Folge war, daß die Vorstellung des Verfolgtwerdens bei Erasmus neue Nahrung bekam: wieder dachte er, Aleander stecke dahinter: ‹Die Italiener hetzen am kaiserlichen Hof gegen mich›, schrieb er 1531[1]; von den andern aber schreibt er scherzend[2]: ‹Nun werde ich wahrhaftig meinen Stil doch noch nach dem Vorbild des Budaeus ändern und ein Ciceronianer werden müssen nach dem Vorbild von Sadolet und Bembo!› Aber noch gegen das Ende seines Lebens war ein neuer Streit mit italienischen Angreifern ausgebrochen, weil er ihren nationalen Stolz verletzt hatte: ‹Sie rasen von allen Seiten gegen mich mit lästerlichen Libellen als gegen den Feind Italiens und Ciceros.[3]›

Sieg der Reformation in Basel

Es gab, wie er selbst sagte, noch ernsthaftere Probleme, die ihm näherginge. Seit Jahren hatten sich die Zustände in Basel in einer Richtung entwickelt, die Erasmus beunruhigte und betrübte. Als er sich 1521 dort niederließ, hatte es ihm noch scheinen können, es werde dem Bischof, dem alten Christoph von Utenheim, dem großen Bewunderer des Erasmus und einem Mann nach seinem Sinn, gelingen, mit der Hilfe von Männern wie ihrer beider vertrautem Freund, Ludwig Ber, in Basel eine Reformation durchzusetzen, wie er sie erstrebte: Abschaffung der anerkannten Mißbräuche, ohne daß man den Schoß der Kirche verließ. Aber gerade in diesem Jahr 1521 war die Emanzipation der Stadtregierung von der Macht des Bischofs – auf dieses

---

1 LBE. 1269 E.
2 LBE. 1372 D.
3 LBE. 1501 B, LB. X. 1747, 1752 DE. Der Brief LBE no. 1276, c. 1496 ist eine böswillige Fälschung.

Ziel hin hatte man, schon seit Basel sich 1501 der schweizerischen Eidgenossenschaft angeschlossen hatte, gearbeitet – eine Tatsache geworden. Fortan stand der Rat, der jetzt nicht mehr ausschließlich aristokratisch zusammengesetzt war, an der Spitze der Stadt. Vergeblich schloß sich der Bischof mit seinen Amtsgenossen von Konstanz und Lausanne zusammen, um den Katholizismus zu beschützen. In der Stadt gewann die neue Lehre mehr und mehr die Oberhand. Als es aber 1525 zu öffentlichen Tumulten gegen den katholischen Gottesdienst gekommen war, da wurde der Rat behutsamer und suchte fortan in aller Vorsicht zu reformieren.

Das wollte auch Oecolampad. Das Verhältnis zwischen ihm und Erasmus war etwas delikat. Erasmus hatte selbst dem religiösen Denken des impulsiven und rastlosen jungen Mannes einst die Richtung gegeben. Als dieser 1520 plötzlich seine Zuflucht im Kloster suchte, da hatte er diesen Schritt Erasmus, dem Tadler bindender Gelübde gegenüber, ausdrücklich gerechtfertigt[1]. Wie hatten sich die Verhältnisse verändert, als sie einander zwei Jahre später in Basel wiedersahen! Oecolampad: der aus dem Kloster entwichene Mönch, der zum überzeugten Anhänger und Prediger der neuen Lehre geworden war; Erasmus: der große Zuschauer aus freiem Entschluß. Erasmus begegnete seinem früheren Mitarbeiter etwas kühl und zog sich in dem Maß, als dieser weiter vorging, immer mehr von ihm zurück. Doch Erasmus hielt sich in einer Zwischenstellung und gab 1525 einen gemäßigten Ratschlag an den inzwischen wieder mehr zum Alten hinneigenden Rat.

Der alte Bischof, der in den letzten Jahren schon nicht mehr in seiner Stadt residiert hatte, ersuchte Anfang 1527 das Domkapitel, ihn seines Amtes zu entheben, und starb kurz darauf. Nun entwickelten sich die Ereignisse schnell. Sein Nachfolger konnte sein Amt nicht in Basel selbst antreten. Nachdem sich inzwischen Bern 1528 reformiert hatte, verlangte Oecolampad auch für Basel eine Entscheidung. Seit Ende 1528 stand die Stadt am Rand eines Bürgerkrieges. Ein Volksaufruhr machte dem Widerstand des Rates ein Ende und säuberte ihn von katholischen Mitgliedern. Im Februar 1529 wurden der alte Gottesdienst ver-

1 A. 1102, 1158.

boten, die Bilder aus den Kirchen entfernt, die Klöster aufgehoben, die Universität suspendiert. Oecolampad wurde erster Prädikant am Münster und Führer der Basler Kirche, für die er alsbald eine Verfassung entwarf. Der neue Bischof blieb in Pruntrut, das Domkapitel zog sich nach Freiburg zurück.

Übersiedlung nach Freiburg

Auch für Erasmus war damit der Augenblick des Scheidens gekommen. Seine Stellung in Basel im Jahre 1529 war – nur in umgekehrtem Sinn – derjenigen nicht unähnlich, die er 1521 in Löwen eingenommen hatte. Damals wollten ihn die Katholiken gegen Luther mobilisieren; nun hätten ihn die Evangelischen gern in Basel festgehalten. Denn sein Name war immer noch ein Panier. Die Anwesenheit des Erasmus hätte die Stellung des reformierten Basels verstärkt. Einerseits, weil man sich gesagt hätte: wäre er nicht mit den Reformatoren einverstanden, so hätte er längst die Stadt verlassen, andererseits, weil seine Gestalt Mäßigung zu verbürgen schien und viele Schwankende herüberziehen konnte[1].

Es geschah also noch einmal, um seine Unabhängigkeit zu wahren, wenn sich Erasmus entschloß, seinen Wohnort zu verändern. Diesmal fiel es ihm schwer. Das Alter und die Kränklichkeit hatten den Ruhelosen seßhaft gemacht. Da er Schwierigkeiten von seiten der Stadtregierung voraussah, ließ er sich von Erzherzog Ferdinand, der für seinen Bruder Karl das deutsche Reich regierte und sich damals gerade auf dem Reichstag zu Speyer aufhielt, einen Geleitbrief durch das ganze Reich geben und dazu noch eine Einladung, an seinen Hof zu kommen, von der er durchaus keinen Gebrauch zu machen gedachte. Als Zufluchtsort hatte er das nicht weit entfernte Freiburg im Breisgau gewählt, das direkt unter der strengen Regierung des Hauses Österreich stand, wo er eine Wendung der Dinge wie in Basel also nicht zu befürchten hatte. Überdies war gerade damals ein Zeitpunkt, in dem das kaiserliche Ansehen und das der katholischen Sache in Deutschland wieder stark im Steigen schien.

1 A. 2196.

Erasmus wollte oder konnte aus seiner Abreise kein Geheimnis machen. Er sandte das Kostbarste seines Besitzes voraus, und als dies die Aufmerksamkeit noch mehr auf sein Vorhaben gelenkt hatte, lud er ausdrücklich Oecolampad zu einem Abschiedsgespräch ein. Der Reformator bezeugte Erasmus sein aufrichtiges und freundschaftliches Wohlwollen, das dieser nicht abwies, vorausgesetzt, daß er ihm zugestehe, in gewissen dogmatischen Punkten anderer Meinung zu sein. Oecolampad suchte ihn von der Abreise zurückzuhalten und, da es dazu offensichtlich zu spät war, ihn zu bewegen, später wenigstens zurückzukommen. Sie trennten sich mit einem Händedruck. Erasmus hatte von einer abgelegenen Landungsstelle aus von Basel abfahren wollen, aber der Rat erlaubte das nicht: er mußte von der gewöhnlichen Stelle bei der Rheinbrücke aus abreisen. Eine zahlreiche Menge sah ihm zu, als er am 13. April 1529, begleitet von einigen Freunden, ins Schiff stieg; aber es geschah ihm kein Leid[1].

An dem Empfang in Freiburg konnte er es spüren, daß er trotz allem immer noch der gefeierte und bewunderte Fürst der Bildung war. Der Rat stellte ihm das große, wenn auch unvollendete Haus zur Verfügung, das für Kaiser Maximilian selbst gebaut worden war; ein Professor der Theologie bot ihm seinen Garten an. Anton Fugger hatte sich darum bemüht, ihn mit einem Jahrgeld nach Augsburg zu ziehen. Erasmus betrachtete übrigens Freiburg keineswegs als bleibenden Wohnort. ‹Ich habe beschlossen, diesen Winter hier zu sitzen, um mit den Schwalben wieder auszufliegen, wohin mich Gott rufen wird.[2]› Doch alsbald sah er ein, wie große Vorteile Freiburg bot. Die Luft, für die er so empfindlich war, sagte ihm hier zu, und die Lage der Stadt war besonders günstig, um, je nachdem es die Umstände mit sich brächten, nach Frankreich auszuwandern oder rheinabwärts in die Niederlande zurückzukehren, wo ihn so viele ungeduldig erwarteten. 1531 kaufte er in Freiburg selbst ein Haus[3]. Einer seiner besten Freunde, Ludwig Ber, war ihm von Basel aus hierher nachgefolgt.

1 A. 2158. 60, 2188. 5, 2196.
2 A. 2158, 2145, 2222.
3 LBE. 1349 A. cf. 1325.

Der alte Erasmus in Freiburg, der immer mehr von seinem schmerzhaften Leiden geplagt wird, der viel tiefer enttäuscht ist als damals, als er 1521 Löwen verließ, und der, was seinen Standpunkt betrifft, bestimmter festgelegt ist: er wird erst mit seiner ganzen Persönlichkeit zu uns sprechen, wenn sein Briefwechsel aus diesen Jahren vollständig herausgegeben sein wird[1]. Die älteren Sammlungen enthalten diese Briefe nur unvollständig. Aus keiner Epoche im Leben des Erasmus ist so vieles für die Kenntnis seines täglichen Tuns und Denkens erhalten als gerade aus diesen Jahren. Die Arbeit stand nicht still in dieser großen Gelehrtenwerkstatt, wo Erasmus die Aufsicht führt über seine Famuli, die für ihn Handschriften suchen, kopieren, nachsehen, von wo er seine Briefboten aussendet über ganz Europa. In der Reihe der Kirchenväterausgaben folgten noch Basilius und neue Auflagen von Chrysostomus und Cyprian; seine Ausgaben von klassischen Schriftstellern wurden noch vermehrt durch die Werke des Aristoteles. Noch dreimal sah er die *Colloquia* durch, noch einmal die *Adagia* und das *Neue Testament*. Auch Gelegenheitsschriften von moralisch- oder politisch-theologischer Art flossen weiter aus seiner Feder.

Endgültige Verurteilung der Reformation

Der Sache der Reformation hatte er sich nun ganz entfremdet. ‹Pseudevangelici› nennt er die Reformierten spöttisch. ‹Ich hätte in Luthers Kirche eine der Koryphäen sein können›, schreibt er 1528, ‹aber ich wollte lieber den Haß von ganz Deutschland auf mich laden als aus der Gemeinschaft der Kirche ausscheiden.[2]› Man hätte im Anfang Luthers Auftreten etwas weniger Beachtung schenken sollen, dann hätte der Brand nicht eine solche Ausbreitung erreicht[3]. Er habe stets die Theologen ermahnt, die kleinen Streitfragen, die mehr Weisheitsprahlerei

---

[1] Der neunte Teil (1938) von Allens *Opus Epistolarum* bringt die Briefe bis Ende März 1532. (Nach Huizingas Tod erschienen die Bände X–XII, der Schlußband 1958. Anm. d. Red.)
[2] A. 2037. 268.
[3] A. 2315. 243 sq.

als Frömmigkeit enthalten, liegenzulassen und sich zu den Quellen der Schrift zu wenden[1]. Nun war es zu spät. Städte und Länder schlossen sich zu immer neuen Verbänden für oder gegen die Reformation zusammen. ‹Wenn du, was nie geschehen möge› – so schreibt er 1530 an Sadolet[2] – ‹furchtbare Wirrungen in der Welt entstehen sehen wirst, die nicht so sehr für Deutschland als für die Kirche verhängnisvoll sein werden, dann denke daran, daß Erasmus sie vorausgesagt hat.› Zu Beatus Rhenanus sagte er wiederholt, daß, wenn er gewußt hätte, daß eine solche Zeit wie die jetzige im Anbrechen sei, er viele Dinge entweder gar nicht oder nicht so geschrieben hätte[3].

‹Sieh einmal dieses evangelische Volk an›, ruft er aus, ‹ob sie in irgend etwas besser geworden sind! Geben sie weniger der Üppigkeit nach oder der Wollust und Geldgier?› ‹Zeige mir jemanden, den dieses Evangelium aus einem Trinker zu einem Mäßigen, aus einem Wüstling zu einem Sanftmütigen, aus einem Leuteschinder zu einem Mildtätigen, aus einem Schamlosen zu einem Ehrbaren gemacht hat! Ich kann dir viele zeigen, die noch schlechter geworden sind, als sie waren. Nun hat man die Bilder aus den Kirchen herausgeworfen und die Messe abgeschafft (er denkt vor allem an Basel): ist etwas Besseres an ihre Stelle gekommen? Ich bin nie in ihre Kirchen gegangen; aber ich habe sie zuweilen von der Predigt zurückkehren gesehen, wie von einem bösen Geist angehaucht; aus dem Antlitz aller sprach ein merkwürdiger Grimm und eine Wildheit, und außer einem alten Männchen in Begleitung angesehener Leute war keiner dabei, der mich anständig grüßte.[4]›

Er haßte jenes absolute Sichersein, das so unzertrennlich zu den Reformatoren gehört. ‹Mögen denn Zwingli und Bucer den Geist besitzen, Erasmus ist für sich selbst nichts als ein Mensch; er kann die Sprache des Geistes nicht vernehmen.[5]›

---

1 A. 2136. 185 sq. vgl. 2037.
2 LBE. 1272 B.
3 A. no. IV, t. I. p. 68. 445.
4 LB. X. 1578 C, 1590.
5 LB. X. 1594 A.

Geistige Verwandtschaft mit den Wiedertäufern

Es gab eine Gruppe unter den Reformierten, mit denen Erasmus in seinem tiefsten Wesen näher verwandt war als mit den Lutheranern oder Zwinglianern in ihrem starren Dogmatismus: die Wiedertäufer. Er verwarf die Lehre, die ihnen den Namen verlieh, und verabscheute das anarchische Element bei ihnen[1]. Er blieb viel zu sehr der Mann des geistigen Decorums, um sich mit diesen Regellosen identifizieren zu können. Doch er war nicht blind für den Ernst ihres sittlichen Strebens und empfand Sympathie für ihren Abscheu vor der Gewalt und für die Geduld, mit der sie ihre Unterdrückung ertrugen. ‹Sie werden wegen der Unschuld ihres Lebens über alle andern gepriesen›, schreibt er 1529[2]. Gerade in die letzte Zeit seines Lebens fällt die Episode des gewalttätigen revolutionären Auftretens der fanatischen Wiedertäufer; es ist selbstverständlich, daß Erasmus nicht anders als mit Abscheu davon spricht.

Einer der besten gegenwärtigen Historiker der Reformation, Walter Köhler, nennt Erasmus einen der geistigen Väter des Täufertums[3]. Und es ist sicher, daß dieses in seiner späteren friedlichen Entfaltung bedeutende Züge mit Erasmus gemein hat: die Neigung, den freien Willen anzuerkennen, gewisse rationalistische Tendenzen, den Widerwillen gegen einen exklusiven Kirchenbegriff. Bei dem süddeutschen Täufer Hans Denk scheint eine direkte Entlehnung von Gedankengängen des Erasmus beweisbar. Für einen bedeutenden Teil hingegen wird diese Ideengemeinschaft auf Besonderheiten des religiösen Bewußtseins in den Niederlanden beruhen, aus denen Erasmus hervorging und in denen der täuferische Geist einen so wichtigen Nährboden fand. Erasmus selbst ist sich dieses Zusammenhangs sicher nicht bewußt gewesen.

---

1 LB. V. 505 B. A. 1369. 35 ss.
2 A. 2134. 214, 2149. 37.
3 W. Köhler, M. Luther p. 79, Historische Zeitschrift 121, 322.

Luthertum als Feind der Bildung

Ein merkwürdiges Zeugnis für die veränderte Haltung des Erasmus der alten und der neuen Kirche gegenüber stellt folgendes dar. Den Vorwurf, den er früher so lange den Verfechtern des Alten vorgehalten hatte, daß sie die *bonae literae*, die ihm so teuer waren, haßten und zu ersticken suchten, kehrt er nun gegen die evangelische Partei. ‹Überall, wo das Luthertum regiert, erschlafft das Studium der Wissenschaften.› ‹Aus welchem Grund sonst› – fährt er in einem auffallenden Trugschluß fort – ‹wären Luther und Melanchthon genötigt, die Menschen so eindringlich zu der Liebe der Studien zurückzurufen?› ... ‹Vergleiche nur einmal die Universität von Wittenberg mit der von Löwen oder Paris! ... Die Buchdrucker versichern, daß sie, bevor dieses Evangelium aufkam, von einem Werk schneller 3000 Exemplare abgesetzt hätten als jetzt 600. Ob das auch beweist, wie die Studien blühen?[1]›

1 LB. X. 1618, A. 1977. 40.

20. Letzte Lebensjahre

Allgemeine Verschärfung der Gegensätze

Noch in den letzten Lebensjahren des Erasmus nahmen alle großen Fragen, die die Welt in Spannung hielten, schnell scharfe und drohende Formen an. Überall, wo zuvor noch Kompromiß oder Wiedervereinigung möglich geschienen hatte, entstanden nun schwere Konflikte, streng abgegrenzte Parteigruppierungen, bindende Formeln. Während Erasmus im Frühling 1529 seine Abreise nach Basel vorbereitete, setzte es eine starke katholische Mehrheit auf dem Reichstage von Speyer durch, daß der für die Evangelischen günstige Abschied des Reichstages von 1526 zurückgezogen wurde und daß unter allen Evangelischen nur die Lutheraner behalten sollten, was sie besaßen, unter Verbot irgendeiner weiteren Änderung oder Neuerung. Die Zwinglianer und Täufer sollten überhaupt keine Toleranz genießen. Unmittelbar darauf folgt der Protest der bedeutendsten evangelischen Fürsten und Städte, der fortan der Gesamtheit der Antikatholiken den Namen geben sollte (19. April 1529). Und nicht allein zwischen Katholiken und Protestanten im Reich wurde die Trennung vollzogen. Noch im selben Jahr erwies sich die Abendmahlsfrage als das unüberwindliche Hindernis für eine wirkliche Einigung von Zwinglianern und Lutheranern. Luther trennte sich von Zwingli nach dem Religionsspruch von Marburg mit den Worten: ‹Ihr habt einen andern Geist als wir.›

In der Schweiz war der offene Bürgerkrieg zwischen den katholischen und den evangelischen Orten ausgebrochen und nur für kurze Zeit durch den ersten Frieden von Kappel beschworen worden. Die Verträge von Cambrai und Barcelona, die 1529 wenigstens den politischen Frieden in der Christenheit für einige Zeit wiederherstellten, konnten dem alten Erasmus keine Jubeltöne mehr entlocken über ein nahes goldenes Zeitalter, wie sie ihm die Einigung von 1516 eingegeben hatte. Einen guten Monat später standen die Türken vor Wien.

All diese Dinge mußten Erasmus immer mehr bedrücken und beängstigen. Doch er stand außerhalb. Wenn man seine Briefe aus dieser Zeit liest, bekommt man mehr als je den Eindruck, daß er bei all der Weite und Lebendigkeit seines Geistes doch dem großen Geschehen seiner Zeit sehr fern steht. Außerhalb eines gewissen Kreises von Interessen, die seine eigenen Ideen oder seine Person berühren, ist seine Wahrnehmung undeutlich und schwach. Wenn er sich noch einmal in aktuelle Fragen mischt, so tut er es moralisierend, mit Allgemeinheiten, ohne Nachdruck: sein Ratschlag, ob den Türken der Krieg zu erklären sei (März 1530), ist in die Form einer Erklärung von *Psalm 28* gegossen und so unbestimmt, daß er am Schluß selbst den Eindruck des Lesers antizipiert, der vielleicht ausrufen werde: Aber sag nun deutlich, bist du der Meinung, daß Krieg geführt werden solle oder nicht[1]?

Im Sommer 1530 kam zu Augsburg unter den Auspizien des Kaisers selbst der Reichstag von neuem zusammen, um noch einmal zu versuchen, ‹zu einem guten Frieden und zur christlichen Wahrheit zu gelangen›. Die Augsburgische Konfession, die Melanchthon sehr vorsichtig redigiert hatte, wurde hier verlesen, bestritten und vom Kaiser für widerlegt erklärt.

Erasmus hatte an alldem keinen Teil. Viele hatten ihn in Briefen aufgefordert, nach Augsburg zu kommen; aber er hatte vergeblich eine Einladung des Kaisers selbst erwartet. Auf Veranlassung der kaiserlichen Räte hin hatte er seine für diesen Herbst geplante Abreise nach Brabant bis nach dem Ausgang des Reichstages verschoben[2]. Doch man brauchte ihn nicht für den scharfen Unterdrückungsbeschluß, mit dem der Kaiser im November die Session beschloß.

Der große Kampf schien in Deutschland nahe am Ausbrechen. Auf die Beschlüsse von Augsburg folgte die Bildung des

1 LB. V. 346.
2 LBE. 1305, 1325.

Schmalkaldischen Bundes, der alle protestantischen Territorien und Städte Deutschlands zum Widerstand gegen den Kaiser vereinigte. Im selben Jahr (1531) war Zwingli in der Schlacht bei Kappel gegen die katholischen Orte gefallen; bald folgte ihm in Basel Oecolampad in den Tod. ‹Es ist gut› – schreibt Erasmus –, ‹daß diese beiden Führer umgekommen sind. Wäre ihnen *Mars* günstig gewesen, so wäre es um uns geschehen.[1]›

Aufschub des Kampfes in Deutschland

In der Schweiz hatte sich eine Art von Gleichgewicht, wenigstens ein Stillstand eingestellt; in Deutschland blieb der unvermeidliche Kampf auf Jahre hinaus aufgeschoben. Der Kaiser hatte eingesehen, daß er, um mit gutem Erfolg die deutschen Protestanten bekämpfen zu können, erst den Papst zum Konzil bewegen müsse, das die anerkannten Mißbräuche in der Kirche aufheben werde. Der Religionsfriede von Nürnberg besiegelte diese Wendung in der kaiserlichen Politik.

Es konnte scheinen, als sollten die Vertreter gemäßigter Reformen und eines Kompromisses binnen kurzem doch noch zu Worte kommen. Doch Erasmus war zu alt geworden, um noch eine aktive Teilnahme an den Entscheidungen zu wünschen. Wohl schrieb er 1533 noch eine Abhandlung ‹Über die liebliche Eintracht der Kirche›[2], gleichwie seinen Ratschlag über die Türken in der Form einer Psalmenerklärung *(Psalm 83)*. Doch es ist, als ob die alte Lebendigkeit seines Stils und die Kraft seiner Sprache, die er sich so lange ungeschwächt erhalten hatte, nun doch nachzulassen begännen. Dasselbe gilt von einer Abhandlung ‹Über die Vorbereitung auf den Tod›[3] aus demselben Jahr. Sein Ton wird schwächer.

---

1 LBE. 1422 B.
2 LB. V. 469.
3 LB. V. 1293.

Der ‹Ecclesiastes›

In diesen Jahren widmete er seine Kräfte in erster Linie der Vollendung des großen Werkes, das für ihn mehr als irgendein anderes das Resultat und die endgültige Darstellung seines moraltheologischen Denkens bedeutete: *Ecclesiastes* oder Über die Art des Predigens[1]. Die Predigt hatte Erasmus immer als die würdigste Aufgabe des Theologen betrachtet; Colet und Vitrarius hatte er hauptsächlich um ihrer Begabung als Prediger willen so hoch eingeschätzt[2]. Schon 1519 drang sein Freund, Jan Becar van Borselen, in ihn, er solle doch auf das *Enchiridion* des christlichen Soldaten und die *Institutio* des christlichen Fürsten die rechte Unterweisung des christlichen Predigers folgen lassen. – ‹Später, später›, hatte Erasmus versprochen: ‹jetzt habe ich allzuviel Arbeit; aber ich hoffe, bald damit beginnen zu können.› 1523 hatte er sich bereits einen Plan und einige Aufzeichnungen dafür gemacht. Es war für John Fisher, den Bischof von Rochester, bestimmt, den großen Freund und Geistesverwandten des Erasmus, der 1525 ungeduldig nach dem neuen Werk ausschaute und auf Vollendung drängte[3]. Das Werk wuchs allmählich zu der umfangreichsten unter den selbständigen Schriften des Erasmus: einen Wald von einem Werk, *operis sylvam*, nennt er es selbst. Mit einem unerschöpflichen Überfluß an Beispielen, Illustrationen, Skizzen usw. behandelte es in vier Büchern die Kunst, gut und angemessen zu predigen. Doch war es möglich, daß ein Werk, das von dem Erasmus von 1519 schon konzipiert war und eine so lang dauernde Bearbeitung erfahren hatte, während deren er selbst die Kühnheit seiner früheren Jahre allmählich aufgegeben hatte, 1535 noch eine Offenbarung sein konnte, wie es das *Enchiridion* einst gewesen war?

Der *Ecclesiastes* ist das Werk eines schließlich müde gewordenen Geistes, der nicht mehr scharf auf die Nöte seiner Zeit reagiert. Von einer Predigtweise, die, der Reinheit des Evangeliums entsprechend, richtig, verständlich und geschmackvoll belehrt, erwartet Erasmus die Verbesserung der Gesellschaft. ‹Das Volk

1 LB. V. 767.
2 A. 1211.
3 A. 932. 17, 952. 1, no. I. p. 34, 1581. 666.

wird gehorsamer gegen die Obrigkeit, achtungsvoller gegen das Gesetz, friedliebender. Zwischen die Eheleute kommt größere Eintracht, vollkommenere Treue, größere Abscheu gegen den Ehebruch. Die Diener gehorchen williger, die Arbeiter arbeiten besser, die Kaufleute betrügen nicht mehr.›

Zu gleicher Zeit, als Erasmus dieses Werk einer bieder moralistischen Glaubensauffassung bei Froben in Basel in Druck gab, war in derselben Stadt bei einem andern Buchdrucker[1] das Werk eines jungen Franzosen, der eben aus Frankreich nach Basel ausgewandert war, im Druck. Auch dieses sollte eine Anleitung zu gläubigem Leben darstellen: die ‹Institutio der christlichen Religion› von Calvin.

Tod von Fisher und More

Noch bevor Erasmus den *Ecclesiastes* ganz vollendet hatte, war der Mann, für den das Werk bestimmt gewesen war, gestorben. Statt dem Bischof von Rochester widmete Erasmus sein dickleibiges Werk nun dem von Augsburg, Christoph von Stadion. John Fisher hatte zur Besiegelung seines geistigen Strebens, das in mancher Hinsicht dem des Erasmus ähnlich war, der Welt ein Zeugnis hinterlassen, für das Erasmus selbst sich zu schwach wußte: das des Märtyrertodes. Am 22. Juni 1535 wurde er auf Befehl König Heinrichs VIII. enthauptet. Er starb für seine Treue gegen die alte Kirche. Gemeinsam mit More hatte er den Eid dem König als dem obersten Haupt der englischen Kirche standhaft verweigert. Keine zwei Wochen nach Fisher bestieg Thomas More das Schafott. Ohne Zweifel hat das Schicksal dieser zwei edelsten seiner Freunde Erasmus erschüttert. Daß in seinen Briefen aus jenen Tagen kein Laut tiefer Bestürzung und Entrüstung seine Gemütsbewegung verrät, braucht nicht seiner Vorsicht allein zugeschrieben zu werden. Es können uns Äußerungen entgangen sein[2]. Doch eine gewisse Reserve ist nicht zu

---

1 Thomas Platter, der eben das Geschäft Cratanders übernommen hatte, wo früher in tiefem Geheimnis der Julius-Dialog erschienen war.

2 Das *Carmen heroicum* auf den Tod von Fisher und More, das 1536 durch Hieronymus Gebwiler als von Erasmus stammend bekanntgegeben wurde,

verkennen. In den Worten, die er in der Vorrede zum *Ecclesiastes* Fishers Tod widmete, klingt kein Ton der Innigkeit. Und in einem Brief heißt es: ‹Hätte sich doch Morus nur nie mit dieser gefährlichen Angelegenheit eingelassen und die theologischen Dinge den Theologen überlassen.[1]› Als ob More für etwas anderes gestorben wäre als einfach für sein Gewissen.

Rückkehr nach Basel

Als Erasmus diese Worte schrieb, war er nicht mehr in Freiburg. Er hatte sich Ende Mai 1535 nach Basel begeben, um wie vor Zeiten in Frobens Druckerei zu arbeiten. Der *Ecclesiastes* ging endlich in Druck und heischte noch eine letzte Sorgfalt und Vollendung; die *Adagia* mußten neu gedruckt werden, und eine lateinische Ausgabe des Origenes war in Vorbereitung. Der alte, kranke Mann wurde von den vielen Freunden, die er noch in Basel besaß, herzlich empfangen. Hieronymus Froben, der Sohn des Johannes, der nach seines Vaters Tod mit zwei Verwandten das Geschäft betrieb, gab ihm in seinem Haus ‹zum Luft› Wohnung. Man hatte, in der Hoffnung auf seine Rückkehr, ein Zimmer ausdrücklich für ihn gebaut und so eingerichtet, wie es ihm bequem war. Die kirchlichen Stürme, durch die Erasmus seinerzeit von Basel vertrieben worden war, hatten sich nun gelegt[2]. Ruhe und Ordnung waren zurückgekehrt. Wohl spürte er in der Luft einen Geist des Mißtrauens, ‹aber ich denke, daß ich durch mein Alter, durch die Gewohnheit und mein bißchen Gelehrsamkeit nun wohl so weit gekommen bin, daß ich überall sicher leben kann.› Anfänglich hatte er die Übersiedlung nur als einen Versuch betrachtet. In Basel zu bleiben, beabsichtigte er nicht. Wenn seine Gesundheit die Veränderung der Luft nicht ertragen würde, so wollte er nach Freiburg in sein hübsches, wohlversehenes, bequemes Haus zurückkehren. Doch sollte sie ihm gut bekommen, so wollte er wählen zwi-

---

kann mit Sicherheit Janus Secundus zugeschrieben werden, vgl. A. Jolles, *Neophilologus*, XIII, 1928, p. 60, 132.

1 LBE. 1509 C, 1513 A.
2 LBE. 1511 D.

schen den Niederlanden (er wird an Brüssel, Mecheln oder Antwerpen, vielleicht an Löwen gedacht haben) oder Burgund, besonders Besançon. Gegen das Ende seines Lebens klammert sich Erasmus an den Wahn, den er schon lange hegte, daß einzig der Burgunderwein für ihn gut sei und sein Leiden zu lindern vermöge. Es liegt etwas Trauriges darin, einen wie großen Raum diese Weinfrage in seinen Gedanken allmählich einnimmt. In Basel sei er so teuer; doch das Schlimmste wäre das nicht, aber die diebischen Fuhrleute trinken oder verderben alles, was davon eingeführt wird[1].

Im August zweifelt er bereits stark daran, ob er nach Freiburg zurückkehren werde. Im Oktober verkaufte er sein Haus dort und einen Teil des Hausrates und ließ das übrige nach Basel bringen[2]. Seit dem Herbst verließ er sein Zimmer kaum mehr und war meistens bettlägerig.

Wenn sich auch der gewaltige Arbeiter in ihm noch nach mehr Leben und Arbeitszeit sehnte, seine Seele war zum Sterben bereit. Glücklich hatte er sich nie gefühlt. In den letzten Jahren erst äußert er das Verlangen nach dem Ende. Er hatte, merkwürdig genug, immer noch das Gefühl, mitten im Kampf zu stehen. ‹Ich werde in dieser Arena fallen müssen›, schreibt er 1533. ‹Dieses allein tröstet mich, daß der allen gemeinsame Hafen schon in der Nähe erscheint, der, wenn Christus gnädig ist, das Ende aller Arbeit und Mühe bringen wird.[3]› Zwei Jahre später tönt es dringender: ‹Daß es doch dem Herrn gefallen möchte, mich aus dieser rasenden Welt in seine Ruhe zu rufen.[4]›

Die meisten der guten alten Freunde waren tot, Warham und Mountjoy waren schon früher als More und Fisher gestorben; Peter Gilles, der so viel jünger war als er, war 1533 dahingegangen; auch Pirkheimer war schon seit Jahren tot. Beatus Rhenanus zeigt uns Erasmus, wie er in den letzten Monaten seines Lebens die Briefe seiner Freunde aus den letzten Jahren durchliest und immer wieder sagt: Auch dieser ist schon gestorben[5].

1 A. 296. 63, 285, 288. 15, 1342. 458, LBE. 1511 DE, A. 1359. 14, 1342. 457 etc.
2 LBE. 1506 CD, 1515 E und A. no. III, t. I. p. 53. 18.
3 LBE. 1465 B.
4 1506 B.
5 A. no. IV, t. I. p. 70.

In dem Maße, als er sich einsamer fühlte, nahmen sein Argwohn und sein Verfolgungswahn zu. ‹Meine Freunde nehmen ab, meine Feinde wachsen›, schreibt er 1532, nachdem Warham gestorben und Aleander noch höher gestiegen ist. Im Herbst 1535 meint er, daß ihn alle seine früheren Schüler verraten, sogar seine liebsten wie Quirin Talesius und Karl Utenhove. Sie schreiben nicht[1].

Päpstliche Aufforderung zur Mitarbeit am Konzil

Im Oktober 1534 war auf Clemens VII. Paul III. als Papst gefolgt, der sofort die Angelegenheit des Konzils mit Eifer in die Hand genommen hatte. Die Aussicht auf Verwirklichung jenes einzigen Mittels, in dem viele noch eine Möglichkeit der Wiedervereinigung der Kirche sahen: das Zusammentreten des Konzils, schien wieder nahe herangerückt. Sogleich wurden zur Vorbereitung des großen Werks Beziehungen mit den gelehrtesten Theologen angeknüpft. Erasmus unterließ es nicht, im Januar 1535 ein Glückwunschschreiben an den neuen Papst zu richten, in welchem er seine Bereitwilligkeit bezeugte, an der Wiederherstellung der Ruhe in der Kirche mitzuwirken, und den Papst ermahnte, vorsichtig einen Mittelweg einzuschlagen. Am 31. Mai erfolgte eine Antwort voll Wohlwollen und Anerkennung[2]. Der Papst forderte Erasmus auf, ‹daß auch du, der du von Gott mit so viel kostbarem Geist und Wissenschaft geziert bist, uns bei diesem frommen Werk helfen mögest, das so sehr mit deinem Geist übereinstimmt, indem du mit Wort und Schrift vor und während des Konzils mit uns den katholischen Glauben verteidigst und mit diesem letzten Werk der Frömmigkeit als mit der besten Tat ein gottesfürchtig geführtes Leben und so viele Schriften beschließest, deine Ankläger entkräftest und die Verkünder deines Lobes ermunterst›.

Hätte wohl Erasmus in einem kräftigeren Lebensalter jetzt den Weg zu aktivem Mitwirken im Rat der Großen gefunden?

1 LBE. 1513 EF.
2 LBE. 1501.

Ohne Zweifel entsprach die Aufforderung des Papstes ganz seiner Neigung. Doch, einmal vor die Notwendigkeit harter, klarer Entscheidungen gestellt, was hätte er da vermocht? Hätte sein Geist des Friedens und der Verträglichkeit, der Reserve und des Kompromisses eine Beschwichtigung gebracht und den kommenden Kampf abgewendet? Die Probe blieb ihm erspart. Er wußte sich selbst zu schwach, um noch an kirchenpolitische Propaganda denken zu können. Alsbald kamen Beweise, daß das Wohlwollen in Rom ernst gemeint war. Es war die Rede davon gewesen, unter die im Hinblick auf das Konzil zu ernennenden Kardinäle auch Erasmus aufzunehmen; ein bedeutendes Benefiz, das zu der Kirche von Deventer gehörte, wurde ihm bereits angeboten[1]. Aber Erasmus forderte die Freunde in Rom, die in diesem Sinn für ihn gewirkt hatten, auf, es doch zu lassen, er werde nichts annehmen; er, ein Mann, der von einem Tag auf den andern lebe, der den Tod erwarte und oft erhoffe, der kaum einen Fuß über seine Schwelle setzen könne, den wolle man auf Propsteien und Kardinalshüte hetzen! Er habe zu leben genug bis zu seinem nahen Tod[2]. – Er wollte unabhängig sterben.

Die letzte Schrift: ‹De puritate ecclesiae›

Doch seine Feder ruhte immer noch nicht. Der *Ecclesiastes* war gedruckt und erschienen. Origenes sollte noch folgen. Statt der gewichtigen und glänzenden Aufgabe, zu der ihn Rom berief, widmete er seine letzten Kräfte einer einfachen Tat herzlicher Freundschaft. Der Freund, der die Ehre genoß, von dem alten, todkranken Schriftsteller noch eine absichtlich für ihn mitten unter den fürchterlichsten Schmerzen verfaßte Schrift zu empfangen, war der niedrigste von den zahlreichen, die ihren Glauben an ihn nicht verloren hatten. Kein Prälat oder Fürst, kein großer Geist oder bewunderter Theologe, sondern Christoph Eschenfelder, Zollbeamter in Boppard am Rhein. Bei einer Durchreise (1518) hatte ihn Erasmus mit freudigem Erstaunen

---

1 LBE. 1510 B, 1513 B.
2 LBE. 1510 B, 1513 B, A. no. III, t. I. p. 66.

als einen Leser seiner Werke und gebildeten Mann kennengelernt. Die Freundschaft war geblieben. Eschenfelder hatte Erasmus gebeten, ihm eine Psalmenerklärung widmen zu wollen (eine Form, die Erasmus in den letzten Jahren mehrmals wählte). Ende 1535 erinnert sich dieser jenes Anliegens. Er wußte nicht mehr, ob Eschenfelder einen bestimmten Psalm angegeben hatte, er wählte aufs Geratewohl[1] *Psalm 14* und nannte das Stück ‹Über die Reinheit der christlichen Kirche›. Er widmete es ausdrücklich dem ‹Zöllner› im Januar 1536. Es tritt unter seinen Schriften nach Inhalt und Form nicht hervor. Doch es sollte das letzte sein.

Das Ende

Am 12. Februar traf Erasmus seine letzten Verfügungen. Schon 1527 hatte er ein Testament gemacht, das ausführliche Bestimmungen für den Druck seiner vollständigen Werke bei Froben enthielt. 1534 machte er ein genaues Inventar seines Besitzes. Seine Bibliothek verkaufte er dem polnischen Adligen Johannes a Lasco. Die Verfügungen von 1536 zeugen von zwei Dingen, die im Leben des Erasmus eine große Rolle gespielt haben: von seinen Beziehungen zum Haus Froben und von seinem Bedürfnis nach Freundschaft. Bonifacius Amerbach ist sein Erbe, Hieronymus Froben und Nikolaus Episcopius, die Leiter des Geschäftes, seine Exekutoren. Jeder von den guten Freunden, die ihm noch geblieben waren, bekommt eine der Kostbarkeiten, die von seinem Ruhm bei Fürsten und Großen zeugten, an erster Stelle Ludwig Ber und Beatus Rhenanus. Die Armen und Kranken wurden nicht vergessen, und im besondern gedachte er der Mädchen, die in die Ehe traten, und der Jünglinge von guten Anlagen. Die Einzelheiten dieser Wohltätigkeit überließ er Amerbach.

Im März 1536 denkt er noch an eine Abreise nach Burgund. Geldsachen beschäftigen ihn, und er spricht von der Notwendigkeit, neue Freunde zu gewinnen, wenn die alten dahinge-

---

[1] LB. V. 294.

hen: der Bischof von Krakau, Zasius in Freiburg[1]. Nach Beatus Rhenanus[2] stand am Ende seines Lebens der brabantische Plan im Vordergrund. Die Regentin, Maria von Ungarn, ließ nicht ab, ihn zur Rückkehr in die Niederlande aufzufordern. Die eigene letzte Äußerung des Erasmus läßt uns im Zweifel, ob er einen Entschluß gefaßt hatte: ‹Obschon ich hier bei den aufrichtigsten Freunden bin, wie ich sie in Freiburg nicht besaß, so würde ich doch wegen des Unterschieds in der Lehre lieber anderswo mein Leben beschließen. Wenn doch Brabant nur etwas näher läge!³›

Dies schreibt er am 28. Juni 1536. Er hatte sich einige Tage so schwach gefühlt, daß er nicht einmal hatte lesen können. Den Brief durchzieht wieder der Wahn, daß ihn Aleander verfolge, seine Feinde gegen ihn hetze und sogar seinen Freunden Schlingen lege. Erlahmte schließlich auch sein Geist?

Am 12. Juli kam das Ende. Die Freunde, die um sein Lager standen, hörten ihn andauernd stöhnen: ‹*O Jesu, misericordia; Domine libera me; Domine miserere mei!*› Und am Ende auf niederländisch: ‹*Lieve God.*⁴›

---

1 LBE. 1519.
2 A. no. III, t. I. p. 53. 18.
3 LBE. 152.
4 A. no. III, t. I. p. 53. Der Text des Beatus Rhenanus hat: *Lieuer Got.* Das u beweist, daß Beatus kein Hochdeutsch hörte, während es auf der Hand liegt, daß er den Ausgang von *Lieve* und den Endkonsonanten von *God*, im Holländischen überdies fast wie t gesprochen, nicht genau wiedergab.

21. Erasmus und der Geist des 16. Jahrhunderts

Eine Frage entsteht noch immer, sooft man auf die Person und das Leben des Erasmus zurückblickt: warum ist er so groß geblieben? Denn augenscheinlich ist sein Streben mißglückt. Er zieht sich aus jenem gewaltigen Ringen, das er selbst so richtig Tragödie nennt, ängstlich zurück, und das sechzehnte Jahrhundert braust kühn und leidenschaftlich über ihn dahin und verachtet sein Ideal der Mäßigung und Verträglichkeit. Die lateinisch-literarische Erudition, die für ihn der Inbegriff wahrer Bildung war, hat als solche heute ausgespielt. Erasmus gehört, was den weitaus größten Teil seiner Schriften betrifft, zu den Großen, die man nicht mehr liest. Er ist ein Name geworden. Doch warum klingt dieser Name immer noch so hell, was macht seine Figur so greifbar deutlich und so vertraut, warum sieht er uns immer noch an, als wüßte er noch etwas mehr zu sagen, als er je hat sagen wollen?

Was ist er für seine Zeit gewesen, und was sollte er späteren Geschlechtern bedeuten? Hat man ihn mit Recht einen Vorläufer des modernen Geistes genannt?

Kein typischer Vertreter seiner Zeit

Als Kind des sechzehnten Jahrhunderts betrachtet, scheint er vom allgemeinen Charakter seines Zeitalters abzuweichen. Mitten unter den heftig passionierten, scharf zugreifenden und gewalttätigen Naturen der Großen seiner Zeit steht Erasmus da als der Mann, der zu wenig Vorurteile und etwas zu viel feinen Geschmack hat, der etwas zu kurz gekommen ist (oh, nicht auf allen Gebieten) an jener *Stultitia*, welche er als das notwendige

Lebenselement gepriesen hatte. Erasmus ist der Mann, der zu verständig und zu gemäßigt ist, um heroisch zu sein.

Welcher vielsagende Unterschied liegt im Akzent des Erasmus und dem von Luther, Calvin, Santa Teresa! Und nicht nur der großen Religiösen: welch ein Unterschied liegt auch zwischen seinem Akzent, das heißt dem Akzent des Humanismus, und demjenigen Albrecht Dürers, Michelangelos oder Shakespeares!

Erasmus erscheint bisweilen als der Mann, der nicht stark genug war für seine Zeit. In jenem robusten sechzehnten Jahrhundert braucht man die eichene Kraft Luthers, die stählerne Schärfe Calvins, die Glut Loyolas, nicht die samtene Weichheit des Erasmus. Man braucht ihre Kraft und ihre Glut, aber auch ihre Tiefe, ihre rücksichtslose, vor nichts zurückschreckende Konsequenz, Ehrlichkeit und Offenheit.

Sie können jenes Lächeln nicht ertragen, das Luther von dem ‹tückischen Wesen› sprechen ließ, das aus den Zügen des Erasmus leuchte[1]. Seine Frömmigkeit ist ihnen zu glatt und zu schlaff. Loyola hat bezeugt, daß die Lektüre des *Enchiridion militis christiani* seine Begeisterung erschlaffen und seine Frömmigkeit erkalten lasse. Er sah jenen Krieg für Christus anders: in den glühenden Farben des spanisch-christlichen mittelalterlichen Ritterideals.

Erasmus war nie durch die Tiefen des Verworfenheitsgefühls und Sündenbewußtseins gegangen, durch die Luther sich durchgeschlagen hatte; er sah keinen Teufel zu bekämpfen und kannte die Tränen nicht. Fehlte es ihm gänzlich am Wissen um das tiefste Mysterium? Vielleicht hatte er nur sein Innerstes zu viel umsponnen, um etwas davon nach außen geben zu können.

Wir wollen uns nicht zu rasch einbilden, daß wir Luther oder Loyola verwandter seien, weil ihre Figuren uns mehr anziehen. Unser Interesse richtet sich wieder auf die leidenschaftlich Frommen, unsere Bewunderung gilt den Extremen; aber dies geschieht zum Teil darum, weil unsere zerfahrene Zeit starke Reize braucht. Um Erasmus würdigen zu können, muß man vorerst von der Bewunderung für das Extravagante absehen,

---

[1] Tischreden, Weimar ed. II. no. 2420.

und dies kostet gegenwärtig manchen eine gewisse Anstrengung. Es ist besonders leicht, über Erasmus den Stab zu brechen. Seine Fehler liegen an der Oberfläche, und obwohl er so vieles zu verbergen wünschte: mit seinen Fehlern hat er es nie getan.

Er kümmerte sich zu viel um die Menschen, und er konnte nicht schweigen. Er hatte einen zu reichen und zu beweglichen Geist, der ihm stets zu viele Argumente, zu viele Fälle, Beispiele, Zitate an die Hand gab. Er konnte nichts an sich abprallen lassen. Sein Leben lang hat er sich die Zeit nicht gegönnt, um zur Ruhe und zur Besinnung zu kommen, um einzusehen, wie gleichgültig all die Bewegung um ihn herum war, wenn er nur mutig seinen eigenen Weg ging. Ruhe und Unabhängigkeit war in allem sein heißester Wunsch, und niemand war unruhiger und abhängiger als er. Er ist wie einer, der mit zu zarter Gesundheit sich in den Sturm wagt. Seine Willenskraft war groß genug. Er hat Tag und Nacht gearbeitet unter den heftigsten körperlichen Schmerzen, mit einem großen, unverrückbaren Ideal vor seinen Augen, nie befriedigt von seinen eigenen Leistungen. Selbstzufrieden ist er nie gewesen. Und des Besten, das er tat, hat er sich nie gerühmt.

Idealist und Zauderer

Als geistiger Typus gehört Erasmus zu der ziemlich seltenen Gruppe derjenigen, die zugleich unbedingte Idealisten und durchaus Gemäßigte sind. Sie können die Unvollkommenheit der Welt nicht ertragen, sie müssen sich widersetzen; aber sie fühlen sich bei den Extremen nicht zu Hause, sie schrecken vor der Tat zurück, weil sie wissen, daß diese immer ebensoviel zerbricht wie aufbaut; und so ziehen sie sich zurück und rufen weiter, alles müsse anders werden; aber wenn die Entscheidung kommt, wählen sie zaudernd die Partei der Tradition und des Bestehenden. Auch hier liegt ein Stück von der Tragik des Lebens des Erasmus: er war der Mann, der das Neue und Kommende besser sah als irgend jemand; der sich mit dem Alten überwerfen mußte und doch das Neue nicht ergreifen konnte. Er strebte danach, in der alten Kirche zu bleiben, nachdem er ihr außerordentlich geschadet hatte, und er verleugnete die Reformation und in gewissem Maße auch den Humanismus, nachdem er beide ungeheuer gefördert hatte.

Unser Endurteil über Erasmus hat bis jetzt im Negativen gespielt. Was ist seine positive Bedeutung gewesen?

Zwei Umstände machen es dem heutigen Betrachter schwer, die positive Bedeutung des Erasmus zu erfassen: erstens, weil sein Einfluß mehr extensiv als intensiv gewesen und deshalb weniger leicht an bestimmten Punkten historisch wahrnehmbar ist, und zweitens, weil seine Wirkung abgelaufen ist. Er hat sein Werk getan und wird nicht wieder zur Welt sprechen. Wie der Kirchenvater Hieronymus, sein verehrtes Vorbild, und Voltaire, mit dem man ihn gerne vergleicht, ‹hat er seinen Lohn dahin›. Aber gleich wie diese ist er der Aufklärer eines Zeitalters gewesen, von dem ein breiter Strom der Bildung ausgegangen ist. Der Aufklärer eines Jahrhunderts, ein Umbildner des Geistes.

Der Aufklärer seines Zeitalters

Wie die Geschichtsforschung der Französischen Revolution sich mehr und mehr bewußt wird, daß die eigentliche Geschichte Frankreichs in dieser Periode in jenen Gruppen zu suchen ist, die als *centre* oder *marais* lange Zeit nur einer Herde von Statisten glichen, und begreift, daß sie zuweilen die Augen gegen die grellen Blitze des Unwetters von *Gironde und Montagne* etwas schützen muß – so hat die Geschichte der Reformationszeit ihren Blick (und sie tut es schon lange) auf jene breite Mittelsphäre zu richten, die von erasmischem Geist durchsetzt war. Einer seiner Gegner meint: Luther hat einen großen Teil der Kirche an sich gezogen. Zwingli und Oecolampad auch einen Teil, aber Erasmus den größten[1]! Das Publikum des Erasmus war groß, und es stand hoch. Er war der einzige der Humanisten, der wahrhaft für alle schrieb, das heißt für alle Gebildeten. Er gewöhnte eine ganze Welt an eine andere, flüssigere Ausdrucksart; er gab dem Interesse eine andere Richtung; er wirkte durch

---

1 LBE. 1490 D.

seine vollendete Klarheit der Darstellung sogar durch das Latein hindurch auf den Stil der Volkssprachen, abgesehen von den zahllosen Übersetzungen seiner Werke. Erasmus zog für seine Zeitgenossen gleichsam an der Orgel des menschlichen Ausdrucksvermögens eine Anzahl neuer Register, wie es Rousseau zwei Jahrhunderte später tun sollte.

Wohl mochte er sich auf den Einfluß, den er auf die Welt ausgeübt hatte, auch etwas zugute tun. ‹Aus allen Ländern der Welt› – so schreibt er am Ende seines Lebens [1] – ‹wird mir täglich von so vielen Dank gesagt, daß sie durch meine Werke, seien sie wie sie wollen, zum Eifer für eine gute Gesinnung und die heilige Wissenschaft entflammt worden seien. Und sie, die nie Erasmus gesehen haben, kennen und lieben ihn doch aus seinen Büchern.› Er freute sich, daß seine Übersetzungen aus dem Griechischen überflüssig geworden seien, er habe überall viele zum Griechischen und zur Heiligen Schrift gebracht, ‹die sie sonst nicht gelesen hätten›[2]. Einführen und Einweihen, das ist seine Rolle gewesen. Er konnte von der Bühne verschwinden, nachdem er sein Wort gesprochen hatte.

Vorläufer des achtzehnten Jahrhunderts?

Sein Wort bedeutete noch etwas mehr als den klassischen Geist und die biblische Gesinnung. Es war zugleich die erste Verkündigung des Glaubens an Erziehung und Vervollkommnung, des warmen sozialen Gefühls und des Vertrauens auf die Güte der menschlichen Natur, des friedliebenden Wohlwollens und der Verträglichkeit. ‹Überall wohnt Christus; in jedem Kleid dient man der Frömmigkeit, wenn es nur nicht an der Gesinnung fehlt.[3]›

Mit diesen Ideen und Überzeugungen kündigt Erasmus in der Tat eine spätere Zeit an. Im sechzehnten und siebzehnten Jahrhundert blieben diese Gedanken noch Unterströmung. Im achtzehnten brach für den Erasmus dieser befreienden Botschaft der

---

1 Zu der 4. und 5. Auflage des *NT*. LB. VI.*** 3 unten.
2 A. no. I, t. I. p. 8, 9, 413. 29.
3 A. 447. 414.

Tag an. In dieser Hinsicht ist er sehr bestimmt ein Vorläufer und Vorbereiter modernen Geistes gewesen: für Rousseau, Herder, Pestalozzi und die englischen und amerikanischen Denker. Es wäre unrichtig, Erasmus darum zum Vorläufer des modernen Geistes im allgemeinen stempeln zu wollen. Manche seiner Entfaltungen sind Erasmus gänzlich fremd gewesen. Er bildet kein Glied in der Entwicklung weder der Naturwissenschaften noch der neueren Philosophie. Er ist kein Wegbereiter gewesen für Staatswissenschaft, Geschichte oder politische Ökonomie. Doch solange sich noch jemand zu dem Ideal bekennt, daß sittliche Erziehung und allgemeine Verträglichkeit die Menschheit glücklicher machen können, so lange ist sie Erasmus immer noch Dank schuldig.

Einfluß auf Katholiken und Protestanten

Die Tatsache, daß einige der Gedanken des Erasmus erst später Frucht tragen sollten, schließt nicht ein, daß sein Geist nicht auch auf seine eigene Zeit unmittelbar und fruchtbar gewirkt hätte. Wenn auch damals in der Hitze des Kampfes die Katholiken ihn lange als den großen Verderber der Kirche und die Protestanten als den Verräter des Evangeliums betrachteten, so ging doch sein Wort der Mäßigung und des Wohlwollens an keinem der beiden Lager ungehört vorbei. Keine der beiden Parteien hat schließlich Erasmus endgültig verworfen. Rom hat ihn nicht als Erzketzer gebrandmarkt, sondern nur gemahnt, ihn vorsichtig zu lesen. Die protestantische Geschichtsschreibung hat sich alsbald befleißigt, ihn auf ihre Seite zu rechnen. Beide gehorchten dem Spruch einer öffentlichen Meinung, die außerhalb der Parteien stand und die auch weiterhin Erasmus bewunderte und verehrte.

Mit dem Wiederaufbau der katholischen Kirche und dem Ausbau der evangelischen Kirchen sind nicht allein die Namen von Luther und Loyola verknüpft. Auch die Gemäßigten, die Verständigen, die Versöhnenden haben ihren Anteil daran gehabt: Gestalten wie Melanchthon hier, dort Sadolet. Beide waren Erasmus stark verwandt und sympathisch gegen ihn gestimmt. Die noch so oft wiederholten Bestrebungen, um in dem großen kirchlichen Konflikt noch zu einem Kompromiß zu gelangen, mochten sie auch zum Scheitern verurteilt sein, gingen aus dem Geist des Erasmus hervor.

Der erasmische Geist in den Niederlanden

Nirgends faßte dieser Geist so leicht Wurzeln wie in dem Land, das Erasmus das Leben geschenkt hatte. Eine merkwürdige Einzelheit kann uns lehren, wie wenig dieser Geist an eine der zwei großen kirchlichen Parteien gebunden war. Von seinen zwei meistgeliebten Schülern der späteren Jahre – beide waren Niederländer, und er hat sie als Personen des Gesprächs *Astragalismus*, ‹Das Knöchelspiel›, zusammen verewigt – starb der eine, Quirin Talesius, als Opfer seiner Anhänglichkeit für die spanische Sache und den katholischen Glauben. Er wurde 1572 von den Bürgern von Haarlem, wo er Bürgermeister war, gehängt. Der andere, Karl Utenhove, steht eifrig auf der Seite des Aufstandes und des reformierten Glaubens. Er wendet sich in Gent 1578 im Einverständnis mit dem Prinzen von Oranien gegen den beschränkten protestantischen Terrorismus der Fanatiker.

Man hat wohl gelegentlich den Einfluß des politischen Denkens des Erasmus, seine wiederholte Anklage gegen schlechte Fürsten, in dem Widerstand der Niederländer gegen den König von Spanien wieder entdecken wollen. Zu Unrecht, wie mir scheint. Dazu waren die politischen Ergüsse des Erasmus viel zu akademisch und zu allgemein. Der Wille der Niederländer zu Widerstand und Empörung entsprang ganz andern Motiven. Die Geusen sind keine Nachkommen des Erasmus gewesen, und der politische Widerstand basierte auf realeren Gründen als auf den Betrachtungen der *Adagia*. Wohl liegt viel Erasmisches im Geiste Wilhelms von Oranien, der so weit über die Schranken des Religionshasses hinaussah[1]. Und tief durchdrungen von erasmischem Geist war die Klasse städtischer Magistrate, die alsbald in der neugegründeten Republik den Ton angeben und die Führung bekommen sollten. Die Historie pflegt, wie

---

[1] Es gibt keine Anhaltspunkte, die beweisen könnten, daß der Prinz Werke des Erasmus gelesen hat, doch ist es wahrscheinlich.

jeder Aristokratie, so auch diesem Regentenstand seine Fehler sehr schwer anzurechnen. Letzten Endes hat kaum irgendeine andere Aristokratie, es wäre denn die von Venedig, so lange, so gut und mit so wenig Anwendung von Gewalt einen Staat regiert. Wenn im siebzehnten Jahrhundert die niederländische Republik für die Ausländer das bewunderte Vorbild von Wohlfahrtseinrichtungen, Armenfürsorge und sozialer Disziplin darstellte (diese Einrichtungen waren in damaliger Zeit in ihrer Milde und Weisheit tatsächlich vorbildlich, so mangelhaft sie auch uns erscheinen mögen), so kommt dieses Verdienst dem städtischen Patriziat zu. Und wenn im niederländischen Patriziat jener Zeit diese Aspirationen lebten und sich in Tat umsetzten, dann sprach daraus der erasmische Geist sozialer Verantwortlichkeit. Die Geschichte Hollands ist sehr viel weniger blutig und grausam als die von irgendeinem der umliegenden Länder. Nicht umsonst hat Erasmus jene Eigenschaften als echt niederländisch gepriesen, die wir auch echt erasmisch nennen könnten: Sanftmut, Wohlwollen, Mäßigung und eine allgemein verbreitete mittlere Bildung. Keine romantischen Tugenden, wenn man so will. Sind sie darum weniger heilsam?

Ein weiteres Beispiel: In der Republik der sieben Provinzen ist der Greuel der Hinrichtungen von Hexen und Zauberern mehr als ein Jahrhundert früher aufgehoben worden als in allen übrigen Ländern. Das war nicht das Verdienst der reformierten Prädikanten. Sie teilten den Volksglauben, der auf Verfolgung drängte. Die Magistrate waren es, deren Aufklärung schon seit Beginn des siebzehnten Jahrhunderts diese Dinge nicht mehr zuließ. Wieder können wir sagen, auch wenn er selbst nicht zu denen gehört, die diese Sitte zuerst bekämpft haben: der Geist, der hieraus spricht, ist der des Erasmus.

Die gebildete Menschheit hat Ursache, den Namen des Erasmus in Ehren zu halten, wäre es auch nur darum, weil er der tief ehrliche Prediger jener allgemeinen Milde des Herzens gewesen ist, die die Welt noch so bitter nötig hat.

Anhang

Nachwort

1. Das Leben von Johan Huizinga (1872–1945)

Obwohl Johan Huizinga es von sich gewiesen hat, mit Erasmus verglichen zu werden – er betonte vielmehr die Distanz –, repräsentiert sein eigenes Leben doch etliche der wesentlichen Ideen und Träume, die er in seiner Erasmus-Biographie gezeichnet hat. War ihm Erasmus auch nicht sympathisch, so hat Huizinga ihm seine Bewunderung nicht versagt. Es waren vor allem das hohe christlich-humanistische Ethos, der zwischenstaatliche Pazifismus und die instinktive Absage an den amoralischen Staat, die beide verband. Am auffälligsten ist die Verbindung Huizingas zu Erasmus wohl in der Zeichnung desselben als unverwechselbarem Niederländer – genauer Nord-Niederländer –, der zugleich die westeuropäischen Kulturwerte repräsentierte. Die Frage der niederländischen Kulturidentität und ihrer Einbettung in die westeuropäische Kultur hat Huizinga außerordentlich stark beschäftigt. Für die reformerische Seite des christlichen Humanismus, den wir zuerst mit dem Begriff des «Erasmianismus» verbinden, scheint er allerdings keinerlei Verständnis gehabt zu haben. Die spezifisch renaissance-humanistische Botschaft des Erasmus-Werkes hielt Huizinga für historisch einmalig, d. h. in sich abgeschlossen und nicht von aktueller Geltung. Allerdings zeigte sein späteres Leben, besonders in seinem Widerstand gegen und im Leiden unter der nazideutschen Besatzung, daß auch das humanistische Bildungsideal im engeren Sinne seine Geltung behalten hatte.

Die Familie Huizingas entstammt Kreisen der Taufgesinnten (Mennoniten) des Groninger Ommelanden. Die alte Täufertradition der Huizingas, die bis ins 16. Jh. zurückzuverfolgen ist, und familiäre Verbindungen zu Täuferkreisen der Schweiz hatte, verließ zuerst Johans Vater Derk, der von der Theologie zur Medizin wechselte und an der Universität Groningen als Professor der Physiologie lehrte. In Groningen wurde Johan am 7. Dezember 1872 geboren und wuchs dort auf. Er war ein überaus braver, sanfter Knabe. Zwischen ihm und seinem zwei Jahre älteren Bruder Jakob waren die Begabungen recht ungleich verteilt: Während der Ältere naturwissenschaftliche Begabung zeigte und in die Fußstapfen des Vaters trat, mangelte es Johan an naturwissenschaftlich-mathematischen Talenten, selbst an den technischen Fähigkeiten und der Eignung für strengere philosophische Gedankengänge. Er hat diese von ihm selbst so genannte «erbliche geistige Halbblindheit» allerdings bestens genutzt, um seine sprachlichen und literarischen, künstlerischen und historischen Fähigkeiten voll auszubilden. So lernte er schon während der Schulzeit Hebräisch und Arabisch und beherrschte später fast alle wichtigeren europäischen Sprachen. Er zeichnete viel und ausdauernd bei jeder sich bietenden Gelegenheit und war ein engagierter Musikliebhaber. Seine sprachlichen und stilistischen Fähigkeiten sind zu Recht gepriesen worden, obwohl er sich durchaus als Wissenschaftler verstand und die historische Belletristik nachdrücklich ablehnte.

Sein Studium entsprach seiner Herkunft und den Gepflogenheiten seiner Umgebung, zeigte jedoch einige Besonderheiten: Ein Studium der Orientalistik in Leiden, das seinen damaligen Interessen am ehesten entsprochen hätte, war aus praktischen Gründen nicht möglich. Deshalb schrieb er sich in seiner Heimatstadt Groningen in den sog. niederländischen «Letteren» ein, was eine Verbindung von Sprach-, Literatur- und Geschichtsstudium bedeutete und ihm den Eintritt in den Schuldienst ermöglichte. In der Hauptsache studierte er jedoch Linguistik, vor allem Sanskrit und altindische Literaturwissenschaft, und promovierte 1897 beim Sanskritisten Barend Sijmons zur altindischen Literaturgeschichte. Danach ging er für sieben Jahre in den Schuldienst am Prinsenhof in Haarlem, arbeitete aber weiter wissenschaftlich im Bereich der Indologie. Er habilitierte sich 1903 an der Universität Amsterdam in altindischer Kultur- und Religionsgeschichte.

Überraschend, in einem wahren «Salto mortale», wie er es selbst nannte, bewarb er sich 1905 um einen freigewordenen Lehrstuhl für niederländische Geschichte in Groningen, den er auf massives Betreiben seines ehemaligen Groninger Geschichtsprofessors P. J. Blok auch erhielt. Man hat dies wohl mit Recht eine Art wissenschaftliche «Bekehrung» zum europäischen Mittelalter genannt. Im Mittelpunkt seines Interesses stand der burgundische Kulturkreis des Spätmittelalters, aus der sich für ihn die nationale Identität der Niederlande herleitete. Auch Erasmus entwickelte sich in diesem burgundischen Kulturkreis, weitete seinen Wirkungskreis aber sehr entschieden auf das lateinisch-christliche (West-)Europa aus.

In *Mein Weg zur Geschichte*, einer der wenigen autobiographischen Äußerungen Huizingas, welche er 1943 in der Verbannung schrieb, hat er seinen Weg über die Linguistik zur Kulturgeschichte dargestellt: Seine Aufmerksamkeit galt nicht der politischen oder sozialen Geschichte, sondern den historischen Formen, in denen sich Kulturen ausdrücken und darstellen. Sein Interesse hatte sich eher vor und in der Schulzeit als während des Studiums gebildet. Die üblichen Überblicks- und Epochenvorlesungen konnten ihn nicht fesseln. «Mein Herz und meine Phantasie», schrieb er in *Mein Weg*, «waren beim Mittelalter, von dem ich sehr wenig wußte, aber von dem ich eine Art blühender und zugleich äußerst vager Vision besaß.» Dorthin zog ihn «weniger ein solides, normales wissenschaftliches Interesse, als eine Art Hantise, eine Zaubermacht, eine Obsession, ein Traum».

Sein Übergang von der altindischen Kulturwissenschaft zur spätmittelalterlichen Geschichte war wesentlich durch die Kunst vermittelt worden: so nennt er als dafür maßgebend sein «Verlangen nach direkter Berührung, das mehr als durch irgend etwas anderes durch Vorstellungen bildender Kunst als durch das Wort gewährt wurde». Damit meinte er vor allem die Malerei, die ihm besonders nahestand und als Ausdrucksmittel wichtig war. So gibt es viele Zeugnisse seines Talents, etwa die Bilder, welche er in seiner Schul- und Studienzeit in Hefte und auf lose Blätter mit großer Ausdauer und Hingabe zeichnete. Sie wurden beurteilt als im besten Sinne «dilettantisch», von einer «köstlichen Phantasie, sorgfältig bis ins kleinste Detail, zuweilen sehr feiner Linie und Komposition, und stets mit leichtem Spott gezeichnet» (Th. J. G. Locher in: *Handelingen en levensberichten... te Leiden*, Jaarboek 1945/46, S. 93). Diese Zeichnungen, die man gut mit Szenenbildern eines Theaterstücks vergleichen könnte (siehe: *Keur van gedenkwaardige tafereelen uit de vaderlandsche historiën*, hg. von Chr. Th. van Valkenberg, 1950), entsprechen vergleichsweise der Gestaltung seiner Schriften, etwa dem *Herbst des Mittelalters*, wo es heißt, in Kapitel 20 und 21 habe er «die Dimension von Bild und Wort sorgfältig abgetastet» (Kurt Köster in *Geschichte und Kultur*, Einleitung S. XIII). Diese bildhafte Inszenierung seiner sprachlichen Darstellung kann für die meisten seiner Werke – auch für den *Erasmus* – gelten. Worum es dem Historiker Huizinga ging, läßt sich erschließen, wenn man in *Mein Weg* dazu liest: «Die grenzenlose Verehrung von Kunst und Literatur, die eine gewisse Geringschätzung der Wissenschaft enthielt, zog uns mächtig an. Es ging zusammen mit der Entdeckung unseres inneren Lebens als des wahrhaft Belangreichen in unserem Dasein über die Sphäre von Studium und Beruf hinaus.»

Bei dieser Auffassung, die ihn jedoch nicht hinderte, der Wissenschaft verpflichtet zu bleiben, war es notwendig, daß er in seiner Lehrtätigkeit ganz mit dem Brauch der großen Überblicksvorlesung brach und statt dessen «Kapitel» der Geschichte auswählte, welche er mit großer Ausführlichkeit und Bildhaftigkeit darstellte, weil nur so ein wirklicher Eindruck einer historischen Erscheinung vermittelt werden konnte.

Nach einem Jahrzehnt intensiver und erfolgreicher Lehrtätigkeit in Groningen wechselte Huizinga auf den renommierten Lehrstuhl für Allgemeine Geschichte und Historische Geographie an der Universität Leiden, wo er bis zu seiner Zwangsemeritierung durch die deutsche Besatzungsmacht (1942) lehrte. Seine letzten Lebensjahre verbrachte der über Siebzigjährige erst in Geiselhaft im St. Michiels Gestel bei s'Hertogenbosch (August–Oktober 1942), dann in der Verbannung in De Steeg bei Arnheim. Er starb kurz vor dem befreienden Eintreffen der Alliierten am 1. Februar 1945.

2. Das Lebenswerk Huizingas

Die geschilderten Lebensstationen setzen den Rahmen für Huizingas Schriftwerk:

In der ersten Phase zwischen 1897 und 1904 publizierte er linguistische Arbeiten – daneben einige Rezensionen –, seine Dissertation über die komische Figur im indischen Drama (1897) und seinen Habilitationsvortrag für das Fach altindische Literatur- und Kulturgeschichte an der Universität Amsterdam (vom 7. X. 1903). – Im Jahrzehnt seiner Lehrtätigkeit an der Universität Groningen (1905–1915) entstehen Arbeiten über die niederländische Geschichte, so die einzig streng fachhistorischen Arbeiten über die Frühgeschichte Haarlems: *De opkomst van Haarlem* 1905/06, und die Edition der Haarlemer Stadtrechtsquellen (bei Nijhoff 1911). Neben einer wachsenden Zahl von Rezensionen und Vorträgen gab es verschiedene Gelegenheitsschriften, etwa zum 300jährigen Jubiläum der Universität Groningen (1914). In zwei Publikationen kündigen sich die Schwerpunkte seiner späteren Studiengebiete an: In seiner Groninger Antrittsvorlesung 1905, *Het aesthetische bestanddeel van Geschiedkundige voorstellingen*, sowie in seiner Schrift zur Frühgeschichte des niederländischen Nationalbewußtseins (zuerst erschienen in *De Gids*, 1912, der führenden Kulturzeitschrift, in der Huizinga regelmäßig publizierte).

Erst auf dem Lehrstuhl für allgemeine Geschichte in Leiden, den Huizinga über ein Vierteljahrhundert bis 1942 innehatte, entwickelte er die Themen und Werke, durch die er heute bekannt und berühmt ist.

Im Hinblick auf die Erasmus-Biographie, die Huizinga allerdings nicht zu seinen Hauptwerken zählte, ergibt sich folgender chronologischer Überblick: Seine Antrittsvorlesung (Leiden, 27. Januar 1915) behandelte «Historische Lebensideale». Es folgten Essays über *Menschen en menigte in Amerika* (1918). Die auch in *De Gids* veröffentlichte Studie *Die Kunst van Eycks* (1916) wurde dann Teil des Hauptwerks *Herbst des Mittelalters* (1919), worin Huizinga in 22 Kapiteln verschiedene Szenen der Kulturwelt des Spätmittelalters entfaltete.

Aus den beiden gewichtigen Studien zur Renaissance: *Das Problem der Renaissance* und *Renaissance und Realismus*, entwikkelte sich folgerichtig die Beschäftigung mit Erasmus. 1921 standen in *De Gids* zwei kleinere Aufsätze Huizingas über Erasmus und Dante. 1924 erschien schließlich die Erasmus-Biographie, zuerst in englischer Sprache (übersetzt von Frederic Hopman) in der Serie *Great Hollaenders*, welche durch den holländischen Verleger Edward Bok in Philadelphia für amerikanische Studenten und Lehrer herausgegeben wurde. Das niederländische Original kam erst kurz danach heraus. Die deutsche Ausgabe – von Werner Kaegi übersetzt – folgte 1928. Auch wenn Huizinga sich eigentlich nicht mehr mit Erasmus befassen wollte, gewann dieser erneut Aktualität durch die politische Entwicklung in Mitteleuropa, besonders des Nationalsozialismus in Deutschland, so daß Huizinga zum 400jährigen Todestag des Erasmus den christlichen Humanisten und europäischen Pazifisten als eine Gegenfigur den Zeitereignissen entgegenstellen konnte.

Nach der Erasmus-Biographie erschien als großes Hauptwerk nur noch der *Homo ludens. Versuch einer Bestimmung des Spielelements der Kultur* (1938; ein erster Entwurf findet sich in der Leidener Rektoratsrede vom 8.II.1933). Daneben sind zwei umfangreiche Studien zu nennen: zur amerikanischen Kultur *Amerika levend en denkend* (1926) und zum Verhältnis von Wissenschaft und künstlerischer Form *Über die Verknüpfung des Poetischen mit dem Theologischen bei Alanus de Insulis* (1932). Huizinga konzentrierte sich in dieser Zeit auf die zahlreichen Vorträge, Aufsätze, Beiträge und Rezensionen mit breitgefächertem Themenradius, aus denen mehrere Aufsatzsammlungen entstanden. Deren wichtigste sind: *Tien Studiën* (1926), *Cultuurhistorische verkenningen* (1929), *Wege der Kulturgeschichte* (1930), *Im Bann der Geschichte* (1942). Posthum sind noch zwei zu nennen: *Parerga* (1945) und *Mein Weg zur Geschichte* (1947), beide von Werner Kaegi herausgegeben. Die Beiträge in diesen Bänden kreisen vor allem um die von Huizinga immer wieder behandelten Themen der Kulturgeschichte und des niederländischen Nationalbewußtseins.

Eine Reihe der von 1933 bis 1942 entstandenen Reden, Aufsätze und Monographien tragen zeitgeschichtliche Titel. Sie sind einerseits Kulturkritiken auf höchstem Niveau, andererseits politische Schriften gegen den von Deutschland ausgehenden aggressiven Nationalsozialismus. Nach 1943 hat Huizinga kaum mehr etwas publizieren können.

In den letzten Tagen des Januars 1933 hielt sich Huizinga in Berlin auf. Am 27. Januar hatte er in der Politischen Hochschule über «Die Mittlerstellung der Niederlande» gesprochen; am 29. des Monats in der Berliner Universität über «Burgund. Eine Krise des romanisch-germanischen Geistes». Seine Reaktion auf die von ihm in Berlin um den 30. Januar erlebten nationalistischen Ausbrüche spiegelt sich in einem Brief an Julien Benda (1933), in der Schrift *Im Schatten von morgen* (1935) und der nicht gehaltenen Wiener Rede *Der Mensch und die Kultur* (1938) wider. Klingt in seinem Brief an Benda noch Hoffnung an, so weicht diese 1935 einer immer ernsteren Stimmungslage. Vermassung und Entindividualisierung waren in seinen Augen die Ursachen des Verfalls. Eine blinde Unterwerfung unter den Staat, der die sittlichen Prinzipien negierte, und die Lehre vom amoralischen Staat sah er als offene Wunden, durch welche «der Verderb» einströmte. – Huizingas Arbeiten tauchten in Deutschland bald auf den amtlichen Listen des schädlichen und unerwünschten Schrifttums auf. Damit war seine Wirkung in Deutschland zwar noch nicht beendet, seine Werke konnten aber zunehmend nur im deutschsprachigen Ausland erscheinen. Höhepunkt dieser kulturkritischen Werke ist *Wandlung und Form des nationalen Bewußtseins* von 1940. Huizinga unterscheidet hier zwischen Patriotismus und Nationalismus und beschreibt die negativen Seiten des Nationalismus; er spricht von «Hypernationalismus». – Dem nationalsozialistischen Terror, der auch in den Niederlanden herrschte und zur Gleichschaltung der Universität Leiden führen sollte, stellte er sich entschieden entgegen. So verwehrte er etwa einer sich antisemitisch gebärdenden, nationalsozialistischen Studentendelegation den Zutritt zur Universität. Er wird aus dieser Zeit mit dem Satz zitiert: «Wenn es denn nun darauf ankommen soll, unsere Universität und die Freiheit der Wissenschaft in den Niederlanden zu verteidigen, dann müssen wir dafür alles opfern, unser Gut, unsere Freiheit und selbst unser Leben» (K. Köster, *Johan Huizinga*, S. 63). Dieser Maxime blieb er mit großer Entschiedenheit treu. Die Konsequenz war die Schließung der Leidener Universität 1942, seine Geiselhaft, danach – auf schwedische Intervention – die Verbannung an einen kleinen Ort bei Arnheim. – Hier sei besonders darauf hingewiesen, daß der scheinbar rein ästhetische Kulturbegriff für Huizinga einen harten sittlichen Kern besaß, der ihn in der Bewährungsprobe mit dem bewunderten, wenn auch nicht geliebten Erasmus zutiefst verband. Was dies für seine Auseinandersetzung mit dem Humanisten bedeutete, darauf wird noch kurz – besonders im Zusammenhang mit dem 400. Todestag des Erasmus 1936 – einzugehen sein.

3. Zur Erasmus-Biographie Huizingas 1924

Nach eigenen Aussagen hat sich Huizinga in seinen jungen Jahren kaum für Erasmus interessiert: «Seine Figur [war] mir völlig fremd geblieben.» Auch in seinem großen Werk *Der Herbst des Mittelalters* von 1919 hat er sich nicht ausdrücklich mit dem Humanisten beschäftigt, obwohl Erasmus mit seinen Wurzeln eben aus jener spätmittelalterlichen Welt hervorwuchs, die Huizinga beschrieb. Dieses Desinteresse hatte seine Ursache wohl darin, daß Huizinga eine andere Welt darzustellen suchte, als man damals unter dem Einfluß von Jacob Burckhardt mit dem Begriff des Spätmittelalters verband.

Im Mittelpunkt seines historischen Interesses stand die burgundisch-französische Kultur des 14. und 15. Jahrhunderts. Sein Bild entwickelte sich in der Auseinandersetzung mit Jacob Burckhardt, den er wegen seiner Begriffsbildung und Darstellungskunst bewunderte. Huizinga lehnte aber die Thesen von der Renaissance als der Zeit der «Objektivität und der Helle des Bewußtseins» und der «objektiven Behandlung des Staates und sämtlicher Dinge dieser Welt überhaupt» ab und setzte ihnen sein ganz anderes Gedankenbild entgegen. Er sah in der burgundischen Kulturwelt vor allem die Formelemente und Formen spielerischer Illusion und beschrieb damit erstmalig Traum und Spiel als kulturgestaltende Faktoren. In seinen Augen überschätzte Burckhardt den Abstand zwischen Spätmittelalter und Renaissance, wogegen Huizinga etwa die fast ungebrochene Kontinuität der Frömmigkeitstypen und des Heiligenkultes, sowie des Religiösen überhaupt, betonte. Dieser Übergang bedeutete für ihn im Gegensatz zu Burckhardt nicht das «Verwehen eines Schleiers in die Lüfte», das den Blick auf die Welt freilegte, sondern «die Veränderung des Farbenspiels auf einem Schleier, der in keiner Epoche ganz verflogen sein dürfte».

Huizinga stellte den *Herbst des Mittelalters* nicht dar als Vorgeschichte und Ankündigung von Reformation und Renaissance, noch in den Kategorien von Wirtschafts-, Sozial- oder internationaler Machtgeschichte, sondern als die unendlich reiche und vielfältige, höchst lebendige Spätepoche einer Kultur des Mittelalters. Er wollte das eigentümliche Leben der Epoche um ihres ursprünglichen geistigen Ausdrucks willen wieder zur Geltung bringen, etwa indem er die weitläufigen bunten Erzählungen der Chronisten nicht in die historische Rumpelkammer verwies, sondern anhörte, wieder zum Sprechen brachte und mit seinem historischen Sinn durchleuchtete. Erst das Ende, Ausklingen und Sterben einer überreif gewordenen Kultur brachte jene Wendung zu einer neuen einfacheren Form, deren erster Verkünder in den Niederlanden Erasmus gewesen war. Das bedeutete einen Verzicht auf überreiche und müde gewordene alte Formen, eine Rückkehr zu Einfachheit und Maß, zu erneuertem Glauben, zur klassischen Form, zur strengen Sitte.

Erst Anfang der zwanziger Jahre entwickelte Huizinga zum einen durch ein Kolleg über die Renaissance, zum anderen durch seine Studie *Das Problem der Renaissance* ein Interesse am Humanisten Erasmus. Hinzu kam eine Einladung vom holländischen Verleger Edward Bok in Philadelphia, für die Serie *Great Hollaenders* Erasmus zu behandeln. Diese Reihe war vor allem für amerikanische Studenten und Lehrer bestimmt. In *Mein Weg zur Geschichte* schrieb Huizinga 1943 über sein Vorgehen: «Die Schnelligkeit, mit der ich damals aus den zehn Bänden der Ausgabe von Jean Leclerc den Rotterdamer angesprungen, entwappnet und seziert habe, kann ich keinem Historiker oder Philologen als Methode empfehlen. Das Beste, was jene Studie mir gegeben hat, ist eine enge Freundschaft mit P. S. und H. M. Allen gewesen.»

Der späte, selbstkritische Entstehungsbericht bedarf erklärender Bemerkungen: Eine neue Erasmus-Biographie mußte, wenn sie einigen Wert haben sollte, aus den Quellen neu erarbeitet werden, weil die letztverfaßten Biographien – die von Salomon Hess aus dem Jahre 1790 und von Adolf Müller von 1828 – kaum mehr aktuellen Wert besaßen und den geltenden historiographischen und philologischen Standards von 1920 nicht mehr entsprachen. Um erneut über Erasmus zu arbeiten, mußte man noch die zehnbändige Le-Clerc-Ausgabe (Leiden) von 1703–1706 benutzen. Dies galt bis zu einem gewissen Grad auch für die zahlreichen Briefe, denn die neue, großartige Briefausgabe des Ehepaars Helen M. und Percy S. Allen war erst bis zum vierten Band gediehen, der 1922 erschien und für die Jahre bis 1521 galt (Bd. V erschien 1924 und reichte bis 1524). Der Hinweis auf die enge Freundschaft mit den Herausgebern der Erasmus-Korrespondenz läßt sicher vermuten, daß Huizinga auch das reiche Material, welches bereits für die folgenden Bände dieser grundlegenden Edition gesammelt worden war, weitgehend mitverwenden konnte.

Das Erscheinen dieser Korrespondenz mit ihrem immensen Anmerkungsapparat war zweifellos das überragende Ereignis in der Erasmus-Forschung dieser Jahrzehnte (der erste Band erschien 1900, der letzte, elfte, 1947). Deshalb ist es naheliegend, daß die neue Erasmus-Biographie sich am Standard der Korrespondenzausgabe ausrichtete und sehr stark ein Lebensbild nach den Briefen des Erasmus geworden ist. Man hat mit einigem Recht bemerkt, daß demgegenüber die Werke des Erasmus, welche doch seine eigentlichen Hervorbringungen sind, stark vernachlässigt wurden. Tatsächlich ist dieses Ungleichgewicht nur zum Teil durch die Erschließung der schriftlichen Erasmus-Überlieferung zu erklären: Es entsprach durchaus der Intention des Autors Huizinga, der viel mehr Materialien für seine Charakterstudie des großen Humanisten in dessen Briefen als in den humanistischen Schriften fand.

Huizinga betonte, daß er ungebührlich hastig die zehn Foliobände der alten Leidener Ausgabe für sein Vorhaben durchgearbeitet hatte. Man kann die Geschwindigkeit jedoch auch darauf zurückführen, daß er in vielen Texten nur sehr wenig für seinen Zweck fand. Die Kürze der Berichte über die einzelnen Schriften spricht dafür. Liest man die Erasmus-Biographie daraufhin durch, was Huizinga in der Leidener Ausgabe wahrgenommen hat bzw. unbeachtet ließ, dann stellt sich dem Leser schon die Frage, ob die Interessen des Autors an den Opera Omnia des Erasmus nicht sehr einseitig waren. Welche Erasmus-Werke sind überhaupt wahrgenommen und wie sind sie in das Erasmus-Bild eingefügt worden? Kaum vorhanden sind die programmatisch-humanistischen, die theologischen und bibelwissenschaftlichen Erasmus-Texte, die die Hauptmasse des immensen Erasmus-Werkes ausmachten. Dementsprechend sind die zentralen Bereiche der Bildungsreform und die der klassischen Sprachstudien eher gestreift als ernsthaft ausgeführt. Besser steht es um die heute noch lesbaren literarischen Texte – also die *Adagia*, *Colloquia*, das *Lob der Torheit* und sogar das *Enchiridion*. Die literarischen und stilistischen Qualitäten und Eigenheiten werden gewürdigt, doch kaum die sachlichen Inhalte dieser Schriften. Für die Charakterzeichnung sind sie die Zeichen der erasmischen Sehnsucht nach Reinheit, Klarheit und Einfachheit des Geistes.

Alle diese formalen Analysen der Schriften dienen der Beschreibung verschiedener Facetten der komplexen Persönlichkeit des Erasmus. Die Höhepunkte der Biographie sind die Abschnitte über den vielschichtigen Geist und schwierigen Charakter des Erasmus (Kapitel 12/13 und 14). Auf diese Weise entstand keine der traditionellen «Leben und Werk»-Biographien, sondern eine konzise, aus kleinen, sorgfältig ausgearbeiteten Szenenbildern aufgebaute Beschreibung des großen Humanisten. Die menschliche Seite steht im Vordergrund: Erasmus wird gezeichnet als Mann der Nuancen, der der Überzeugung ist, keine der streitenden Meinungen seiner Zeit drücke die Wahrheit ganz aus.

Dies wird von Huizinga mit einer ironischen Distanz geschildert: Er erwärmt sich für seinen Helden, doch er verliert sich nie in eine Begeisterung an ihn. «So groß meine Bewunderung für Erasmus, so gering ist meine Sympathie», wie er es selbst ausdrückt. Er wendet sich gegen die Unterstellung, er habe in Erasmus sich selbst gezeichnet. Huizinga fand das Holländische bzw. Nord-Niederländische an Erasmus anziehend, das er mit Wärme, doch nicht frei von Selbstironie zeichnete. Wohl noch wichtiger ist, wie Erasmus die Prinzipien der westeuropäischen Kultur repräsentiert, denen sich Huizinga existentiell verhaftet fühlte. Die Gleichgestimmtheit in diesen beiden Momenten, der holländischen Identität und der westeuropäischen Kulturzugehörigkeit, gewann für die Wirkungsgeschichte der Erasmus-Biographie wachsende Bedeutung.

4. Zur Wirkungsgeschichte der Erasmus-Biographie

Soweit es für das Verständnis der Wirkung notwendig ist, sei auf die Verbreitung der gedruckten Erasmus-Biographie eingegangen: Als Huizinga seinen Erasmus verfaßte, war er sich darüber kaum bewußt, daß dieses in seiner Konzeption nicht erstrangige Werk bald eine größere aktuelle Bedeutung gewinnen werde. Diesen Wandel der Gewichtung innerhalb seines Œuvres konnte Huizinga aus seiner Sicht 1924 auch kaum vorhersehen, da er in Erasmus vor allem den großen Holländer sah, der einen einmaligen Platz in der Geschichte des europäischen Geistes eingenommen hatte, welcher aber seine Interessen am Fortleben des Mittelalters nur am Rande betraf. So dürfte er seine 1943 rückblickende Äußerung verstanden wissen wollen, er habe den Erasmus, als er ihn sehr rasch konzipiert und geschrieben hatte, umgehend «willentlich und wissentlich» vergessen.

Auf die angloamerikanische Ausgabe von 1924 folgte kurz darauf die des niederländischen Originals. Im Englischen erschien ebenfalls in der Übersetzung Frederic Hopmanns 1929 noch eine zweite Auflage, im Niederländischen 1925 eine zweite und 1936 eine dritte vom Autor durchgesehene Ausgabe. – In Deutschland wurde Werner Kaegis Übersetzung durch Benno Schwabe in einer aufwendigen Ausgabe mit Holz- und Metallschnitten von Hans Holbein d. J. 1928 herausgebracht, was allerdings einer größeren Verbreitung nicht unbedingt förderlich war. Erst die Textausgabe ohne Abbildungen von 1936 leitete die weitere Verbreitung im deutschsprachigen Raum wirklich ein: Einem Neudruck noch im gleichen Jahr folgten eine zweite durchgesehene Auflage 1941, nach dem Kriegsende 1947 die dritte und 1951 die vierte (alle Basel bei Benno Schwabe). Die Übernahme der Basler Fassung von 1951 in rowohlts deutsche enzyklopädie (1958) war endlich von entscheidender Wirkung für die große Bekanntheit des *Erasmus* von Huizinga. Beispielhaft seien noch drei Übersetzungen erwähnt: Erstmals auf französisch gab Lucien Febvre 1955, mit einem Vorwort von ihm, den *Erasme* heraus. Maria Cytowska übersetzte den *Erasm* 1964 ins Polnische. Im gleichen Jahr erschien – übersetzt von Nubohiko Miyasako – der *Erasusumu* auf japanisch (Tokio 1964).

Diese Übersicht verdeutlicht, daß die größte Verbreitung dieses Buches im deutschsprachigen Raum um die Mitte der dreißiger Jahre und in der Nachkriegszeit lag. Für die Auseinandersetzung mit der vom nationalsozialistischen Deutschland ausgehenden Bedrohung der europäischen Kultur gewann gerade dieses Werk Huizingas in den dreißiger und vierziger Jahren an Bedeutung. Der Problemkreis, wie er sich Huizinga darstellt, läßt sich stichwortartig durch die Auflistung einiger seiner Beiträge zur Zeitsituation zeigen: Schon 1935 veröffentlichte er seine Schrift *Im Schatten von morgen. Eine Diagnose des kulturellen Leidens unserer Zeit*. Sieben Auflagen der niederländischen Originalfassung erschienen 1935 bis 1939 und fünf in der von Werner Kaegi deutsch herausgebrachten Übersetzung 1935 bis 1937. Zur Frage nach einem neuen Humanismus steuerte Huizinga 1937 seinen Beitrag *Humanisme ou humanité* bei. 1938 kam bei Bermann-Fischer in Stockholm sein Aufsatz *Der Mensch und die Kultur* heraus. Im folgenden Jahr erschien seine Rede: *Neutraliteit en vrijheid, warheid en beschaving* (in Haarlem 1939). Danach wurde in *Fortnight Review* 1940 der Vortrag *Conditions for a recovery of civilisation* abgedruckt. Höhepunkt dieser Entwicklung ist die am 3. Oktober 1942 im Geisellager zu Sint Michiels Gestel gehaltene Ansprache zum Gedenktag der Befreiung Leidens (die allerdings erst vier Jahre später in *De Gids* erscheinen konnte). Weitere Äußerungen wurden durch die deutsche Besatzungsmacht unterbunden. Erst posthum wurde der Text mit dem bezeichnenden Titel herausgegeben: *Geschonden wereld. Een beschouwing over de kansen op herstel von onze beschaving*. Im gleichen Jahr erschien er in deutscher Übersetzung durch Wolfgang Hirsch mit dem Titel: *Wenn die Waffen schweigen. Die Aussichten auf Genesung der Kultur* (Basel 1945).

Welche Rolle das Erasmus-Porträt Huizingas in diesem Kontext spielte, läßt sich inhaltlich an den Beiträgen deutlich machen, die Huizinga 1936 zum großen Erasmus-Gedenkjahr und 1941 zum 475. Geburtstag des Rotterdamers beisteuerte. Hier können wir uns auf die große Gedenkrede konzentrieren, welche Huizinga am 12. Oktober 1936 am Grabe des Erasmus im Basler Münster hielt, weil er darin seine Ansichten zur Bedeutung des Humanisten so zusammenhängend entwickelte, daß aus ihnen der wesentliche Gehalt seines Erasmus-Bildes deutlich wird.

Huizinga stellt den Wandel, den sein Erasmus-Bild in den vergangenen zwölf Jahren seit Erscheinen der Biographie genommen hat, in den Mittelpunkt seines Vortrages. Als er die Erasmus-Biographie verfaßte, habe er gemeint, Erasmus hätte seine Zeit gehabt. «Seine Wirkung sei längst in unsere Kultur eingegangen.» Inzwischen habe der «Weltlauf» aber alles getan, um Erasmus eine neue Aktualität zu verschaffen: «Die Welt von heute hat sich in mancher Hinsicht dem Geist des Erasmus entgegengestellt, daß wir in unserem heißen Bedürfnis nach einer befreienden Idee auch zu ihm wieder aufblicken müßten.» Erasmus habe also wieder eine Botschaft: «er mahnt uns wieder, und dringend». Auf die damit gestellte Frage nach der Botschaft des Erasmus an die Zeit der dreißiger Jahre, betont Huizinga, daß die neuerliche Wirkung nicht von irgendwelchen Einzelheiten, sondern «von dem Ganzen [Erasmus], von der Figur als solcher noch immer, und aufs neue» ausgeht. Dieses betont Huizinga stark, weil er dem Menschen Erasmus nicht die wirkliche Größe, die «Klassizität» als dauerhaft gültigen Kulturwert zuschreiben kann, denn in keiner Einzelheit seiner Person und seines Werkes findet er überzeitlich gültige Vollendung. Das Dilemma, vor welches Erasmus ihn stellt, entwickelt Huizinga ausführlich: Als Ganzes sei er ein «Symbol, doch alles einzelne an ihm ist veraltet, nur historisch wertbar». Dies gelte besonders für sein literarisches Werk. Die Welt lese und genieße ihn nicht mehr. Auch das Bild des Menschen Erasmus entbehre eigentlich der Größe, es löse keine Bewunderung aus. Nicht seine Person, der jedes Heroische fehle, sondern sein Geist ziehe an. Selbst seine geistige Haltung in konkreten Situationen enttäusche immer wieder. Seine Frömmigkeit erscheine unernst und flach. Seine Theologie wirke unbestimmt und schwankend. Er sei weder Mystiker noch Rationalist. Sein Denken komme aus der mittleren Sphäre poetischer Gelehrsamkeit. Lediglich seine ethischen Bedürfnisse erschienen tiefernst. In deren praktischer Umsetzung wirke er jedoch eher weltfremd, ein Stubengelehrter.

Wirklich positiv bewertet Huizinga zweierlei: Bezogen auf die

Zeit des «Hypernationalismus», wie er es nennt, ist es der Gedanke des dauerhaft organisierten Staatenfriedens. Davon dürfe die Menschheit nicht ablassen, «will sie nicht versinken im uferlosen Morast ihrer säkularen Ungerechtigkeit». In einer Zeit der wachsenden Bedrohung eines wiederauflebenden, ungeheuerlichen Weltkrieges komme dieser Friedensidee ein unvergänglicher Wert von höchster Aktualität zu. – Allerdings seien auch hierin die einzelnen Ansichten und Ratschläge des Erasmus zu Krieg und Frieden oder über die öffentlichen Dinge von Unkenntnis und Lebensferne gekennzeichnet.

Die zweite zeitenüberdauernde und inzwischen wieder aktuelle Botschaft, die von Erasmus geistig repräsentiert wurde, war für Huizinga dessen Verhältnis zur Natur und «zum unverdorbenen Natürlichen der Lebensführung». Mit dieser Idee eines Lebens nach der Natur stehe er Thomas Morus, besonders dessen *Utopia* nahe. Die bessere Welt im utopischen Irgendwo, die Morus entworfen hat, nannte Erasmus in Anspielung auf das *Lob der Torheit* ein «Lob der Weisheit». Die Idee selbst drücke Erasmus nirgendwo zusammenhängend aus – sein angekündigtes Lob der Natur blieb unausgeführt –, am deutlichsten noch in seinen *Colloquia* und dem *Lob der Torheit*. Darin habe er den in der *Utopia* stehenden Grundsatz *Virtutum definiunt secundum naturam vivere* an etlichen Beispielen aus dem Leben exemplifiziert. Erasmus habe diese Idee propagiert und zur Reform aufgerufen, doch selbst habe er sie weder durchsetzen noch leben können. Er dachte sich die Reform der Sitten zu einfach. Die christlich-epikureische Auffassung, die Natur sei auch zum Genuß der Menschen geschaffen, mache ihn zwar zum Menschen der Renaissance – auch wenn es sich eher um eine mittelalterliche Idee mit platonischem Einschlag handele –, doch fehle ihm sowohl die Leidenschaft wie die Formkraft, um wirklich eine Renaissance-Persönlichkeit von überzeitlicher Wirkung zu sein. Aber das Wissen um seine Schwäche und der Umgang damit im Angesicht seiner großen Idee machten ihn menschlich und gäben ihm Größe. Die Botschaft, welche Huizinga daraus abliest, sei mit seinen Worten wiedergegeben: «Erasmus hätte [heute] die Torheit und Bosheit der Welt so laut beklagt wie damals, oder noch lauter. Erasmus kannte die Unzulänglichkeit alles Irdischen und die Unvollkommenheit jedes

Menschen. Er war bereit, beides hinzunehmen, innerhalb der vom Schöpfer selbst gezogenen Grenzen. Er weigerte sich jedoch, Welt und Menschen unvollkommener hinzunehmen, als sie sein könnten und sein sollten. Die Verpflichtung zum Besseren hat er mit einer Entschiedenheit aufgestellt, welche kein späteres Zeitalter überbieten konnte.»

Heinz Holeczek ist Professor für neuere und neueste Geschichte an der Universität Freiburg im Breisgau.

Erasmus-Bildnisse

Erasmus ist zu seinen Lebzeiten von dreien der größten Maler seiner Zeit dargestellt worden. Auf ihren Werken beruhen die zahllosen Bildnisse, die man überall von ihm antrifft, und die seine dauernde, erstaunliche Berühmtheit auch für die späteren Zeiten bezeugen.

Quentin Metsys, Erasmus (1517), Palazzo Corsini, Rom

Abbildung 1

Quentin Metsys

1517 ließen sich Erasmus und sein Freund Peter Gilles durch Quentin Metsys in Antwerpen in einem Diptychon zusammen malen, um dieses Doppelporträt ihrem gemeinsamen Freund Thomas More zu verehren, der kurz vorher Gilles als Gastgeber in der *Utopia* verewigt hatte. More empfing das Bild in Calais vor dem 7. Oktober 1517. Er war entzückt und drückte seine Bewunderung und Dankbarkeit in einem lateinischen Lobgedicht auf die Freunde und den Maler aus [1]. Das Porträt des Peter Gilles befindet sich jetzt, nicht mehr ganz in seiner originalen Gestalt, in Longford Castle bei Salisbury, dasjenige des Erasmus, von Holz auf Leinwand übertragen, im Palazzo Corsini in Rom [2] (Abb. 1). Gilles hält in der einen Hand einen Brief von More und weist mit der andern auf das Buch der *Antibarbari* (das übrigens 1517 noch nicht gedruckt und auch nicht als Handschrift im Besitz von Gilles war). Erasmus schreibt den Anfang seiner Paraphrase zum *Römerbrief*. In ihrem Rücken befinden sich verschiedene andere Bücher [3].

1519 stellte Quentin Metsys in Antwerpen eine Medaille von Erasmus her, die in Blei und Bronze vorkommt und von Erasmus selbst verschiedenen Freunden und Beschützern verehrt worden ist [4]. In Nürnberg ließ er durch Pirkheimers Vermittlung neue Bronzeabgüsse nach einem beschädigten Bleiabguß herstellen [5]. Eine kleinere, überarbeitete Reproduktion von 1531 stammt vielleicht von der Hand des Janus Secundus, des Dichters der *Basia* und Sohnes jenes Erasmus befreundeten Nikolaus Everaert, der 1520 die Metsys-Medaille von ihm geschenkt bekommen hatte. Die Medaille von 1519 trägt zu beiden Seiten des Kopfes den Namen Er. Rot., darunter die Jahreszahl 1519 und

---

1 A. 584. 6, 601. 50, 616. 9, 654. 1, 669. 1, 681. 9, 683, 684, 688. 8. Reproduktion bei Allen II. p. 576–577 und an anderen Orten.
2 S. Allen IIII p. 106. 14 und Friedländer, Die Altniederl. Malerei. VII, 1929, p. 42. 120.
3 Siehe Allen III. p. 106. 14.
4 A. 1092, 1101. 8, 1119. 5, 1122. 18, 1985.
5 A. 1408. 29, 1417. 34, 1536, 1452. 29.

als Randschrift: *Imago ad vivam effigiem expressa* τὴν κρείττω τά σνγγράμματα δείξει.

Die Rückseite zeigt eine *Terminus*-Darstellung mit einem griechischen und lateinischen Spruch[1].

Das Terminus-Emblem

Der griechische Spruch τὴν κρείττω etc., ‹das bessere Bild werden dir seine Schriften zeigen›, der auf späteren Bildnissen wiederkehrt, entspricht einem Gedanken, den Erasmus mehrmals ausgedrückt hat[2]. Was den *Terminus* betrifft, so hatte Erasmus 1509 vom jungen Alexander Stewart einen Ring zum Geschenk bekommen, der eine antike Gemme trug, die einen bärtigen *Dionysos* darstellte. Ein italienischer Kenner des Altertums, der diesen Dionysos für einen *Terminus* hielt, machte Erasmus auf diese Darstellung aufmerksam, und Erasmus erhob den *Terminus* zu seinem Emblem. Für ihn hatte dies die Bedeutung, daß *Terminus* mahne, an das Ende des Lebens zu denken. Er ließ in ein Silberpetschaft, das er 1520 herstellen ließ, und dessen Kopf nun den *Terminus* darstellte, gravieren: *cedo nulli*, ich weiche keinem, und verwendete ihn fortan zum Siegeln. Er dachte an die Unverrückbarkeit des Todes, dasselbe, was auch die Sprüche auf der Rückseite der Metsys-Medaille ausdrücken; aber seine Feinde machten ihm einen Vorwurf daraus, er beweise damit seinen Hochmut[3]. Pirkheimer ließ den *Terminus* in eine Trinkschale gravieren, die er Erasmus verehrte, und Bonifacius Amerbach ließ ihn auf dem Grabstein des Erasmus anbringen.

Schon 1521[4] und in freier Nachahmung noch einmal 1522[5] wurden nach der Medaille Holzschnitte gemacht.

---

1 ὄρα τλος μακροῦ βίου. *Mors ultima linea rerum.*
2 A. 875. 17, 943. 30, 981. 20, 1101. 7.
3 LBE. 1757, A. 2300. 101. Allen I. p. 70, III. 604. 2, R. Fruin, *Verspr. Geschriften*, VIII. 268. Vgl. E. Major, Erasmus von Rotterdam, Basel 1926.
4 A. 1092, t. IV. p. 238 Anm.
5 Zeitschr. f. bild. Kunst 1899, NF. X. p. 47.

Holbein als Porträtist des Erasmus

In Basel kam Erasmus in Berührung mit Hans Holbein, dessen Kunst mit seinem Ruhm in innigster Verbindung bleiben sollte. In ein Exemplar von Frobens Ausgabe der *Moria* vom März 1515 hatte Holbein (im Winter 1515–1516, als er demnach erst achtzehn Jahre alt und erst vor kurzem in Basel angekommen war) im Auftrag des Eigentümers Oswald Myconius und zur Erheiterung des Erasmus jene Reihe köstlicher Illustrationen gezeichnet, unter denen sich auch eine Portätskizze des Verfassers befand[1]. Sie findet sich neben der Stelle: ‹Doch ich höre auf, Sprichwörter zu zitieren, damit es nicht scheine, ich habe das Werk meines Erasmus ausgeplündert›[2], und stellt ihn dar, wie er an den *Adagia* schreibt. Der Name des Erasmus steht in der Fensternische. Die Zeichnung soll Erasmus den scherzhaften Ausruf entlockt haben, der oben Seite 157 angeführt worden ist.

1523 hat Holbein mindestens drei, vielleicht vier Porträts von Erasmus gemalt: die beiden beinah gleichen Bildnisse im Profil, wo er schreibt, die sich jetzt in Basel und in Paris (Louvre) (Abb. 2) befinden, und als drittes jenes Dreiviertelprofilbild, wo die Hände auf einem Buch ruhen, und das sich heute in Longford Castle befindet[3]. Daß Holbein noch ein viertes Bild gemalt hat, kann man nach einem Holzschnitt des H. R. M. Deutsch vermuten. Auf dem Porträt in Basel schreibt er den Anfang seiner Paraphrase zum Evangelium nach Markus. Auf dem Buch des Porträts zu Longford liest man auf griechisch: ‹Die Werke des Herakles› (sein *Adagium* Nr. 2001), mit denen Erasmus sein Lebenswerk wiederholt verglich. Das Basler Stück stammt aus der Sammlung des Bonifacius Amerbach, welchem es höchstwahrscheinlich von Erasmus geschenkt worden ist. Das Porträt von Longford ist wahrscheinlich dasjenige, das er dem Erzbischof von Canterbury verehrte; dasjenige des Louvre

---

1 A. 394, 739. Das Original liegt im Kupferstichkabinett in Basel und wurde vollständig in Faksimile reproduziert mit einer Einführung von H. A. Schmid, Basel, 1931.

2 Cap. 61, ed. Kan, p. 155–156.

3 Ganz, P., H. Holbein d. J., Klassiker der Kunst XX. 1912. p. 37, 38, 39.

Hans Holbein d. J., Erasmus (1523), Louvre

Abbildung 2

stammt ebenfalls aus englischen Sammlungen und hat vielleicht ursprünglich More gehört[1]. Der Louvre bewahrt außerdem zwei Studienblätter für die Hände, die im Porträt von Longford und dem des Louvre verarbeitet sind[2].

Holbeins Erfolg in England war gewiß nicht zuletzt seinen Erasmus-Bildnissen zu verdanken. Sie hatten ihn dort bekannt gemacht, noch bevor er 1526 mit Empfehlungen von Erasmus, unter anderem auch an More, dorthin abreiste[3]. More war der erste, den er in England porträtierte.

Während Holbeins zweitem Aufenthalt in Basel, von 1528 bis 1532, bevor er für immer nach England auswanderte, hat er Erasmus allem Anschein nach noch mehrmals porträtiert. Zweifellos Original und ganz hervorragend ist das kleine runde Bildchen in Basel (Abb. 3), das aus der Sammlung Amerbach stammt (vermutlich von 1532)[4]. Etwas jünger erscheint Erasmus in zwei dem Künstler wenigstens sehr nahe stehenden Bildnissen dieser Jahre, im Besitze der Frau Dr. Boveri in Baden (Schweiz) und in New York (Metropolitan Museum)[5]. Dieses letztere müßte aber gelitten haben und etwas übermalt sein, wenn es von Holbeins eigener Hand stammte. Die Bildnisse in Parma, in Petersburg, in der Sammlung Gay in Paris und in Hampton Court sind wahrscheinlich alle Arbeiten fremder Hand nach Holbein[6]. Das Bild in Hampton Court ist im siebzehnten Jahrhundert als Pendant mit einem Porträt Frobens vereinigt worden. Von anderen Kopien nach Holbein verdienen noch die von Georg Pencz (1533 Wien, 1537 Windsor) Erwähnung.

Endlich stellte Holbein Erasmus noch zweimal im Holzschnitt dar: in einem Medaillon (nicht von Hans Lützelburger geschnitten), das zum ersten Male in der Ausgabe der *Adagia* von 1533

---

1 A. 1452, 1488.
2 Ganz, p. XXIII.
3 A. 1740. 20.
4 Ganz, p. 90.
5 Ganz, p. 91.
6 Ganz, p. 86, 214. 206. 207.

Hans Holbein d. J., Erasmus (1532)
Basel, Öffentliche Kunstsammlungen

Abbildung 3

vorkommt[1], und ausgearbeitet in einer architektonischen Umrahmung[2]. Für beide verwendete er neben seinen eigenen Aufnahmen vielleicht auch die Medaille von Metsys oder die ihr nachgebildeten Holzschnitte. Auf der zuletzt genannten Komposition steht Erasmus als Ganzfigur, die rechte Hand auf dem Kopf eines *Terminus*-Bildes, unter einem reich verzierten Renaissancebogen.

Die Zeichnung auf Pergament in Oktav nach dem Antlitz des gestorbenen Erasmus, die in einem Inventar des Bonifacius Amerbach erwähnt wird und sich im Basler Kupferstichkabinett befindet, kann nicht von Holbein sein[3], da dieser sich im Sommer 1536 nicht in Basel befand.

Albrecht Dürer

Der dritte große Meister, welcher Erasmus dargestellt hat, ist Albrecht Dürer gewesen. Die beiden hatten sich 1520 während Dürers Reise in die Niederlande kennengelernt. Zweimal hat ihn Dürer gezeichnet: in Antwerpen und in Brüssel, beides im August[4]. Die zweite, eine Holzkohlenzeichnung beinah *en face* und die einzige Darstellung mit dieser Blickrichtung (Abb. 4), ist erhalten (jetzt im Louvre aus dem Nachlaß von L. Bonnat)[5]. Sie ist vom Künstler selbst mit der Aufschrift versehen: ‹1520 Erasmus fon rotterdam›. Was Dürer von Erasmus erwartete und dachte, darüber ist oben gesprochen worden[6]. Durch ihren beiderseitigen Freund Pirkheimer fühlte sich Erasmus auch später noch Dürer verbunden, dessen Kunst er im *De pronuntiatione* gepriesen hat[7]. Am 8. Januar 1525 schrieb Erasmus an Pirkhei-

---

1 Reproduktion bei B. Kruitwagen, *Erasmus en zijn drukkers uitgevers*, Amsterdam 1923. Die Holzschnitte behandelt von J. F. M. Sterck, *Over een Portret van Erasmus*, Het Boek, 1916, p. 225.
2 Tietze-Conrat, pl. 6.
3 Wie Haarhaus, Zeitschr. f. bild. Kunst. L. c. p. 54 vermutet.
4 Allen 1132, 1136 intr.
5 Allen IV. p. 330–331, Tietze-Conrat no. 7. Veth-Muller I, pl. 23.
6 p. 190f.
7 LB. I. 928 C-F, vgl. A. 1893. 45, 1991. 2, 1408. 32, 1417.

Albrecht Dürer, Erasmus von Rotterdam (1520), Louvre

Abbildung 4

mer¹, um für dessen Porträt von der Hand Dürers zu danken, das jener ihm gesandt hatte. Dann fügt er bei: ‹Ich möchte gern von Dürer porträtiert² werden, wer möchte das nicht, von einem so großen Künstler? Aber wie ist es möglich? Er hatte in Brüssel seinerzeit in Kohle begonnen, aber ich muß ihm schon lange aus dem Gedächtnis entschwunden sein. Wenn er nach dem Gedächtnis und mit der Medaille etwas anfangen kann, dann mag er mit mir tun, was er mit dir tat, den er etwas zu dick gemacht hat.³›

Tatsächlich hat Dürer die Medaille von Metsys für den bekannten Kupferstich von 1526⁴ verwendet, der Erasmus darstellt, wie er stehend (wie es seine Gewohnheit war) an einem Pult schreibt, vor sich eine Vase mit Blumen und umgeben von Büchern. Die griechische Beischrift ist von der Medaille übernommen, die lateinische ihr entsprechend geändert. Das Antlitz zeigt, obwohl es mit der Medaille stark verwandt ist, auffallende Übereinstimmungen mit der Zeichnung von 1520: Nase, Mund, Augenlider und Brauen, Haarlocken, auch das aufgeschlagene Unterkleid erinnern daran. Man wird also annehmen müssen, daß Dürer die Skizze, die ja als unvollendet galt, selbst behalten hatte.

Erasmus war, wenn auch dem Künstler dankbar, doch mit der Ähnlichkeit nicht zufrieden: ‹Kein Wunder, ich bin ja nicht mehr, der ich vor fünf Jahren war.⁵› ‹Dürer hat mich abgebildet, aber es gleicht mir gar nicht›, schreibt er später⁶. Die moderne Kunsthistorie pflegt ebenfalls Dürers Stich die Ähnlichkeit abzusprechen, vielleicht allzu bestimmt.

Es ist schade, daß gar kein Anhaltspunkt anzunehmen erlaubt, daß eine Zeichnung von Lukas von Leiden von 1521 im

---

5 A. 1536. 11; ebenso schon am 19. Juli 1523. A. 1376.

6 *Pingere* bedeutet bei Erasmus nicht ausschließlich malen.

7 Als Ironie aufzufassen: Erasmus war in der Tat viel magerer geworden. Vgl. A. 1729. 11.

8 Wiedergegeben bei Tietze-Conrat no. 8, Veth-Muller I, pl. 24.

1 A. 1729. 11. Wie so oft irrt sich Erasmus in der Zahl der Jahre, es waren deren sechs.

2 A. 1985. 6.

Museum Teyler in Haarlem[1] Erasmus darstelle. Man hätte ihn so gerne auch mit diesem Landsmann im engsten Sinn verbunden gewußt.

Unzählige Male ist das Bildnis des Erasmus in Malerei, Zeichnung, Stich noch wiederholt worden, ohne daß man dabei freilich noch von orignellen Kunstwerken sprechen könnte, obwohl Werke von van Dyck und Chodowiecki darunter sind.

Das Standbild zu Rotterdam

Erwähnung verdient noch das Standbild in Rotterdam. Beim Einzug Philipps II. von Spanien in Rotterdam am 27. September 1549 prangte ein hölzernes Prunkbild des großen Gelehrten vor seinem Geburtshaus, um den Fürsten mit einer lateinischen Lobrede, die es als Rolle in der Hand hielt, zu ehren. 1557 wurde es durch ein bemaltes steinernes Standbild ersetzt, das aber von den Spaniern 1572 umgeworfen wurde. Später wurde es auf dem Markt wieder aufgerichtet, wo es 1622 unter dem heftigen Widerstand der calvinistischen Prädikanten, die Erasmus als Freigeist und Verspötter jeder Religion verschrien[2], durch das kupferne Standbild des Hendrik de Keyzer ersetzt wurde, das jetzt noch in seinem von alters her mit Standbildern so sparsamen Vaterland vom außergewöhnlichen Ruhm dieses Sohnes zeugt. Es bleibt in hohem Maße charakteristisch, daß ein paar Jahrhunderte lang eigentlich das einzige öffentliche Standbild in

---

[1] Wiedergegeben u. a. Zeitschr. f. bildende Kunst l. c. p. 53. Handzeichnungen alter Meister der holländischen Schule, Kleinmann, Haarlem. Über ein anderes angebliches Porträt siehe Berliner Philologische Wochenschrift 1917, p. 1056.

[2] Darüber siehe J. H. W. Unger, De standbeelden van Desiderius Erasmus, Rotterdamsch Jaarboekje, 1890, p. 265 ss. – Es wurde u. a. angeführt, man habe vor dem steinernen Bild jemand knien sehen. Als 1674 das Standbild für einige Zeit durch die Stadtregierung entfernt wurde, tat der Magistrat von Basel sofort Schritte, um es anzukaufen, was beinah geglückt wäre. Charakteristisch für Holland ist auch die Einzelheit, daß das alte steinerne Standbild zur Verstärkung eines Hafendammes verwendet und aufrecht in den Boden eingelassen wurde, wo es während einer langen Trockenheit 1634 zum Vorschein kam.

den Niederlanden nicht das eines Kriegsmannes, Fürsten oder Staatsmannes gewesen ist, auch nicht das eines Dichters, sondern das eines Gelehrten, der noch dazu dieses Vaterland ziemlich vernachlässigt hatte.

Erasmus in Japan

Seit 1926 zieht ein bisher unbekanntes Bildnis des Erasmus die Aufmerksamkeit auf sich, das in mehr als einer Hinsicht äußerst merkwürdig ist. Es befindet sich im Kaiserlichen Museum zu Tokio und stellt eine hölzerne Figur dar mit einer Rolle in der Hand, auf der noch die Buchstaben ‹ER... MUS› und darunter ‹R... TE... 1598› zu entziffern sind. Man hat bewiesen[1], daß dies das Schiffsbild gewesen sein muß, das den Steven eines jener Schiffe schmückte, mit denen 1598 Mahu und de Cordes von Rotterdam ausliefen. Das Schiff hieß ursprünglich ‹Erasmus› und war nicht das einzige dieses Namens, wurde aber im Zusammenhang mit den Namen zweier andrer Schiffe – *het Gheloove* und *de Hoop* – vor der Fahrt umgetauft auf *De Liefde*. So hat das Bild des Erasmus die erste Fahrt der Holländer durch die Magalhãesstraße und über den Stillen Ozean mitgemacht, um drei Jahrhunderte in einem japanischen Tempel zu stehen. Von dieser Figur war eine Photographie zu sehen auf der Missionsausstellung zu Rom im Jahre 1926, wo die Unterschrift *Oranda Ebisu* nicht ganz richtig als ‹der holländische Barbar› übersetzt war.

---

1 Der Vorfall wurde zuerst beschrieben in einem Feuilleton des *Nieuwe Rotterdamsche Courant* vom 9. und 10. Oktober 1926, jetzt ausführlicher von J. B. Snellen, *The image of Erasmus in Japan*. Transactions of the Asiatic Society of Japan, 1934.

ABKÜRZUNGEN

A. – *Allen, Opus Epistolarum Erasmi*, zitiert nach der Nummer und der Zeile der Briefe, z. B. A. 16. 12 = Allen, Band I, Nr. 16, Zeile 12.

LB. – *Erasmus, Opera omnia*, Leidener Ausgabe von 1703–1706, zitiert nach Band, Kolumne und Seitenhöhe, z. B. LB. X. 1219 F = Opera, Band X, Kolumne 1219, unten.

LBE. – *Dasselbe Werk,* Band III, der die Briefe umfaßt, der Einfachheit halber nach der Kolumne zitiert, nicht nach der Nummer.

Literaturhinweise

1. Der Humanismus

1.1 Zur Humanismusforschung

Baron, H., The Crisis of the Early Italian Renaissance, Princeton 1955, 1966²

Bouwsma, W. J., Venice and the Defence of Republican Liberty. Renaissance Values in the Age of Counter-Reformation, Berkeley–Los Angeles 1968

Buck, August, Humanismus: seine europäische Entwicklung in Dokumenten und Darstellungen, Freiburg Br., München 1987

Burckhardt, J., Die Kultur der Renaissance in Italien: Ein Versuch, Basel 1860

Bush, D., The Renaissance and English Humanism, Toronto 1939

Cassirer, E., Individuum und Kosmos in der Philosophie der Renaissance, Leipzig 1929

Frame, D., Montaigne's Discovery of Man. The Humanization of a Humanist, New York 1955

Garin, E., L'umanesimo italiano: filosofia e vita civile nel rinascimento, Bari 1952

Geiger, L., Renaissance und Humanismus in Italien und Deutschland, Berlin 1882

Gentile, G., Studi sul rinascimento, Florenz 1923

Greschat, M. – Goeters, J. F. G. (Hg.), Reformation und Humanismus, Witten 1969

Hermelink, H., Die religiösen Reformbestrebungen des deutschen Humanismus, Tübingen 1907

Joachimsen, P., Geschichtsauffassung und Geschichtsschreibung in Deutschland unter dem Einfluß des Humanismus, Leipzig–Berlin 1910

Kristeller, P. O., Renaissance Thought and its Sources, New York 1979

Ogliati, F., L'anima dell'umanesimo e del rinascimento, Mailand 1924

Pastor, L., Geschichte der Päpste seit dem Ausgang des Mittelalters, 16 Bde., Freiburg/Br. 1886–1933
Renucci, B., L'aventure de l'humanisme européen au moyen age, Paris 1953
Saitta, G., Il pensiero italiano nell' umanesimo e nel rinascimento, Bologna 1949/51
Seznec, J., La survivance des dieux antiques, Paris 1980
Symonds, J. A., Renaissance in Italy, London 1875/86
Thode, H., Franz von Assisi und die Anfänge der Kunst der Renaissance in Italien, Berlin 1885
Toffanin, G., La religione degli umanisti, Bologna 1950
Trinkaus, Chr., «In Our Image and Likeness». Humanity and Divinity in Italian Humanist Thought, 2 Bde., Chicago 1970
Ullmann, B. L., Studien über die italienische Renaissance, Rom 1955
Voigt, G., Die Wiederbelebung des classischen Alterthums, oder das erste Jahrhundert des Humanismus, Berlin 1859
Walser, E., Studien zur Weltanschauung der Renaissance, Basel 1920
Walser, E., Gesammelte Studien zur Geistesgeschichte der Renaissance, Basel 1932
Weiss, R., Humanism in England during the Fifteenth Century, Oxford 1941

1.2 Zur modernen Humanismusdiskussion

Borinski, K., Die Antike in Poetik und Kunsttheorie vom Ausgang des klassischen Altertums bis auf Goethe und Wilhelm von Humboldt, 2 Bde., Leipzig 1914/24
Coates, W. H., The Emergence of Liberal Humanism. An Intellectual History of Western Europe, New York 1966
Heidegger, M., Über den Humanismus, Frankfurt/M. 1947
Jaeger, W., Antike und Humanismus, 1925
Ders., Die geistige Gegenwart der Antike, 1929
Ders., Humanistische Reden und Vorträge, 1937
Jaspers, K., Solon – Unsere Zukunft und Goethe – Über Bedingungen und Möglichkeiten eines neuen Humanismus, München 1958
Klinger, F., Humanität und Humanitas, 1947
Kurtz, P. W., In Defence of Secular Humanism, New York 1983
Lamont, C., The Philosophy of Humanism, New York 1965[5]
Liebert, A., Der universale Humanismus, 1946
de Lubac, H., Le drame de l'humanisme athée, 1944
Przywara, E., Humanitas, 1953
Rüdiger, H., Wesen und Wandlung des Humanismus, 1937
Sartre, J. P., L'existentialisme est un humanisme, 1946
Weinstock, H., Tragödie des Humanismus, 1954

1.3 Humanismus – Renaissance

Arbesmann, R., Der Augustiner-Eremitenorden und der Beginn der humanistischen Bewegung, 1965

Bentley, J. H., Humanists and Holy Writ. New Testament Scholarship in the Renaissance, 1983

von Bezold, F., Das Fortleben der antiken Götter im mittelalterlichen Humanismus, 1922 (= 1962)

Chastel, A. – Klein, R., Die Welt des Humanismus. Europa 1480–1530, 1963

Dresden, S., Humanismus und Renaissance, 1968

Fryde, E. B., Humanism and Renaissance Historiography, 1983

Hermans, F., Histoire doctrinale de l'humanisme chrétien, 1948

Holmes, G. A., The Florentine Enlightenment 1400–1450, 1969

Kristeller, P. O., Die Philosophie des Marsilio Ficino, 1972

Martines, L., The Social World of the Florentine Humanists 1390–1460, 1963

Müller, G., Bildung und Erziehung im Humanismus der italienischen Renaissance. Grundlagen, Motive, Quellen, 1969

Rice, E. F., The Renaissance Idea of Wisdom, 1958

Ruegg, W., Cicero und der Humanismus, 1946

Weiss, R., The dawn of Humanism in Italy, 1947

Ders., The Spread of Italian Humanism, 1964

Wind, E., Pagan Mysteries in the Renaissance, 1958

Weiteres bei:

Spitz, L. W., Art. Humanismus/Humanismusforschung, in: TRE XV, 1986, 639–661

2. Erasmus

2.1 Bibliographien

Bezzel, I., Erasmusdrucke des 16. Jh. in bayerischen Bibliotheken, Stuttgart 1979

Bibliotheca Erasmiana. Répertoire des œuvres d'Érasme, Gand 1893 = Nieuwkoop 1961

Bijl, S. W., Erasmus in het Nederlands tot 1617, Nieuwkoop 1978

Devereux, E. J., A Checklist to English Translations of Erasmus to 1700, Oxford 1968

Weiteres bei:

Augustijn, C., Art. Erasmus, Desiderius (1466/69–1536), in: TRE X, 1982, 1–18

2.2 Ausgaben

Desiderii Erasmi Opera Omnia, ed. *J. Clericus*, 10 Bde., Lugduni Batavorum 1703–1706 = Hildesheim 1961–1962

Opera Omnia Desiderii Erasmi, Amsterdam 1969 ff

Opus Epistolarum Des. Erasmi Roterodami, ed. *P. S. Allen* u. a., 12 Bde., Oxford 1906–1958

Erasmi Opuscula, a Supplement to the Opera Omnia, ed. *W. K. Ferguson*, Den Haag 1933

Desiderius Erasmus Roterodamus. Ausgewählte Werke, ed. *H. Holborn – A. Holborn*, München 1933 (= 1964)

The Poems of Desiderius Erasmus, ed. *C. Reedijk*, Leiden 1956

Erasmus von Rotterdam, Ausgewählte Schriften, ed. *W. Welzig*, Darmstadt 1968 ff

Erasmus von Rotterdam, Briefe, ed. *W. Köhler – A. Flitner*, Bremen 1956[3]

The Colloquies of Erasmus, ed. *C. R. Thompson*, Chicago–London 1956

La Correspondance d'Érasme, Brüssel 1967 ff

Collected Works of Erasmus, Toronto–Buffalo 1974 ff

2.3 Sekundärliteratur

Allen, P. S., Erasmus. Lectures and wayfaring Sketches. 1934

Augustijn, C., Erasmus en de Reformatie. 1962

Ders., Erasmus. Vernieuwer van kerk en theologie. 1967

Ders., Erasmus von Rotterdam. Leben – Werk – Wirkung. 1986

Bainton, R. H., Erasmus. 1969

Bierlaire, F., La famille d'Érasme. 1968

Bruce, A. K., Erasmus and Holbein. 1936

Colloquia Erasmiana Turonensia. 1972

Colloquium Erasmianum. 1968

Eckert, W. P., Erasmus von Rotterdam. Werk und Wirkung. 2 Bde. 1967

Erasmus en Belgie. 1969

Erasmus en zijn tijd. 2 Bde. 1969

Faludy, G., Erasmus of Rotterdam. 1970

Flitner, A., Erasmus im Urteil seiner Nachwelt. Das literarische Erasmus-Bild von Beatus Rhenanus bis zu Jean le Clerc. 1952

Gail, A., Erasmus. 1948

Gedenkschrift zum 400. Todestage des Erasmus von Rotterdam. 1936

Hyma, A., The Youth of Erasmus. 1930

Ders., The Life of Desiderius Erasmus. 1972

de Jongh, H., L'ancienne faculté de Théologie de Louvain, 1432–1540. 1911

Koch, A. C. F., The Year of Erasmus' Birth and Other Contributions to the Chronology of his Life. 1969

Major, E., Erasmus von Rotterdam. 1925

Mann, M., Érasme et les débuts de la réforme française 1517–1536. 1933

Dies., Erasmus and the Northern Renaissance. 1967[5]

Mansfield, B., Phoenix of His Age. Interpretations of Erasmus. 1550–1750. 1979

Meissinger, K. A., Erasmus von Rotterdam. 1948[2]

Mestwerdt, P., Die Anfänge des Erasmus. Humanismus und «Devotio Moderna». 1917 (= 1971)

DeMolen, R. L., The Spirituality of Erasmus of Rotterdam. 1987

Murray, R. H., Erasmus and Luther. Their Attitude to Toleration. 1920

Newald, R., Erasmus Roterodamus. 1947

Oelrich, K. H., Der späte Erasmus und die Reformation. 1961

Pfeiffer, R., Die Einheit im geistigen Werk des Erasmus. DVfLG 15, 1937, 473–497

Pineau, J. B., Érasme. Sa pensé religieuse. 1924

Reedijk, C., Tandem bona causa triumphat. Zur Geschichte des Gesamtwerkes des Erasmus von Rotterdam. 1980

Renaudet, A., Préréforme et Humanisme à Paris, 1494–1517. 1916

Ders., Érasme. Sa pensée religieuse et son action d'après sa correspondance (1518–1521). 1926

Ders., Études Erasmiennes (1521–1529). 1939

Ders., Érasme et l'Italie. 1954

Rummel, E., Erasmus and his Catholic Critics. Bd. I/II, 1989

Schlechta, K., Erasmus von Rotterdam. 1940

Schoeck, R. J., Erasmus Grandescens. The Growth of a Humanist's Mind and Spirituality. 1988

Scrinium Erasmianum. Ed. *J. C. L. Coppens*. 2 Bde. 1969

Smith, P., Erasmus. 1923 (= 1962)

Stupperich, R., Erasmus von Rotterdam und seine Welt. 1977

Tietze-Conrat, E., Erasmus von Rotterdam in der Kunst. 1922

Tracy, J. D., Erasmus. The Growth of a Mind. 1972

de Vocht, H., History of the Foundation and the Rise of the Collegium Trilingue Lovaniense 1517–1550. 1951

Weiland, J. S. – Frijhoff, W. T. M., Erasmus of Rotterdam. The Man and the Scholar. Proceedings of the Symposium... 1986. 1988

2.4 *Erasmus und die Theologie*

Bader, G., Assertio. Drei fortlaufende Lektüren zu Skepsis, Narrheit und Sünde bei Erasmus und Luther, 1985

Béné, C., Érasme et Saint Augustine ou influence de Saint Augustin sur l'humanisme d'Érasme, 1969

Boyle, M. O'Rourke, Rhetoric and Reform. Erasmus' Civil Dispute with Luther, 1983

Dolfen, C., Die Stellung des Erasmus von Rotterdam zur Scholastischen Methode, 1936
Étienne, J., Spiritualisme érasmien et théologiens louvanistes, 1956
van Gelder, H. A. E., The Two Reformations in the 16th Century. A Study of the Religious Aspects and Consequences of Renaissance and Humanism, 1961
Hentze, W., Kirche und kirchliche Einheit bei Desiderius Erasmus von Rotterdam, 1974
Kantzenbach, F. W., Das Ringen um die Einheit der Kirche im Jahrhundert der Reformation, 1957
Kohls, E.-W., Die Theologie des Erasmus, 2 Bde., 1966
Ders., Die theologische Lebensaufgabe des Erasmus und die oberrheinischen Reformatoren, 1969
Krüger, F., Humanistische Evangelienauslegung, 1986
Lindeboom, J., Erasmus. Onderzoek naar zijn theologie en zijn godsdienstig gemoedsbestaan, 1909
Ders., Het Bijbelsch Humanisme in Nederland, 1913
Payne, J. B., Erasmus. His Theology of the Sacraments, 1970
Schätti, K., Erasmus von Rotterdam und die römische Kurie, 1954

Weitere Literatur – vor allem zu Einzelfragen, der Interpretation von Schriften des Erasmus und der Wirkungsgeschichte – bei:
Augustijn, C., Art. Erasmus, Desiderius (1466/69–1536), in: TRE X, 1982, 1–18

Johan Huizinga

a) Gesamtausgabe

Verzamelde Werken, ed. *L. Brummel – W. R. Juynboll – Th. J. G. Locher*, Bd. I–IX, Haarlem 1948–53
Briefwisseling, ed. *L. Hanssen – W. E. Krul – A. van der Lem*, 3 Bde., Utrecht–Antwerpen 1989–91

b) Deutsche Übersetzungen:

Herbst des Mittelalters. Studien über Lebens- und Geistesformen des 14. und 15. Jahrhunderts in Frankreich und in den Niederlanden, Stuttgart 1924, 1975[11]
Erasmus, Basel 1928, 1968[8]
Holländische Kultur des 17. Jahrhunderts. Eine Skizze, Basel 1961
Die Mittlerstellung der Niederlande zwischen West- und Mitteleuropa, Leipzig–Berlin 1933
Burgund. Eine Krise des romanisch-germanischen Verhältnisses, Darmstadt 1967

Im Schatten von Morgen. Eine Diagnose des kulturellen Leidens unserer Zeit. Bern 1935, 1948[7]
Homo ludens. Versuch einer Bestimmung des Spielelements der Kultur, Amsterdam 1938, 1981[11]
Im Bann der Geschichte. Betrachtungen und Darstellungen, Basel–Amsterdam 1942, 1943[2]

Parerga. Reden und Aufsätze, Basel 1945
Mein Weg zur Geschichte. Letzte Reden und Skizzen, Basel 1947
Geschändete Welt, Zürich 1948
Das Problem der Renaissance. Renaissance und Realismus, Tübingen 1953, Darmstadt 1974[4]
Geschichte und Kultur. Gesammelte Aufsätze (hg. und eingel. von K. Köster), Stuttgart 1954

c) Arbeiten zu J. Huizinga:
Geschiedschrijving in Nederland. Studies over de historiografie van de Nieuwe Tijd, ed. *P. A. M. Geurts – A. E. M. Janssen*, 2 Bde., 1981
Hugenholtz, F. W. N., Art. Huizinga, in: Biografisch Woordenboek van Nederland 1, 1980, 256–262
J. Huizinga. Papers delivered to the Johan Huizinga conference, ed. *Koops, W. R. H. – Kossman, E. H. – van der Plaat, G.*, 1973
Kaegi, W., Johan Huizinga zum Gedächtnis, 1945 (= Ders., Historische Meditationen II, 9–42, 1946)
Ders., Vom Begriff der Kulturgeschichte. Zum hundertsten Geburtstag Johan Huizingas, 1973
Köster, K., Johan Huizinga 1872–1945, 1947 (mit Bibliographie)
Weber, H. R., Geschichtsauffassung und Weltanschauung Johan Huizingas. Diss., 1954

Weiteres bei:
Honée, E., Art. Huizinga, Johan (1872–1945), in: TRE XV, 1986, 635–638

Personen- und Sachregister

Personenregister

Abel 43
Adrian von Utrecht 73, 169
Aeneas Sylvius de'Piccolomini
  s. Papst Pius II.
Agricola, Rudolf 14
Alberto Pio, Fürst von Carpi
  100, 202, 213
Albrecht von Brandenburg,
  Erzbischof v. Mainz 180, 186
Aleander, Hieronymus 84, 161,
  189, 192, 210, 217, 220, 235,
  238
Alkibiades 124
Allen, P. S. 19, 23, 87 (Fußn. 2),
  119, 161 (Fußn. 1), 192, 224
  (Fußn. 1), 257f, 267 (Fußn. 1),
  268 (Fußn. 3), 273 (Fußn.
  4, 5)
–, Mrs. H. M. 17 (Fußn.), 257f
Ambrosius (Kirchenvater) 67,
  198
Amerbach, Bonifacius 237,
  268f, 271, 273
–, Johannes 116
Ammonius, Andreas 76, 88,
  102, 104, 107, 111, 116, 119,
  122, 154, 160, 173
Andrelini, Fausto 30, 36, 40, 62
Antonius von Bergen, Abt von
  St. Bertin 109

Ariosto, Ludovico 198
Aristoteles 30, 142, 224
Arnobius 198
Asolani, Andrea 83 f
Ath, Jean Briard von 169, 172 ff,
  177
Augsburg, Bischof von, s. Christoph
Augustin (Kirchenvater) 27 f, 67,
  179, 198
Aurelius, Cornelius 18, 21, 45, 57

Badius, Jost 13, 79, 103, 105 f,
  116
Balbi, Girolamo 30
Barbaro, Ermolao 30
Basel, Bischof von, s. Christoph
Basilius 103, 224
Batt, Jakob (Jacobus Battus) 27 f,
  38, 47, 49 ff, 63 ff, 66, 72, 76,
  166
Beatus Rhenanus 53, 83, 106,
  124, 154, 199, 225, 234, 237,
  238 (Fußn. 4)
Becar van Borselen, Jan 231
Bedie, Noël (Natalis Beda) 155,
  201
Bembo, Pietro 220
Benda, Julien 255
Bentivoglio 82

Ber, Ludwig 124, 220, 223, 237
Berckmann, Franz 106 f
Bergen, von, s. Antonius,
 s. Heinrich
de Berquin, Louis 202
Besançon, Erzbischof von,
 s. Busleiden
Bok, Edward 254, 257
Blok, P. J. 251
Boerio, Giovanni Battista 78
–, Söhne des G. B. 82
Bombasio, Paolo 82
Bonifacius IX. (Papst) 21
 (Fußn. 6)
Bonnat, L. 273
Borselen, Anna van (Frau von
 Veere) 38 ff, 47, 50 f, 63, 72, 81,
 166
Botzheim, Joh. 204 (Fußn.)
Bouts, Dirk 9
Boveri, Frau 271
Boys, Hector 35
Breughel, Peter 130, 147
de Brie, Germain 124
Bucer, Martin 225
Budaeus (Guillaume Budé)
 121 f, 124 f, 154, 159 f, 164, 170,
 195, 220
Burckhardt, Jacob 256 f
Buridan, Johannes 29
Busleiden, Franz van, Erz-
 bischof v. Besançon 72
–, Hieronymus 174

Cäsar, Julius 108
Cajetan, Thomas de Vio (päpst-
 licher Legat) 181
Calvin, Jean 149, 210, 212, 232,
 240
Cambrai, Bischof von, s. Heinrich

Caminade, Augustin Vincent
 37, 50, 62, 64, 199
Canossa, Ludwig Graf von 111
Canterbury, Erzbischof von,
 s. Warham
Capito, Wolfgang 123, 146, 170,
 180, 209, 211, 217
Catull 21 (Fußn. 5)
de Cervantes Saavedra, Miguel
 198
Charnock, Richard 43
Charon 195
Chodowiecki, Daniel 276
Christoph von Stadion, Bischof
 von Augsburg 232
– von Utenheim, Bischof von
 Basel 211, 220
Christus 42, 67 ff, 70, 77, 80, 97,
 114, 141 ff, 170 f, 185, 213 f,
 217 ff, 234, 240, 243
Chrysostomus 198, 224
Cicero 21, 32, 67 (Fußn. 1), 132,
 134, 216 ff, 219
Claudian 21
Clemens VII., Papst 235
Clyfton, William 82
Colet, John 41 ff, 65, 69, 74, 76,
 104 f, 109, 113, 117, 119, 124,
 134, 141, 157, 181, 185, 197,
 231
Cop, Guillaume 65, 79, 121
de Cordes 277
Cornelis von Gouda s. Aurelius
Cratander 109
Cues, Nikolaus von 85
Curtius 92
Cyprian (Kirchenvater) 197, 224
Cytowska, Maria 261

Dacier 92
Dante Alighieri 132, 254

David von Burgund, Bischof von Utrecht 7, 25
Demokrit 98
Denk, Hans 226
Deutsch, H. R. M. 269
Diogenes 103
Dirks, Franz 114
–, Vincent 176 (Fußn.), 191, 201f
Dorp, Maarten (Martin) van 100, 121, 163, 169, 172f, 176 (Fußn.)
Dürer, Albrecht 190, 240, 273ff, Abb. 4
Duns Scotus, Johannes 32f
Dyck, Anton van 276

Eck, Johannes 127, 181f
Eduard III., König v. England 47
Egmond, Nikolaus von (Egmondanus, Egmondan), Prior der Karmeliter 155, 172, 176, 189, 202
Egnatius, Baptista 84
Epimenides 33
Episcopius, Nikolaus 237
Eppendorf, Heinrich von 161, 203f
Erasmus, hl. 13
Eschenfelder, Christoph 236
Euripides 77, 79, 83, 106
Everaert, Nikolaus 267

Faber Stapulensis s. Lefèvre d'Etaples
Farel, Guillaume 212
Febvre, Lucien 261
Ferdinand, Erzherzog 61, 222
Ficino, Marsilio 30
Filelfo, Francesco 21

Fisher, John, Bischof von Rochester 76, 119, 154, 231
–, Robert 37, 46
Florentius 119
Foxe, Richard, Bischof von Winchester 76
Franz I., König v. Frankreich 121, 128, 164 (Fußn. 3), 185, 187
Friedrich der Weise, Kurfürst von Sachsen 179, 183, 186, 188
Froben, Hieronymus 233, 237
–, Johannes 13, 105ff, 109f, 115ff, 174, 184, 199, 216, 233, 269, 271
–, Johannes Erasm(i)us 13, 199
Fruin, Robert 156, 268 (Fußn. 3)
Fugger, Anton 223

Gaguin, Robert 30, 34f, 41, 162
Ganz, P. 269 (Fußn. 3), 271 (Fußn. 2, 4, 5, 6)
Gay, Walter 271
Gebwiler, Hieronymus 232 (Fußn. 2)
Geering, Traugott 88 (Fußn. 2)
Geldenhauer, A. 17 (Fußn.)
Gellius, Aulus 143
Georg, Herzog von Sachsen 206
Gerard, Vater d. Erasmus 12
Gerson, Jean 30
Gigli, Silvestro, Bischof von Worchester 120
Gilles, Peter 86, 111, 119, 121, 139, 153f, 172, 234, 267
Glarean, Heinrich 123
Goclenius 161 (Fußn. 1)
Gourmont, Gilles 102f
Grey, Thomas 33, 37

Grimani, Domenico, Kardinal 87
Grocin, William 46, 76
Groote, Geert 9
Grotius 195 (Fußn. 3)
Grunnius, Lambertus 120
Guarino von Verona 21 (Fußn. 5)

Haarhaus 273 (Fußn. 3)
Hadrian VI., Papst 73, s. a. Adrian v. Utrecht
Hegel, G. W. F. 208
Hegius, Alexander 14
Heinrich VII., König v. England 47, 76f, 87
– VIII., König v. England 41, 49, 87, 108, 185, 187, 206, 232
Heinrich von Bergen, Bischof v. Cambrai 24, 63, 72
Herder, J. G. 244
Hermans, Willem 18, 22, 25 ff, 36, 38 f, 51, 57, 63, 114
Hess, Salomon 257 f
Hieronymus (Kirchenvater) 21, 28, 34, 63, 67, 105 f, 109, 112 f, 116 f, 147, 170, 213, 219, 242
Hilarius von Poitiers 198
Hirsch, Wolfgang 261
Hochstraten, Jakob von 186
Holbein, Hans, d. J. 99, 147, 157, 162 (Fußn. 2), 193, 260, 269 ff, Abb. 2, 3
Hollonius, Lambert 199
Homer 64
Hopmann, Frederic 260
Horaz 21, 43, 132, 134, 163
Huizinga, Johan 249–264
Hutten, Ulrich von 123, 155, 167, 180, 189, 202 f

Irenaeus (Kirchenvater) 198

Jakob IV., König v. Schottland 186
Janus Secundus 233 (Fußn.), 267
Jesaja 45
Jolles, A. 233 (Fußn.)
Jonson, Ben 198
Julius II., Papst 77, 81, 108 ff, 119, 195
Juvenal 21

Kaegi, Werner 203 (Fußn. 2), 254, 260 f
Kain 43 f
Kalkoff, P. 183
Kan, J. B. 91 (Fußn.)
Karl V. 60, 118, 122, 128, 187, 194, 222
Karlstadt, Andreas 182
Katharina von Aragon, Königin von England 214
de Keyzer, Hendrik 276
Kiefl, F. X. 210
Köhler, Walter 226
Konstantin der Große 132
Krakau, Bischof von, s. Petrus
Kruitwagen, B. 273 (Fußn. 1)

Lang, Johannes 181
Lascaris, Johannes 84
a Lasco, Johannes 237
Latimer 76
Latomus, Jacobus 174, 191
Leclerc, Jean 257 f
Lee, Edward 155, 158, 166, 172 ff, 175, 182, 186, 201
Lefèvre, d'Etaples, Jacques (Jacobus Faber Stapulensis) 30, 34, 155, 171 f

Leo X., Papst (Giovanni de'Medici) 87, 110, 120, 184, 187
Leonardo da Vinci 149
Libanius 73, 89
Linacre, Thomas 46, 76
Livius 21 (Fußn. 5)
Longolius, Christoph 60, 218
Loyola, Ignatius von 240, 244
Lützelburger, Hans 271
Lukan 21
Lukas von Leiden 275
Lukian 77, 79, 89, 104, 106
Luther, Martin 57, 71, 124, 149, 155, 167, 170, 175, 179–192, 202, 205–210, 215, 222, 224, 240, 242
Lypsius, Martinus 173

Machiavelli, Niccolo 92, 118
Maertens, Dirk 66, 86, 116, 119, 166 (Fußn. 3), 173, 199
Mahu 277
Mainz, Erzbischof von, s. Albrecht
Major, E. 268 (Fußn. 3)
Manutius, Aldus 83f, 105
Maria, Jungfrau 219
– von Ungarn, Regentin d. Niederlande 214, 238
Martial 21, 58
Maximilian, Kaiser 108, 128, 182, 223
de'Medici, Giovanni s. Leo X.
Melanchthon, Philipp 186, 195, 209, 227, 229, 244
Metsys, Quentin 119, 266 ff, 273, 275, Abb. 1
Michelangelo Buonarotti 240
Miyasako, Nubohiko 261
Molinet, Jean 31 (Fußn.)

de Montaigne, Michel Eyquem 92, 134, 140, 198
More, Thomas (Morus) 40f, 46ff, 76, 86, 89, 98, 102, 119, 124, 138, 166, 181, 187, 189, 195, 197, 232f, 263, 267, 271
Moses 45
Mountjoy, William Blount Lord of 38f, 41, 47ff, 76, 87f, 102, 111, 122, 174 (Fußn. 3)
Müller, Adolf 258
Murray, R. H. 208
Musurus, Marcus 84
Mutian, Conrad 209
Myconius, Oswald 173, 269

Nikolaus von Lyra 75
Northoff, Christian 37
–, Heinrich 37

Obrecht, Johannes 81
Ockham, Wilhelm von 29
Oecolampad, Johannes 201, 212f, 221f, 230, 242
Oranien, Wilhelm von 245
Origenes 233, 236
Ovid 21

Pace, Richard 203
Palissy, Bernard 135
Paludanus, Johannes 169
Paracelsus 149
Paul III., Papst 235
Paulus, Apostel 42, 45, 66ff, 75, 97, 138, 171, 179
Pausanias 84
Pencz, Georg 271
Persius 21
Pestalozzi, Johann Heinrich 244
Peter Gerard (Bruder d. Erasmus) 12, 17

Petrarca, Francesco 54, 64, 132
Petrus Tomicki, Bischof von Krakau 238
Philipp der Gute, Herzog von Burgund 7
– der Schöne, Herzog von Burgund 73
– II. von Spanien 276
Philippi, Johannes 52, 76
Philoxenus 136
Pico della Mirandola, Giovanni 30
Pindar 84
Pirkheimer, Willibald 122, 209, 234, 267f, 273f
Pius II., Papst (Aeneas Sylvius de' Piccolomini) 21
Plato 41, 46, 67, 84, 97
Plautus 21 (Fußn. 5), 45, 84
Plinius d. Ä. 21 (Fußn. 5)
Plotin 41
Plutarch 21 (Fußn. 5), 32, 84, 104, 115, 132
Poggio di Guccio Bracciolini 21, 216
Poliziano, Angelo 143
Poncher, Etienne, Bischof von Paris 121, 124
Post, R. R. 11 (Fußn.)
Properz 21

Quintilian 21, 92f

Rabelais, François 33, 57, 90, 98, 134, 138, 148, 198
Renaudet, A. 29 (Fußn.)
Reuchlin, Johannes 117, 121, 167, 186
Riario, Raffaello, Kardinal 87
Rochester, Bischof von, s. Fisher

Rombout 15
Rotger, Servatius, Prior von Steyn 18f, 76ff, 81, 113, 119, 125, 154, 157
Rousseau, Jean Jacques 95, 155, 244
Ruusbroec, Johannes van 27

Sadolet, Jacobus, Kardinal 120, 209, 220, 225, 244
Sapidus, Johannes 127
Sasboud 24, 114
le Sauvage, Jean 118
Scaliger, Julius Cäsar 220
Schmid, H. A. 269 (Fußn. 1)
Schürer, Matthias 116
Seneca 84, 106, 116, 141
Servatius Rotgerus s. Rotger
Shakespeare, William 240
Sijmons, Barend 250
Sixtinus, Johannes 43
Sluter, Klaus 9
Snellen, J. B. 277 (Fußn. 1)
Sokrates 124, 134
Spalatin, Georg 179, 188
Stadion s. Christoph
Standonck, Jan 32, 50
Statius 21
Sterck, J. F. M. 273 (Fußn. 1)
Stewart, Alexander, Erzbischof von St. Andrews 86, 108, 268
Strabo 21 (Fußn. 5)
Synthen, Johannes 14

Talesius, Quirin 235, 245
Tapper, Ruurd 176 (Fußn. 1)
Terenz 21, 84
Teresa, Sa. 240
Thomas a Kempis 70
– von Aquino 132

Tibull 21
Tunstall, Cuthbert 76, 125, 170

Unger, J. H. 276 (Fußn. 2)
Utenheim s. Christoph
Utenhove, Karl 235, 245
Utrecht, Bischof von, s. David

Valla, Lorenzo 21, 37, 75, 117
Veere s. Borselen
Vesalius, Andreas 149
Vianen, Willem van 176 (Fußn. 1)
Virgil, 21, 134
Vitrarius s. Vitrier
Vitrier, Jean 65 f, 231
Vives, Jean Luis 206, 209
Voecht, Jacobus 50
Voltaire 242

Warham, William, Erzbischof von Canterbury 76, 104, 119, 123, 234, 269
Watson, John 127
Wimpfeling, Jakob 103, 211
Winchester, Bischof von, s. Foxe
Winckel, Peter 14 ff
Wolsey, Thomas, Kardinal 43, 122, 177, 186
Worchester, Bischof von, s. Gigli

Ximenes, Kardinal 122, 169, 201

Zasius, Ulrich 123, 195, 209, 238
Zuniga, Diego Lopez (Stunica) 201
Zwingli, Ulrich 123, 159, 215, 225, 228, 230, 242

Sachregister

Abendmahl 228
Ablaß 130, 180
‹Adagia› (Erasmus) 13, 47f,
 52ff, 55f, 58, 70, 74, 76, 79,
 82ff, 88, 90, 103, 105, 113,
 115, 137, 148, 165, 196f, 224,
 233, 259, 269, 271
Aldington, Kent 104
Amsterdam 9, 11, 250
‹Annotationes zum Neuen Testament› (Valla) 75, 81, 214
‹Antibarbari‹ (Erasmus) 23f,
 27, 35, 72, 133f, 267
Anti-Kriegs-Schriften 109ff,
 194f
Antike 53f, 132, 134, 136, 145
Antwerpen 9, 50, 66, 86, 111,
 119, 121, 153, 171
‹Apophthegmata› (Erasmus)
 53, 55, 148
Ascensianische Presse (Prelum
 Ascensianum) 105
‹Astragalismus› (Erasmus) 245
Augsburger Konfession 229
Augustiner 9, 17
‹Auris Batava› (Martial) 58

‹Barbouillamenta Scoti› (Rabelais) 33
Basel 61, 106, 112, 114f, 117f,
 123, 158, 172f, 181, 193f, 197,
 211f, 215, 220ff, 223, 228,
 230, 269ff
Beichte 130, 212f
Belgien 59
Bergen 26f
Bern 221
Bibel s. Heilige Schrift
Bologna 39, 81ff
bonae literae 133, 145, 170,
 177f, 184f, 217, 227
Brabant 7, 61, 112, 238
Briefwechsel mit Ammonius
 107, 116
 – Colet 41f, 104
 – Cornelis von Gouda 22
 – Luther 184, 206
 – Melanchthon 186
 – Servatius, Rogerus 18ff, 113
 – Willem Hermans 22
Brüder des gemeinsamen Lebens s. Hieronymianer
Brüssel 9, 26, 63, 118, 121,
 123
Buchdruckerkunst 34f, 85f,
 122, 126, 227
Burgund 8f, 25, 234, 237

Calais 38, 47
Cambridge 102–105, 107

294

Christentum 8, 29, 67, 132, 170, 181, 197, 217
‹Ciceronianus› (Erasmus) 217 ff
Collegium trilingue 174
‹Colloquia› (Erasmus) 32, 37, 53 f, 84, 100, 131, 139, 147, 153, 165 f, 198 ff, 214, 218, 224, 259, 263
‹Convivium profanum› (Erasmus) 199
‹Convivium religiosum› (Erasmus) 134 f, 148
Courtray, Pfründe 118

Dänemark 135
‹De amabili ecclesiae concordia› (Erasmus) 213
‹De conscribendis epistolis› (Erasmus) 37, 125
‹De copia verborum ac rerum› (Erasmus) 54, 103, 107, 148
‹De libero arbitrio diatribe› (Erasmus) 207, 210
‹De origine et gestis Francorum compendium› (Gaguin) 34 f
‹De pronuntiatione› (Erasmus) 148, 273
‹De puritate ecclesiae› (Erasmus) 236 f
‹De ratione studii› (Erasmus) 38
‹De senectute› (Cicero) 134
‹De servo arbitrio› (Luther) 207 f
‹De vidua christiana› (Erasmus) 214
Deutschland 9, 104 f, 123, 153, 163, 167, 169, 175, 180, 229
Deventer 14 f, 20, 64, 236
devotio moderna 9 f, 19 f, 31
Dichtkunst, klassische 20 ff, 28, 30, 135 f

Dominikaner 10, 30, 176, 185, 191
Dover 46 f
‹Dulce bellum in expertis› (Erasmus) 110

‹Ecclesiastes› (Erasmus) 148, 200, 231 f
Ehe 138 f, 174
Einfachheit 139, 141
‹Elegantiae› (Valla) 37
‹Enchiridion militis christiani› (Erasmus) 62 f, 66 f, 68 f, 114, 127, 131, 170, 173, 200, 231, 240, 259
England 9, 38 ff, 46 ff, 63, 65, 72, 76, 102 ff, 108, 110 f, 115, 118, 135, 161, 163, 169, 187, 194
‹Epistolae obscurorum virorum› 121, 124
Epistolographie 125, s. a. Briefwechsel
Erasmus-Bildnisse 265 ff, Abb. 1–4
Erziehung 139 f
‹Exomologesis› (Erasmus) 212

Fasten 130, 206
Frankreich 35, 41, 49 f, 59, 74, 104, 106, 111, 115, 122 ff, 163, 194
Franziskaner 10, 30, 185
Freiburg 222 f, 233 f, 238

Genf 212
Gent 9, 121
Gouda 11 ff, 25, 31, 78, 114
Groenendael, Kloster 26
Groningen 250 ff

Haarlem 9, 11, 63, 65, 250
Hammes bei Calais 111
Heilige Schrift 45, 64, 67, 143f, 150, 175
Herzogenbusch 15f, 252
Hieronymianer 10
Holland 7ff, 11, 27, 36ff, 59f, 76f, 112, 114, 246
Humanismus, Humanisten 14, 20f, 30, 34f, 44, 52ff, 55, 65, 86, 115, 123f, 132, 143, 162, 166, 209, 216, 219, 261
‹Hyperaspistes› (Erasmus) 210

‹Il Principe› (Machiavelli) 118
‹Imitatio Christi› (Thomas a Kempis) 70
‹Institutio christiani matrimonii› (Erasmus) 214
‹Institutio principis christiani› (Erasmus) 118, 173, 194
‹Institutio der christlichen Religion› (Calvin) 232
Italien 14, 38, 41, 46, 65, 72, 78, 81, 88, 104, 108, 115, 163, 217

Japan 254
‹Julius-Dialoge› (Erasmus) 109, 166

Kains-Fabel 109
Kappel, Frieden von 228
–, Schlacht bei 230
Karmeliter 176, 185, 191
Katholizismus 221, 244
Kirchenväter-Ausgaben (Erasmus) 102ff, 112f, 116f, 147, 171, 224, 232, 236f
Klassizismus 14, 22

Klosterleben 16f, 24, 113, 119ff, 156
Köln 72, 188

Latein als Bildungssprache 20f, 30, 56f, 149, 165
‹Laus stultitiae› (Erasmus) s. ‹Moriae›
Leiden 9, 11, 250ff, 255, s. a. Lopsen
‹Lingua› (Erasmus) 100, 148, 200
Löwen 9, 66, 72, 115, 121f, 153, 158, 163, 168f, 173, 176, 180, 184ff, 187, 191f, 202
London 77, 90, 103, 109
Longford Castle 269
Lopsen, Kloster 18, s. a. Leiden
Lutheraner 226

Mäzene 36, 87, 103
Mecheln 26, 31
Mennoniten 249
Montaigu, Collège 30ff, 37
‹Moriae Encomium› (Erasmus) 89ff, 98ff, 114, 127, 147, 163, 169, 176, 198, 200, 213f, 218, 269

Nationalsozialismus 254f
Neues Testament, Bearbeitung 42, 45f, 75, 105, 109, 112, 114, 116ff, 127, 137, 143, 147, 168ff, 172f, 179, 197, 201, 212, 224
Niederlande 7f, 59, 72f, 112, 118, 121, 169, 194, 245f

Orléans 50, 62
Oxford 41f

Padua 86
‹Parabolae sive Similia› (Erasmus) 53, 116, 148
Parc, Kloster 75
Paris 8, 30f, 34ff, 39, 46f, 50, 52, 62, 65, 72ff, 75f, 79, 102, 106, 121f, 202
–, Louvre 269f, 273
–, Sorbonne 30, 33, 65
Pest 14, 16, 62, 72, 173
Philosophie 29f, 131, 142, 146
Plautus-Ausgabe 84
Protestanten 244, s. a. Lutheraner, Wiedertäufer, Zwinglianer

‹Ratio verae theologiae› (Erasmus) 148
Realismus 148
Reformation 167f, 205, 212, 220ff, 257
Reichstag zu Speyer 228
– zu Worms 190f
Religionsspruch von Marburg 228
– von Nürnberg 230
Renaissance 99, 133f, 146ff, 149
Rom 26, 28, 83, 86ff, 104, 111f, 114, 135, 193, 236, 244, 257
Rotterdam 11f, 18, 276

Satire 96, 98, 108f, 200
Seneca-Übersetzung 84, 106
Sion bei Delft, Kloster 16, 19
Sophistik 98, 171
‹Sorbonistres› (Rabelais) 33
Spanien 9, 60, 73, 122, 169, 202

Schmalkaldischer Bund 230
Scholastik 29, 32ff, 42, 54, 66, 96, 141, 171
Schweiz 88, 212, 220f, 228f
Steyn, Kloster 16ff, 19, 22ff, 25ff, 62, 76, 78, 113
Straßburg 122

Terminus-Emblem 268
Theologie 67, 151
–, konservative 175
–, kritische 75
–, mittelalterliche 131
–, Restauration 63, 69, 74, 112
theologische Schulen 29f
Tournehem 38f, 62f, 66
Türken 229f

Übersetzungen aus dem Griechischen 63f, 73, 78, 89, 104, 106, 115
‹Utopia› (More) 98, 119, 134, 138, 197, 263, 267
Utrecht 7, 14

Vertrag von Cambrai 228
– von Barcelona 228

Wiedertäufer 226
Willensfreiheit 68, 137f, 207f
Windesheimer Kongregation 9, 20, 31

‹Zweiundzwanzig Axiomata für die Sache Martin Luthers› (Erasmus) 188
Zwinglianer 226, 228

Biographien

Ulrike Leonhardt
Prinz von Baden genannt Kaspar Hauser
(rororo 13039)
«Ulrike Leonhardt scheint das Geheimnis um Kaspar Hauser endgültig gelüftet zu haben.» *Süddeutsche Zeitung*

Hans Dieter Zimmermann
Heinrich von Kleist
(rororo 12906)
«Hans Dieter Zimmermanns einfühlsame wie kenntnisreiche Biographie ist ein Paradestück der Interpretationskunst.» *Stuttgarter Zeitung*

Rüdiger Safranski
Schopenhauer und Die wilden Jahre der Philosophie
(rororo 12530)
«Über Schopenhauer hat Safranski ein sehr schönes Buch geschrieben, das tatsächlich so etwas wie ‹eine Liebeserklärung an die Philosophie› ist. Wer sie nicht hören will, dem ist nicht (mehr) zu helfen.» *Die Zeit*

Werner Fuld
Walter Benjamin
(rororo 12675)
«Ein Versuch, der angesichts der Bedeutung Benjamins wohl längst überfällig war.» *Die Presse, Wien*

Bernard Gavoty
Chopin
(rororo 12706)
«Ich selbst bin immer noch Pole genug, um gegen Chopin den Rest der Musik hinzugeben.» *Friedrich Nietzsche*

Donald A. Prater
Ein klingendes Glas. Das Leben Rainer Maria Rilkes
(rororo 12497)
In diesem Buch wird «ein Mosaik zusammengetragen, das als die genaueste Biographie gelten kann, die heute über Rilke zu schreiben möglich ist». *Neue Zürcher Zeitung*

Klaus Harpprecht
Georg Forster oder Die Liebe zur Welt
(rororo 12634)
«Ein exakt dokumentiertes und lebendig geschriebenes Buch, das in einem exemplarischen Sinne eine deutsche Biographie genannt zu werden verdient.» *Frankfurter Allgemeine Zeitung*

«Das Leben eines jeden Menschen ist ein von Gotteshand geschriebenes Märchen.» Hans Christian Andersen

rororo Unterhaltung

Nahaufnahmen

Carola Stern
In den Netzen der Erinnerung
Lebensgeschichten zweier Menschen
(rororo 12227)
«Wie konnte man, als Deutscher, Nazi oder Kommunist – also mit (vielleicht) treuestem Herzen einem verbrecherischen System dienen? – Wie schwer sich zwei höchstgebildete, gewissenhafte Menschen mit der Bewältigung der Vergangenheit tun, das hat Carola Stern nun jedermann klargemacht. Nicht nur deshalb: ein liebenswertes Buch.»
Gerd Bucerius, Die Zeit

Ernst Toller
Eine Jugend in Deutschland
(rororo 4178)
Als begeisterter Freiwilliger zog er in den Ersten Weltkrieg und als humanitärer Pazifist kehrte er heim. Er schlug sich auf die Seite der Aufständischen und erkannte früh die tragische Grenze der Revolution. Das wahrscheinlich bedeutendste Werk des expressionistischen Autors Ernst Toller, der in Dichtung und Politik keinen unversöhnlichen Gegensatz sah.

Edith Piaf
Mein Leben
(rororo 859)
Die Autobiographie der Piaf, deren Stimme für die Welt zum Inbegriff des französischen Chansons wurde. Die Beichte eines Lebens, gezeichnet von Alkohol, Rauschgift und Liebe. Der Abschied eines großen Herzens – mit dem Fazit: ‹Je ne regrette rien.›

Anja Lundholm
Das Höllentor *Bericht einer Überlebenden. Mit einem Nachwort von Eva Demski*
(rororo 12873 und als gebundene Ausgabe)
Anja Lundholm kam 1944 ins Frauen–KZ Ravensbrück. Als eine von wenigen überlebte sie das Lager, in dem die Nazis Zehntausende weiblicher Gefangener zusammengepfercht hatten.
«Anja Lundholm erklärt nicht; sie kommentiert nicht. Sie entschuldigt nicht. Sie schreibt, was geschah.»
Die Zeit

rororo Literatur

Historische Romane

Dorothy Dunnett
Die Farben des Reichtums Der Aufstieg des Hauses Niccolò
Roman
(rororo 12855)
«Dieser rasante Roman aus der Renaissance ist ein kunstvoll aufgebauter, abenteuerreicher Schmöker über den Aufsteig eines armen Färberlehrlings aus Brügge zum international anerkannten Handelsherrn – einer der schönsten historischen Romane seit langem.» Brigitte

Josef Nyáry
Ich, Aras, habe erlebt... *Ein Roman aus archaischer Zeit*
(rororo 5420)
Aus historischen Tatsachen und alten Legenden erzählt dieser Roman das abenteuerliche Schicksal des Diomedes, König von Argos und Held vor Trojas Mauern.

Pauline Gedge
Pharao *Roman*
(rororo 12335)
«Das heiße Klima, der allgegenwärtige Nil und die faszinierend fremdartigen Rituale prägen die Atmosphäre diese farbenfrohen Romans der Autorin des Welterfolgs ‹Die Herrin vom Nil›.» The New York Times

Pierre Montlaur
Imhotep. Arzt der Pharaonen *Roman*
(rororo 12792)
Ägypten, 2600 Jahre vor Beginn unserer Zeitrechnung. Die Zeit der Sphinx und der Pharaonen. Und die Zeit des legendären Arztes und Baumeisters Imhotep. Ein prachtvolles Zeit- und Sittengemälde der frühen Hochkultur des Niltals.

rororo Unterhaltung

T. Coraghessan Boyle
Wassermusik *Roman*
(rororo 12580)
Ein wüster, unverschämter, barocker Kultroman über die Entdeckungsreisen des Schotten Mungo Park nach Afrika um 1800. «Eine Scheherazade, in der auch schon mal ein Krokodil Harfe spielt, weil ihm nach Verspeisen des Harfinisten das Instrument in den Zähnen klemmt, oder ein ärgerlich gewordener Kumpan fein verschnürt wie ein Kapaun den Menschenfressern geschenkt wird. Eine unendliche Schnurre.» Fritz J. Raddatz in «Die Zeit»

John Hooker
Wind und Sterne *Roman*
(rororo 12725)
Der abenteuerliche Roman über den großen Seefahrer und Entdecker James Cook.

Philosophie

rowohlts monographien mit Selbstzeugnissen und Bilddokumenten. Begründet von Kurt Kusenberg, herausgegeben von Wolfgang Müller.

Eine Auswahl:

Theodor W. Adorno
dagestellt von Hartmut Scheible
(400)

Hannah Arendt
dargestellt von Wolfgang Heuer
(379)

Aristoteles
dargestellt von J.-M. Zemb
(063)

Buddha
dargestellt von Volker Zotz
(477)

Ludwig Feuerbach
dargestellt von Hans-Martin Sass
(269)

Johann Gottlieb Fichte
dargestellt von Wilhelm G. Jacobs
(336)

Immanuel Kant
dargestellt von Uwe Schultz
(101)

Konfuzius
dargestellt von Rierre Do-Dinh
(042)

Karl Marx
dargestellt von Werner Blumenberg
(076)

Platon
dargestellt von Gottfried Martin
(150)

Jean-Paul Sartre
dargestellt von Walter Biemel
(087)

Max Scheler
dargestellt von Wilhelm Mader
(290)

Rudolf Steiner
dargestellt von Christoph Lindenberg
(500)

Max Weber
dargestellt von Hans Norbert Fügen
(216)

Ein Gesamtverzeichnis der Reihe *rowohlts monographien* finden Sie in der *Rowohlt Revue*. Jedes Vierteljahr neu. Kostenlos. In Ihrer Buchhandlung.

rororo bildmonographien

Religion

rowohlts monographien mit Selbstzeugnissen und Bilddokumenten. Begründet von Kurt Kusenberg, herausgegeben von Wolfgang Müller.

Eine Auswahl:

Augustinus
dargestellt von Henri Marrou
(008)

Sri Aurobindo
dargestellt von Otto Wolff
(121)

Martin Buber
dargestellt von Gerhard Wehr
(147)

Franz von Assisi
dargestellt von Ivan Gobry
(016)

Ulrich von Hutten
dargestellt von
Eckhard Bernstein
(394)

Jesus
dargestellt von David Flusser
(140)

Johannes der Evangelist
dargestellt von Johannes Hemleben
(194)

Johannes XXIII.
dargestellt von
Helmuth Nürnberger
(340)

Martin Luther King
dargestellt von Gerd Presler
(333)

Mohammed
dargestellt von
Émilie Dermenghem
(047)

Moses
dargestellt von André Neher
(094)

Paulus
dargestellt von
Claude Tresmontant
(023)

Albert Schweitzer
dargestellt von
Harald Steffahn
(263)

Paul Tillich
dargestellt von Gerhard Wehr
(274)

Simone Weil
dargestellt von
Angelika Krogmann
(166)

rororo bildmonographien

Ein Gesamtverzeichnis der Reihe *rowohlts monographien* finden Sie in der *Rowohlt Revue*. Jedes Vierteljahr neu. Kostenlos. In Ihrer Buchhandlung.